KB058866

나는 왜 내가 힘들까

나는 왜 내가 힘들까

The Curse of the Self

나 자신과의 싸움에
지친 이들을 위하여

마크 R. 리어리 지음
박진영 옮김

시공사

한국의
독자들에게 _____

흔히 심리학을 연구한다고 하면 자기 자신을 이해하고 개인적 문제들을 해결하기 위해 공부하는 거라고들 여긴다. 하지만 처음에 심리학 교수로서 경력을 쌓기 시작할 무렵의 내게 그런 목표는 없었다. 사회심리학자로서 연구하던 주제들 또한 나의 개인적 문제들과는 별다른 상관이 없었다.

하지만 시간이 지나 어린 자녀가 둘 생기고 아내와 나도 바쁘고 힘든 삶을 이어가면서 사정이 조금 달라졌다. 지금까지 겪은 것 중 가장 큰 스트레스와 피로에 시달리고 있었다. 스트레스 관리법을 찾던 도중, 지역 문화센터에서 선(禪) 명상 수업을 진행한다는 공고를 보았다. 지금이야 많은 사람들이 스트레스를 관리하겠다며 마음챙김이나 다른 명상 수련을 접하고 있지만, 당시 1990년대 중반 미국에서는 명상이라고 하면 뉴에이지 열풍과 함께 스쳐 지나가는 유행이라거나 소수의 아웃사이더들만 아는 비밀스러운 영적 의식으로 여기는 등 마뜩찮아 하는 반응이 대다수였다. 그럼에도 당시 명상이 스트레스를 줄이는 데 효과적이라는 연구 결과들이 하나 둘 나오고 있었으므로 큰맘 먹고 수업을 들어보기로 했다.

처음에는 요즘 명상하러 다닌다고 여기저기 이야기하고 다니지는 못했지만, 직접 체험해보니 명상의 효과는 기대 이상이었다. 스트레스가 줄어들었을 뿐 아니라 중요한 전환점을 맞이할 수 있었다. 바로 심리학 연구자로서 인간의 자기인식에 대해 새로운 관점을 갖게 된 것이다. 이 책이 탄생하게 된 계기이기도 하다.

당시 대부분의 사회심리학자들은 인간이 개인적으로나 사회적으로 적절하게 기능하기 위해서는 높은 수준의 자기인식이 필수적이라고 생각했다. 자기인식 없이는 중요한 가치와 목표 달성에 도움이 되는 바람직한 행동들을 하지 못할 것이라고 생각했기 때문이다. 자기인식을 잃으면 탈개인화 상태가 되어 반사회적 행동이 나타날 것이라고 생각하기도 했다. 즉 당시의 학자들은 사람들이 자기 자신에 대해 열심히 생각하고 고찰해야 잘 살아갈 수 있다고 보았다. 또한 확고한 자아 정체성을 갖는 것, 즉 자신이 어떤 사람인지 파악하고 '내가 생각하는 나'의 내용에 부합하는 행동들을 하는 것이 행복의 핵심이라고 주장했다. 자아 정체성은 긍정적인 내용으로 가득 차 있어야 하고 자존감을 높여야 하며, 이것이 이상적인 상태라고 여기기도 했다.

하지만 명상 훈련을 시작하고 동양 철학에 대해 공부하기 시작하면서 나는 그간 심리학자들이 자아에 대해 가졌던 이러한 믿음들이 실은 반쪽짜리에 지나지 않는다는 사실을 깨닫게 되었다. 자기인식 능력이 인간의 많은 행동들에서 핵심적인 역할을 하긴 하지만 이로 인해 생기는 문제들도 만만치 않음을 알게 되었다. 당시 나는 실제로 어떤 문제가 발생해서 스트레스를 받았다기보다 혼자서 일이나 삶의 문제들에 대해 생각하며 쓸데없이 나쁜 생각들에 갇혀 괴로워하는 것이 문제였다. 내가 만들어낸 생각들은 아무 문제가 없는 평온한 상황에서도 굳이 스트레스를 짜내고 있었다.

나는 이내 스트레스가 빙산의 일각이었음을 깨달았다. 자기인식, 즉 우리가 자기 자신에 대해 생각하는 정도와 그 내용은 근거 없는 불안과 화, 슬픔, 미움과 분노 등 다양한 부정적 정서들까지 불러오고 있었다. 자기인식 때문에 우리는 스스로를 지나치게 비판적이고 가혹하게 대하거나 지나치게 긍정적인 방향으로 왜곡해서 바라본다. 이렇게 자기 자신에 대한 생각들에 사로잡혀 현실을 바라보지 못하는 탓에 자기중심적 경향이 높아지고, 지나치게 자신의 이익만을 중시한 나머지 이기적인 행동을 하는 경우도 많다. 나아가 우리가 머릿속에서 만들어낸 정체성이 인위적으로 나와 타인을 서로 다른 부류로 나눠버리는 탓에 이전에는 없었던 편견과 갈등이 탄생한다. 이렇게 나는 내 자아를 관찰하면서 그간 얼마나 자아가 삶의 질을 끌어내리는 원흉이었는지 깨닫게 되었다.

물론 자아의 부정적인 영향에 대한 이야기가 완전히 새롭지는 않다. 지난 3,000년간 많은 철학자와 현자, 종교지도자 들이 자신에게 지나치게 열중하는 자기열중, 자신의 입장에서만 모든 것을 해석하는 자기중심성, 남들보다 자신을 더 높이려고 하는 자기고양성이 가진 문제점들에 대해 설파해왔다. 하지만 행동과학자들의 경우 몇몇을 제외하고는 이러한 문제에 별다른 관심을 두지 않았다. 이런 이유로 나는 자기인식의 단점, 즉 '자아의 저주'에 대한 연구들을 시작했고 이 책을 쓰기에 이르렀다. 최근에는 일반적인 수준보다 낮은 자기인식을 가진 상태(나는 이를 "자기저하hypo-egoic 상태"라고 부른다)에 대해 연구하고 있다.

이 책의 원서가 출판된 지 어느덧 15년이 지났지만, 여기에 담긴 메시지들은 여전히 유효하며 어쩌면 시간이 갈수록 더 중요해지고 있다. 만약 여러분도 나와 같다면, 보통의 인간이라면 다 가지고 있을 만한 어려움들과 싸우고 있다면, 여러분도 삶에서 자아로 인한 많은 문제들을 겪고 있는 것이다. 이를 알기에 시공사에서 박진영 역자와 함께 한국어판을 출간하기로 한 결정이 매우 반갑게 느껴졌다. 나에게도 그랬던 것처럼 독자 여러분들에게도 자아가 왜 저주인지, 저주에서 어떻게 벗어나면 좋을지에 대한 이 책의 내용이 큰 도움이 되길 바란다.

2021년 1월, 미국 노스캐롤라이나 더럼에서
마크 리어리

나는 듀크 대학에서 교수로 재직하면서 매년 학생들의 졸업식에 참석했다. 어떨 때는 유용하고 또 어떨 때는 그렇지 않은 연설들을 듣다 보면, 내가 연사로 서게 될 때는 졸업하는 학생들과 모인 손님들에게 어떤 말을 해주면 좋을까 하는 생각에 빠지곤 한다. 기껏해야 15분 정도의 시간 동안 어떤 메시지를 전달해야 이제 세상으로 나가는 졸업생들의 삶에 도움이 될 수 있을까?

몇 년 전 한 연사가 졸업생들에게 앞으로 겪게 될 삶의 역경에 대해 이야기하는 것을 듣고서, 나는 학생들에게 이 말을 꼭 전해야겠다고 생각했다. "여러분은 앞으로 실망스러운 일들을 많이 겪게 될 것이고 어려운 문제들에 부딪히게 될 겁니다. 아마 상상하기 싫은 끔찍한 일들도 경험하게 되겠죠. 우리가 삶에서 마주하는 고난들은 대체로 통제하기 힘들거나 어떨 때는 아예 통제할 수 없는 것들입니다. 하지만 여러분들이 앞으로 삶에서 겪을 가장 큰 고난들은 다른 누군가가 아닌 자기 자신이 무심코 만들어낸 문제들일 겁니다. 우리가 겪는 불행 대부분의 근본적인 원인은 바로 여러분 자신입니다.”

사실 이 이야기가 딱히 새롭지는 않다. 자신의 가장 큰 적은 바로 자기 자신이라는 말은 오래전부터 있었다. 그러나 이렇게 내가 나의 가장 큰 적이 되는 과학적인 이유는 크게 주목받지 못했다. 나는 오랫동안 사회심리학자로서 인간의 자아와 정체성에 대해 많은 연구를 했다. 그 과정에서 인간 본성에는 자신의 입장 또는 관점에서만 상황을 판단하는 자기중심적 경향egocentric, 자신을 남들보다 높이려고 하는 자기고양적 경향egotistic, 자신의 안위와 이익만 생각하는 자기본위적 경향egoistic이 있음을 알게 되었고, 또 무엇보다 인간의 이런 경향성이 우리 삶과 사회에 다양한 문제를 불러오는 가장 큰 원흉이라는 사실을 깨닫게 되었다. 즉 우리 마음mind이 일하는 방식이 스스로를 괴롭힌다는 것이다.

인간의 자아가 유독 해로운 이유는 우선 우리만큼 자아를 복잡하게 발달시킨 동물이 없기 때문이다. 몇몇 동물들이 다소 기초적인 수준에서 ‘나’라는 존재를 인지하고 자신에 대해 의식적으로 생각할 수 있지만, 인간 수준의 자기고찰self-reflection 능력(자신의 내면을 깊이 들여다보고 자신의 상태를 판단하는 것-옮긴이)을 가지고 있는 동물은 없다. 자신을 들여다보는 능력 덕분에 우리는 아직 오지 않은 미래를 상상할 수 있게 되었고, 지나간 일을 돌아볼 수도 있으며, 다양한 선택지들을 고려해보거나 새로운 변화나 혁신을 일으키고 또 다양한 기준에 비춰 스스로를 평가하는 등 살아가는 데 꽤나 유용한 기술들을 장착하게 되었다. 그러나 한편으로는 이런 자기인식 능력self-awareness(타인과는 구분되는 나라는 존재, 자신의 생각이나 감정에 대해 의식적으로 인식하는 것-옮긴이)은 인간에게 다른 동물들이 겪는 것과는 차원이 다른 어려움을 불러오고 말았다. 세상을 왜곡해서 인식하고 자신이나 남에 대해 부정확한 결론을 내리며 잘못된 정보에 기반해 그릇된 결정을 내리게 된 것이다.

자기인식 능력은 우울증, 불안, 분노, 부정적인 감정 같은 엄청난 고통을 가져오기도 한다. 자신의 내면과 행동거지를 인식할 수 있는 탓에 자꾸 '나'와 관련된 일들에 대해 끊임없이 생각하고, 그 과정에서 이미 지나간 일들을 자꾸 떠올리거나 미래에 들이닥칠 일들을 미리 상상하며 걱정하는 등 스스로를 괴롭히기 때문이다. 또한 자아가 있는 동물이 보이는 자기중심적이고 자기고양적인 정보처리 방식은 자신의 약점을 보지 못하게 하는 한편 타인과 갈등을 빚게 만든다.

자아는 수많은 사회적 갈등의 원인이기도 하다. 자아로 인해 우리는 나와 다른 타인을 싫어하고, 다른 집단 구성원과 갈등을 빚는다. 나는 멋진 사람이라는 자기고양감을 끌어올리기 위해 안전을 담보 삼아 무모한 짓을 하는 것 또한 자아의 농간이다. 이런 이유로 종교 지도자들 또한 자아가 영적 성장을 가로막고 비도덕적 행동을 불러온다고 말한다. 아이러니하게도 문제를 해결하겠다고 자기고찰을 더욱 열심히 하며 자아를 열심히 일하게 만들면 더 많은 문제가 나타난다.

이 책은 이러한 인간의 자기고찰 능력과 자기중심성egocentrism, 자기

나는 왜 내가 힘들까

고양성^{egotism}이 어떻게 개인적, 사회적 문제들을 불러오는지에 대해 이야기한다. 그러니까 평화롭고 행복하고 만족스러운 삶을 사는 것이 왜 그렇게 어려운지 고민하는 사람들을 위한 책이다. 아마 자신에게 지나치게 관심이 많은 인간의 속성이 원흉임을 어느 정도 짐작하고 있는 사람들이 많을 것이다. 이 책을 통해 자아를 가진 우리가 저지르는 행동들, 예컨대 스스로에게 말을 걸고, 자신의 관점에 갇혀 세상을 바라보고, 자아에 상처가 나는 것을 방어하려 애쓰고, 스스로 생각하는 자신의 모습을 확인받고 싶어 하는 등의 행동들이 어떻게 그리고 왜 우리에게 해가 되는지 알아보도록 하자.

이 책은 또한 자아가 원하는 대로 살아가는 삶을 지나치게 미화하는 이야기들에 비판적인 질문을 던져보고자 한다. 일반 대중을 대상으로 한 많은 심리 콘텐츠들이 삶의 문제를 해결하고 더 나은 삶을 살고 싶다면 더욱 자기 자신에 초점을 맞추고, 자기중심적인 목표를 세우고, 자존감^{self-esteem}을 향상시키거나 자신이 어떤 사람이라는 정의를 더 굳게 다지라고 조언한다. 물론 이런 전략이 유용할 때도 있긴 하지만, 이렇게 자아에 더 집중하면 문제가 해결되고 삶이 더 나아질 것이라고 설파하는 사람들이 간과하는 사실이 있다. 바로 자아와 에고를 지나치게 강조하는 행위가 그 문제들을 만들어낸 원흉이라는 사실이다.

이 책은 전문가가 아닌 사람들을 염두에 두고 쓴 책이다. 하지만 행동 연구자, 정신과학 전문가, 심리학과 및 관련 분야 학생들에게도 유용하고 호기심을 자극하는 책이 될 것이라 믿는다. 더 자세히 알고 싶은 이들을 위해 책에 실린 내용들을 뒷받침하는 학술문헌 목록도 첨부해두었다.

자아에 대한 생각을 가다듬는 데 많은 도움을 준 나의 학생들과 동료들에게 감사를 전하고 싶다. 특히 이 책의 초고를 보고 의견을 주었던 제프 맥도널드Geoff MacDonald와 로빈 코왈스키Robin Kowalski에 깊은 감사를 표한다. 그리고 자아가 어떤 식으로 저주가 될 수 있는지에 대해 많은 생각거리를 준 코니 쿨먼Connie Kuhlman, 로저 찰스Roger Charles, 캐럴린 크럼프Carolyn Crump, 존 블로스John Bloss, 알렉사 모더노Alexa Moderno에게도 고마움을 전한다. 마지막으로 이 책을 쓸 수 있도록 연구휴가를 내준 웨이크 포레스트 대학에 감사한다.

CONTENTS

사람,
스스로를
인식하는
동물

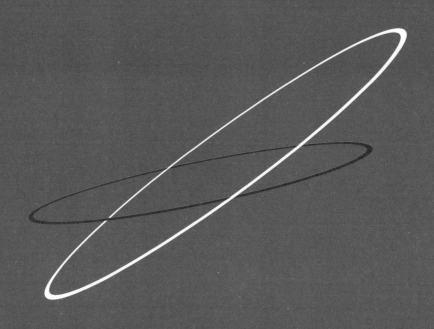

"물건 또는 타인과 다른 나라는 존재를 인식하는 능력인
자기인식은 진화의 획기적인 산물이다.
인류 이전의 종들에게는 미미한 수준의 자기인식밖에 없었다."

_T. 도브잔스키Theodosius Dobzhansky

1925년 무더운 여름날 미국 테네시주, 24세의 고등학교 과학 교사 존 스콥스John Scopes는 일약 전국적인 관심을 받게 되었다. 문제는 스콥스가 학교에서 진화론을 가르치면서부터 시작됐다. 당시 테네시주는 버틀러 교육법을 제정해 학교에서 아이들에게 진화론을 가르치는 것을 금지하고 있었다. 인간이 다른 하등한 동물로부터 진화했다는 주장은 신이 인간을 영적인 존재로 창조했다고 하는 성경의 가르침에 반하기 때문이었다. 스콥스가 버틀러 법 위반으로 기소되면서 법정에서는 당대 유명 변호사였던 윌리엄 브라이언William Jennings Bryan과 클래런스 대로Clarence Darrow 사이의 치열한 다툼이 펼쳐졌다. 곧 이 사건은 일파만

사람, 스스로를 인식하는 동물

파 퍼져 일개 고등학교 교사의 법률위반 문제를 뛰어넘은 큰 이슈가 되었다. 과학과 종교 간의 갈등, 교회와 국가의 분리, 성경의 무결성 그리고 교사의 학문적 권한에 대한 갑론을박이 불거져 나오기 시작했다.

핵심적인 쟁점 중 하나는 '인간이 다른 동물과 어떻게 다른가'라는 질문이었다. 스콥스를 기소한 검찰 측에서는 인간 또한 다른 동물과 동일한 진화 과정을 거쳐 탄생했다는 다윈의 시각을 완강하게 부인했다. 윌리엄 브라이언은 스콥스가 수업교재로 쓴 책을 가리키며 말했다. "피고 같은 사람들은 저 책으로 여러분의 아이들을 가르치면서, 인간은 기본적으로 포유류이고 3,499종의 다른 포유류들과 별반 다르지 않다고 주장하고 있습니다. 확실히 피고인은 그런 동물들과 수준이 비슷한 것 같군요."[1]

인간이 동물이라는 걸 믿지 않는 사람은 브라이언만이 아니다. 인간은 다른 동물과 많은 면에서 다르기 때문에, 오늘날까지도 인간과 여타 동물들의 출발점이 비슷하다는 사실을 잘 받아들이지 못하는 이들이 많다. 하지만 인간과 동물을 구분 지으려는 사람들 사이에서도 정확하게 무엇이 우리를 동물과 다르게 만드는지에 대해서는 의견이 엇갈린다. 일부는 신학자와 철학자 들이 성경에서 말하듯 인간만이 영혼을 가지고 있다거나 인간이 신의 형상을 본떠 특별히 창조되었다고 이야기한다. 철학자 르네 데카르트도 이러한 관점에서 인간만이 영혼을 가졌고 다른 동물들은 영혼 없이 움직이는 기계에 불과하다고 주장했다. 하지만 영혼을 가지고 있다는 것이 인간과 동물의 차이점이라는 주장에 동의하지 않는 사람들도 많다. 이들 중에는 동물들에게 영혼이 없

나는 왜 내가 힘들까

다는 것을 인정하지 않는 경우도 있고, 또는 인간에게 영혼이 있다는 것을 인정하지 않는 경우도 있다.

인간이 도구를 만들고 사용할 줄 안다는 점에서 다른 동물들과 다르다고 주장한 과학자들도 있었다. 하지만 비버나 침팬지, 해달, 코끼리와 같은 다양한 동물들도 도구를 쓸 줄 안다는 사실이 드러나면서 이러한 논리는 설득력을 잃었다. 인간이 사용하는 도구가 어떤 면에서는 다른 동물들의 도구보다 우월한 점이 있겠지만, 도구를 사용한다는 사실 자체가 인간과 동물을 구분 짓는 잣대가 될 수는 없다는 것이다.

인간은 언어를 사용해 소통할 수 있다는 점에서 여타 동물들과 다르다는 주장도 있었다. 분명 인간은 다른 종들이 할 수 없는 방식으로 말과 글 언어를 유창하게 구사한다. 하지만 방식은 좀 다르더라도 다른 동물들도 꽤 효과적으로 의사소통을 해낸다. 짹짹거리거나 으르렁거리는 것뿐 아니라 다양한 비언어적인 표현을 활용해 의사를 표현하고 전달하는 모습을 흔히 볼 수 있다. 아마도 인간이 좀 더 세련되고 유연한 방법으로 의사소통을 하겠지만, 이는 정도의 차이지 본질의 차이는 아니다.

인간들이 다른 동물보다 지적 능력이 더 높은 편이라는 점도 인간과 동물을 구분 짓는 기준으로 거론되곤 한다. 스콥스가 학생들을 가르칠 때 사용해서 문제가 되었던 책《시민 생물학Civic Biology》이 바로 이 관점을 취하고 있다. "인간과 다른 모든 포유류들은 정신적인 측면에서 큰 차이를 보인다."[2] 하지만 이 역시 정도의 문제다. 물론 인간은 이전에 보지 못했던 새로운 문제들도 척척 해결할 줄 알고 다른 동물보다 더

사람, 스스로를 인식하는 동물

뛰어난 사고 능력을 보인다. 그러나 대부분의 동물들도 인간이 가지지 못한 종류의 다른 지적 능력을 가지고 있다. 또한 보다 우월한 지적 능력을 가지고 있다는 인간이, 동물들도 하지 않을 멍청한 행동으로 자신에게나 세상에 심각한 해를 끼치는 일도 많다.

이처럼 구분이 쉽지는 않지만, 인간과 여타 동물 사이에는 분명 큰 차이가 존재한다. 인간이 적어도 몇몇 동물들과는 이런 점에서 좀 다르다고 하나하나 따져볼 필요 없이, 나는 인간을 다른 동물과 구별되게 해주는 결정적인 차이가 '자아'에 있다고 믿는다. 뒤에서 더 자세히 살펴보겠지만 인간을 제외한 대부분의 동물들이 자아를 가지고 있지 않거나 자아가 있더라도 인간에 비해 미미한 수준인 것으로 알려져 있다.[3]

'자아'라는 표현은 여러 가지 다른 의미로 쓰이기 때문에, 먼저 그 정의를 분명히 해두고자 한다. 이 책에 등장하는 '자아'는 인간(또는 몇몇 동물)이 '나'라는 존재에 대해 의식적으로 생각할 수 있게 해주는 정신적 장치를 말한다.[4] 물론 자기 자신과 주변 환경에 대한 정보를 처리한다는 면에서는 모든 동물이 '생각'을 할 줄 안다. 하지만 자기 자신에 대해서 또는 자신이 하고 있는 행동에 대해서 의식적으로 생각할 수 있는 동물은 소수다. 오직 자아가 있는 동물들만이(즉 자기 자신에게 주의를 기울이고 '나'라는 존재에 대해 의식적으로 생각할 수 있는 인지적 능력을 갖춘 몇몇 동물들만이) 자기 자신에 대해 깊이 파고들 수 있고, 자신은 과연 어떤 사람인지에 대한 각종 이미지를 형성할 수 있다(자기개념self-concept). 나아가 자아를 가진 동물들만이 자신의 행동과 성격 등에 대해 평가하고, 또한 스스로 보기에 자기가 잘 살고 있는지 아닌지 평가한 내용에 따라 기뻐하거나 슬퍼하는 등 감정적으로 반응하며, 마음속으로 스스로에게 말을 건다. 어떤 목표를 의식하며 그에 맞게 자신의 행동을 통제하는 능력 또한 자아를 가진 동물에게서만 볼 수 있는 특징이다. 물론 많은 동물들이 자아 없이도 잘만 살아간다. 그럼에도 이러한 자기고찰self-reflection 능력 덕분에 우리는 자아가 없는 동물은 맛보지 못할 새로운 경험과 기회를 만나게 되었지만, 동시에 많은 문제도 겪게 되었다.

자아가 있으면 무엇이 다를까?

우리는 자신에 대해 생각하는 것에 익숙하다. 내가 어떤 사람인지 정의를 내리고, 내 미래는 어떤 모습일지 상상하는 등 끊임없이 자신과 관련된 생각을 한다. 이렇게 익숙한 만큼 사실은 이 능력이 얼마나 범상치 않은 것인지, 이 능력이 없는 삶은 지금과 어떻게 다를지 별로 생각해본 적이 없을 것이다. 자아가 없는 삶이란 과연 어떤 모습일까? 이 질문에 대답하기 위해 먼저 자아가 있는 삶에서 나타나는 특징들을 살펴보자. 앞으로 살펴볼 다섯 가지 특징들로 인해 우리는 자아가 없는 다른 동물들과 다르게 행동하게 되었고, 또 한편으로는 인간 특유의 괴로움을 안고 살게 되었다. 자기고찰 능력은 인간을 인간답게 만들어주는 핵심 기능인 동시에 인간이 짊어진 저주인 것이다.

계획하는 능력

계획 능력은 자아가 만들어낸 능력들 중 가장 중요하다. 계획을 세우는 과정에는 자신에 대해 생각하는 능력이 반드시 필요하다. 미래의 다양한 상황에 처한 내 모습과 내가 여러 다른 행동을 했을 때의 결과를 구체적으로 떠올릴 수 있어야 어떤 것이 가장 좋은 계획인지 판단할 수 있기 때문이다. 달리 말하면 자아를 가진 덕분에 우리는 '아날로그 자아'[5]를 활용해서 삶을 계획할 수 있다.

아날로그 자아란 심리학자 줄리언 제인스[Julian Jaynes]가 고안한 개념으로, 머릿속에 나 대신 세워놓고 마치 아바타처럼 이리저리 조작하고 움직여볼 수 있는, 자기에 대한 관념 또는 이미지를 말한다. 상상 속 내 대역인 셈이다. 무슨 일이 일어날지 알 수 없는 미스터리 영화를 볼 때 영화 속 인물들에게 닥칠 장면들을 생생하게 떠올려본 경험이 있을 것이다. 이와 비슷하게 사람들은 아날로그 자아를 활용해서 특정한 상황에 처해 있는 자신의 모습을 머릿속에 그리곤 한다. 즉 우리는 아날로그 자아를 통해 특정 상황을 떠올리며 실제 그런 일이 생겼을 때 내가 어떻게 느끼고 행동할지 미리 체험할 수 있다. 서로 다른 상황에 자신을 대입해보며 자신이 어떻게 달라질지 상상해볼 수 있고, 미래에 어떤 일을 할지 의도적으로 계획할 수 있다. 또한 서로 다른 선택지들을 비교해볼 수 있고 앞으로 내가 할 행동들을 머릿속에서 미리 재생하며 연습해볼 수도 있다. 과거로 거슬러 올라가 다른 행동을 했더라면 상황이 어떻게 바뀌었을지도 그려보고, 심지어 내가 죽는 걸 상상해볼 수도 있다.

이렇게 미래의 특정 시점에 놓인 자신의 모습을 상상할 수 없다면 계획을 세우는 것은 불가능하다. 미래의 내가 무엇을 하고 있을지 구체적으로 상상할 수 없다면 이 목표를 달성하기 위해 지금 무엇을 해야 할지도 파악하기 어렵기 때문이다. 자아가 없는 동물들은 우리가 하는 것처럼 머릿속에서 현재와 미래를 왔다 갔다 하지 못하고 오직 눈앞의 현실에만 갇혀 있는 편이다. 따라서 장기적인 계획을 세우지 못하고 그저 주어진 환경에 맞춰 그때그때 대응할 수밖에 없다. 물론 어떤 동물들은 앞으로의 일에 대비하는 듯 보인다. 예를 들면 다람쥐들은 겨울이 다가오면 도토리를 저장하기 시작하고, 임신한 동물들은 앞으로 태어날 새끼들을 위한 둥지를 튼다. 그러나 사람들이 소풍을 가기 위해 음식을 준비하는 것이나 임산부가 출산 전에 아기 침대를 고르는 등의 과정에서 나타나는 의도적인 계획과 같은 종류의 행동이라고 보기는 어렵다. 동물들은 외적 환경 변화나 내적 변화(예를 들어 호르몬)에 따라 특정한 반응을 하도록 프로그래밍되어 있을 뿐, 자아가 없기 때문에 몇 초 이상의 먼 미래를 계획할 수 없다. 동물들의 반응은 외적 또는 내적 자극에 의해 나타나는 일련의 자동적인 행동이지, 내 삶과 미래에 대한 의식적인 사고 끝에 내린 의도적인 결정에 의한 것은 아니다.

의사결정과 자기통제 능력

의식적인 의사결정과 자기통제 역시 자아가 주는 선물 중 하나다.

사람, 스스로를 인식하는 동물

앞으로의 일을 상상하는 능력 덕분에 사람들은 발생 가능한 문제를 미리 피하거나 다가오는 기회를 잡을 수 있게 되었다. 이와 달리 자아가 없는 동물들은 본능적으로 나오는 행동을 취할 뿐, 이번에는 이전과 다르게 행동하겠다며 스스로 행동을 결정하지는 못한다. 그렇다고 해서 의식적이고 계획적인 의사결정이 자동적으로 나타나는 행동보다 반드시 더 낫다는 뜻은 아니다. 행동을 하게 되기까지의 과정이 다르다는 것이다.

의사결정을 할 때, 인간은 서로 다른 선택을 할 경우 결과가 어떻게 달라질지 머릿속에서 구체적으로 그림을 그려본다. 예컨대 두 회사에 동시에 취업이 돼서 둘 중 하나를 골라야 하는 경우, 이 회사에 가면 또 저 회사에 가면 무엇이 다를지 열심히 상상의 나래를 펼친다. 나는 어디까지나 지금 내 방에 있지만 머릿속에서는 아직 겪어보지 못한 미래의 직장 생활이 발생하고 있고 벌써 10분 만에 과장까지 달았다. 이렇게 미래의 나를 상상하는 능력은 다양한 미래를 머릿속에서 재생할 수 있게 해주고, 직접 해보지 않고도 서로 다른 선택의 결과를 어느 정도 알 수 있게 해준다.

물론 인간의 모든 행동이 의식적인 의사결정 과정을 통해 이뤄지지는 않는다. 아무 생각 없이 척수반사적으로 행동하는 일도 흔하다. 우리는 정보를 처리하고 의사결정을 할 때 크게 두 개의 시스템을 사용한다. 하나는 의식적이고 의도적인 사고 과정을 거치는 느린 시스템이고 다른 하나는 의식의 개입 없이 자동으로 이뤄지는 빠르고 반사적인 시스템이다. 우리는 하루에도 몇 번씩 이 두 시스템 사이를 손쉽게 오

가며, 어떤 순간에는 생각해서 행동하고 또 다른 순간에는 생각 없이 행동하기를 반복한다.[6]

자동적인 의사결정 과정은 모든 포유류(그리고 아마도 모든 동물)에게서 나타나고 의식적인 노력 없이, 눈치 채지 못하는 사이에 신속하게 이뤄진다.[7] 반대로 의식적인 의사결정 과정은 약 만 2세 이상의 인간과 몇몇 영장류에게서만 나타나며 보다 느리게 이뤄진다. 우리가 어떤 행동을 의도하고 통제하려 할 때 사용하는 것이 이 의식적 사고 시스템이다. 눈치 채지 못하는 사이 일어나는 반사적 과정과 달리 의식적 사고를 할 때는 내가 문제를 분석하고 해답을 찾고 결정을 내리는 과정을 전부 생생하게 인식할 수 있다.

비의식적인 의사결정 과정에 관한 연구들로 유명한 연구자 존 바그John Bargh는 대부분의 인간 행동이 자동적 프로세스에 의해 이뤄진다고 이야기한다.[8] 여러분이 지금 이 책을 읽을 때도(적어도 내가 이야기하기 전까지는) 단어를 한 글자씩 의식하거나, 글을 읽고 이해하는 과정 하나하나를 의식하고 있지 않았을 것이다. 또한 계속 다리를 꼬았다 폈다 하며 몸을 움직이고 있었던 것도, 자신의 몸이 어떤 자세를 하고 있는지도 (내가 말하기 전까지는) 알아차리지 못했을 것이다. 책을 읽으며 여러 번 눈을 깜박거리고 호흡을 했겠지만 이 역시 기억에 없는 일이다. 만약 이 책을 몰입해 읽고 있었다면 자동적으로 해석해낸 글의 의미만 의식할 뿐, 그 외의 모든 것들은 의식 세계 밖에 있다. 반대로 전혀 집중하지 못했다면 지금 막 눈으로 따라가며 읽은 문장도 전혀 기억하지 못할 것이다.

사람, 스스로를 인식하는 동물

바그는 우리의 행동 대부분이 자동적으로 일어난다는 사실이 다행스럽다고 말한다. 안타깝게도 우리의 인지적 자원은 우리가 하는 모든 일에 펑펑 쓰여도 될 만큼 넘쳐나지 않기 때문이다. 자동응답기나 자동온도조절 장치 덕분에 매번 전화를 열심히 받거나 히터를 계속해서 껐다 켰다 하지 않아도 되는 것처럼, 이런 자동적인 프로세스 덕분에 우리는 삶의 어떤 영역들에 있어서는 깊이 생각하지 않고도 별 문제없이 살아갈 수 있게 되었다. 우리가 사용할 수 있는 주의의 양에는 한계가 있기 때문에 인생의 모든 결정을 하나하나 의식적으로 따져가면서 내릴 수는 없다는 것이다. 다행히도 일상적인 의사결정을 내리거나 감정적 반응을 보이고 행동하는 과정들은 주로 자동적 프로세스를 거쳐 이뤄진다.

별다른 생각 없이 이뤄지는 자동적 시스템과 달리 일련의 복잡한 통제 과정을 거치는 의사결정 과정에는 자아가 필수적이다(나중에 살펴보겠지만, 자동적 프로세스에도 간혹 자기고찰 과정이 개입되곤 한다). 이것 저것 따져가며 결국 내게 가장 좋은 선택이 무엇일지 심사숙고하거나 해야 할 일과 하면 안 될 일을 구분하기 위해서는, 우선 내 행동이 나와 주변에 어떤 영향을 미칠지 구체적으로 상상할 수 있어야 하기 때문이다. 어쩌면 이렇게 자동적으로 튀어나오는 욕구나 충동을 억제하고 보다 더 바람직하고 인간다운 선택을 하게끔 만드는 것이 자아의 핵심 기능일 수도 있다. 자아 덕분에 우리는 자신을 위해 진짜 바람직한 행동이 무엇인지 알 수 있게 되었고, 눈앞에 있는 케이크가 아무리 맛있어 보여도 몽땅 먹어치우지 않게 되었으며, 상사에게 주먹을 날리고 싶은 마음을 참을 수 있게 되었다.

물론 우리의 자기통제력은 결코 완벽하지 않다. 자동적으로 튀어나오는 반응이 너무 강할 때에는 자기통제가 잘 먹히지 않는다.[9] 다들 한 번쯤은 이러면 안 된다고 생각하면서도 케이크를 다 먹어치우거나 누군가에게 까칠한 태도를 보이는 등 충동적으로 행동하고 후회한 경험이 있을 것이다. 여기서 던져볼 만한 질문은 '왜 자아가 우리의 충동을 억누를 만큼 항상 충분히 강력하지 못해서 이따금씩 통제력을 잃곤 하는 것일까?'다. 이 질문은 8장에서 깊이 있게 다루도록 하자. 지금 주목해야 할 부분은, 자아와 자기고찰 능력이 사람들에게 적어도 자신의 행동을 통제해보겠다고 마음먹을 기회를 준다는 것이다.

자아개념화 및 평가 능력

자아 덕분에 머릿속에서 아바타 같은 것을 굴려 내 성격이나 행동에 대해 생각할 수 있게 되었다는 이야기를 했다. 이렇게 자신을 정신적으로 형상화하는 과정은 시각적일 수도 있고(내가 마음속에 그려낸 나 자신을 보는 것) 또는 언어적일 수도 있다(내가 자신에게 어떤 이름을 붙이거나 자신을 어떤 존재라고 정의하고 특징짓는 것).

행동과학자들은 이렇게 사람들이 자신을 개념화하는 방식, 즉 자아개념에 대해 오랫동안 연구해왔다. 우리는 자신이 스스로를 어떤 종류의 사람이라고 생각하는지, 예컨대 자신의 성격이 어떻고 자신에게 어떤 능력이 있다고 생각하는지에 따라 서로 다른 선택을 내리며 한번

사람, 스스로를 인식하는 동물

형성된 자아개념은 지속적으로 내 행동에 영향을 주기 때문이다.[10] 예컨대 우리는 자신이 어떤 일을 할 부류의 사람이라고 믿기 때문에 그 일을 하기로 결정하고 반대로 '나는 그런 일을 할 사람이 아니야'라고 생각하기 때문에 주저한다. 내게 어떤 일을 잘할 능력이 있다고 믿을 때 그 일을 맡고, 반대로 잘할 수 없을 거라 생각하면 피하기로 한다. 인간과 달리 자아가 없고 따라서 자아개념이 없는 동물들의 경우 자신이 어떤 동물이라는 믿음에 따라 행동이 달라지지 않는다.

내가 나 자신을 평가하는 것 역시 자아가 있기 때문에 가능하다. 물론 자아가 없는 동물들도 자신이 눈앞의 즉각적인 목표를 어느 정도 달성하고 있는지 평가할 수 있다. 하지만 이들은 자아가 있는 동물만큼 추상적인 기준들에 비추어 자신과 자신의 행동을 세밀하게 평가하고 그 평가 내용에 일희일비하지는 않는다. 예를 들어 우리는 직장인, 학생, 친구, 연인, 선수, 음악가 또는 그냥 하나의 인간으로서 자신이 '좋은' 사람인지 아닌지에 대해 대략적인 채점표를 가지고 있다. 만약 내가 내 자아에게 내리는 점수가 후하면 기분이 좋아지고 평가가 박할 때에는 기분이 나빠진다. 이렇게 자기평가에 난리법석을 떨며 반응하는 일 역시 자신에 대해 생각할 수 있기 때문에 가능하다.

이렇게 자신을 평가할 수 있는 능력과 미래에 대해 생각할 줄 아는 능력은 매우 골치 아픈 능력이면서도 잘만 쓰이면 더 나은 삶으로 가는 원동력이 된다. 예컨대 체중 감량, 금연, 성질 다스리기, 부지런해지기 또는 그 밖의 안 좋은 습관 고치기 등 자신을 더 바람직한 방향으로 바꾸려는 자기변화self-change과정에는 자아가 필수적이다.[11] 지금 내 모습이 어떠한지 알고 앞으로 쭉 지금처럼 살았을 때(계속 담배를 펴댔을 때) 미래의 내 모습이 어떨지 상상할 수 있어야만 변화하려는 의지를 다질 수 있기 때문이다. 물론 우리의 자기통제력이 완전하지는 않다. 하지만 자신을 반추해보고 평가할 수 있는 능력이 없었다면 자기통제가 아예 불가능했을 것이다.

반면 자아가 없는 동물은 본성을 거스르기로 마음먹는 것부터 불가능하다. 한겨울에 남쪽으로 가야 하는 거위가 갑자기 마음을 바꾸고 용감한 모험가 거위가 되겠다며 북쪽으로 향하는 일은 일어나지 않는다. 종마가 짝짓기 상대를 보고 그냥 지나치겠다고 굳게 다짐하는 일도 일어나지 않는다. 이와 달리 인간은 휴가를 남쪽으로 갈지 북쪽으로 갈지 스스로 정할 수 있고, 다른 사람의 성적인 제스처를 수락할 수도 거절할 수도 있다. 그렇다고 동물들은 항상 전형적으로만 행동한다는 뜻은 아니다. 동물들도 예외적인 행동을 할 때가 있다. 다만 그런 행동은 특이한 생리적, 경험적, 환경적 패턴에 의한 결과이지, 자아에서 비롯된 의사결정 때문은 아니라는 얘기다.

자기 마음을 들여다보는 능력

자아가 없는 동물들도 생각을 하고, 다양한 감정을 느끼고, 행동을 하지만 자신의 생각이나 감정, 행동에 대해 따로 생각하지는 못한다. 이와 달리 인간은 자신의 생각, 느낌, 행동에 대해 찬찬히 들여다보며 고찰하는 능력을 가지고 있다. 우리는 그저 살아 있는 것에서 나아가 자

사람, 스스로를 인식하는 동물

신이 살아서 존재한다는 사실 또한 인식할 수 있다. 또한 즐거운 시간을 보내면서도 지금 내가 얼마나 즐거운지에 대해 생각하고, 고통을 느끼는 동시에 이 고통이 빨리 사라졌으면 하고 바라기도 한다. 나무를 바라볼 때면 그냥 바라보는 행위 이상으로 나무가 참 예쁘다고 생각하고, 성적으로 흥분하는 동시에 자신이 구체적으로 어떤 자극에 어떻게 반응하고 있는지에 대해 생각할 수 있다. 즉 자아가 있는 우리는 내 머릿속 생각들에 대해 또 다시 생각하는 능력을 가지고 있다.

이런 식으로 자아는 우리의 인식과 경험에 새로운 해석을 덧붙인다. 즉 우리는 세상을 있는 그대로 인식하기보다 여기에 나만의 분석을 더한 결과물을 인식하고 경험한다. 다음 장에서도 살펴보겠지만, 이렇게 의식적으로 자신의 경험을 분석하는 행위introspection가 경험의 내용을 완전히 바꿔놓기도 한다. 예컨대, 우리가 산 물건이나 받은 선물, 들었던 수업, 연애 상대 등 삶의 다양한 경험들에 대해 주의 깊게 생각하다 보면, 원래는 좋다고 생각했던 무엇이 싫어지거나 반대로 그다지 좋지 않았던 무엇이 실은 괜찮았다고 생각하게 되는 등 이들에 대한 생각이 처음과는 달라지는 일이 일어난다. 따라서 역설적이게도, 너무 많이 생각할수록 그만큼 나의 주관이 개입해서 인식 능력의 정확성이 떨어지는 현상이 나타난다. 비슷하게 과거에 내렸던 결정들에 대해서도 생각하면 생각할수록 다른 대안들이 떠오르면서 선택에 대한 만족도가 떨어질 수 있다.[12] 흔히 생각이 깊고 많을수록 좋다고 생각하지만, 너무 많이 생각하는 것보다는 차라리 생각이 부족한 편이 나을 때가 있다는 것이다.

나는 왜 내가 힘들까

다른 사람 입장에서 생각해보는 능력

심리학자 니컬러스 험프리Nicholas Humphrey에 의하면 타인의 마음을 추론하고 헤아리는 능력은 진화 과정에서 자기인식 능력과 함께 시작되었다. 즉 자신의 내면 세계를 들여다볼 수 있어야 나라면 그런 상황에서 어떠했을 것 같다며 타인의 경험을 마치 내 경험처럼 상상할 수 있다.[13] 다른 사람들의 입장에 서서 그들이 나를 어떻게 바라볼지에 대해 상상하려면 먼저 자기 자신이 어떤 모습일지 상상하는 능력이 선행되어야 한다. 이처럼, 타인의 관점을 상상하는 능력은 자신에 대해 생각하는 능력과 연관이 깊다.

이런 관점을 뒷받침하는 근거는 크게 두 가지가 있다. 첫째로, 자아가 없는 동물들이 다른 동물들의 입장에서 상상하는 조망수용 능력 perspective-taking을 보인다는 증거는 찾아보기 어렵다. 자아가 없는 동물들은 같은 장면을 보더라도 자신이 보는 광경과 다른 동물들의 시각에서 본 광경이 다를 수 있다는 사실을 깨닫지 못한다. 또한 다른 동물들의 눈에 자신이 어떻게 비춰지는지에 대해서도 알지 못한다(호랑이가 토끼의 입장에 서서 '가여운 토끼, 나를 보고 두려워하고 있겠구나'라고 생각하지 않는다는 것-옮긴이). 이들과 달리 기초적인 수준이라도 자아인식 능력이 있는 동물들은 타자의 관점을 수용하는 능력을 보인다.[14] 영장류학자 프란츠 드 발Frans de Waal은 자신의 저서 《침팬지 정치학Chimpanzee Politics》에서, 자기고찰 능력이 있다고 알려진 몇몇의 영장류는 작정하고 속임수를 쓰는 모습을 보인다고 언급하며 이런 속임수는 다른 동물의

사람, 스스로를 인식하는 동물

관점을 취할 수 있어야 가능하다고 보았다.[15] 마찬가지로 제인 구달Jane Goodall 등의 연구자들은, 침팬지들의 경우 음식이 자기에게만 보이는 장소에 있는 상황에서 다른 침팬지들을 속이기 위해 마치 맛있는 거라곤 하나도 없는 것처럼 태연하게 구는 등의 행동을 보였다고 언급했다.[16]

물론 언뜻 보면 많은 동물들이 다른 동물들의 생각과 감정을 읽고 행동하는 것 같다. 예컨대 서열이 낮은 늑대는 자기보다 서열이 높은 늑대가 화난 얼굴로 쳐다보면 순종적이고 양보하는 듯한 행동을 보인다. 하지만 그런 반응은 위압적인 늑대의 표정이나 자세를 보고 자동적으로 나온 것일 뿐, 상대가 화가 났다거나 악의를 가지고 있다고 그 마음 상태를 추측하기 때문에 나온 것은 아니다. 오로지 인간을 비롯한 소수의 영장류만이 자신을 타인의 입장에 놓고 상대의 내면을 추론한다.

자아인식이 조망수용 능력과 밀접한 관련이 있다는 두 번째 증거는 발달심리학 연구에서 찾아볼 수 있다. 아동 발달 과정에서 타인의 관점을 취하는 능력은 스스로에 대해 생각하는 능력과 거의 같은 시기에 형성된다. (아이들마다 약간의 편차가 있지만) 만 18~24개월 전의 아이들은 자아인식 능력이 미약하다. 이 시기의 아이들은 타인과는 다른 자신이라는 존재에 대해 인식하거나 자신과 타인의 생각이 다를 수 있다는 사실을 알지 못한다. 나와 타인의 입장이 다를 수 있다는 사실을 모르기 때문에 다른 사람들의 마음 상태가 어떤지도 추측하지 못한다. 아이들이 자신에 대해 생각할 수 있게 되면 비로소 공감이나 이타적 행동, 자신을 향한 타인의 시선을 의식하는 자기의식self-consciousness, 이 외에도 다른 사람들의 관점을 취할 수 있어야 할 수 있는 반응들을 보

이기 시작한다.[17]

지금까지 우리 인간은 의식적인 자기고찰 덕분에 미래를 계획하고, 자신을 평가하고, 자신의 행동과 생각을 통제하고, 내면을 들여다보고, 타인의 관점을 수용할 수 있게 되었다는 사실을 살펴보았다. 이런 능력들 덕분에 사람들은 보다 성공적인 인생을 꾸려나가게 되었을 뿐 아니라, 소위 인간의 '진보'라 할 만한 문화적인 혁신들을 이룰 수 있었다. 인간에게 자신에 대해 의식적으로 생각할 수 있는 능력이 없었더라면 과학, 철학, 정부, 교육, 의료 서비스 등의 출현은 사실상 불가능했다. 지금쯤이면 자아가 있다는 것이 왜 인간과 대부분의 다른 동물들 사이의 가장 중요한 차이인지 납득하게 되었을 것이다.

내 자아는 어디에

대부분의 사람들은 머릿속에 자신의 경험들을 입력 또는 저장하고, 사고하고, 감정을 느끼는 의식의 주체가 있고, 그것이 자신의 생각과 의식적인 경험의 중심에 있음을 어렴풋이 느끼고 있다. 이런 정신적 존재야말로 자신이 진정 누구인지를 보여주는 핵심적 요소라고 생각하기도 한다. 심지어 어떤 사람들은 자신의 몸이 그 정신적 주체를 담고 있는 그릇 또는 운반체에 불과하다고 본다. 내 안에 이런 정신적 존재, 즉 자아가 존재한다는 느낌을 계속해서 되새기면서 과거의 나와 지금의 내가 동일인이라고 믿으며 시간이 지나도 변치 않는 정체성을 유

사람, 스스로를 인식하는 동물

지한다. 이렇게 모든 것이 변해도 여전히 내 자아는 그대로, 즉 나는 나이기 때문에 자기가 가진 거의 모든 것, 소유물, 가족, 신분, 심지어는 신체의 대부분을 잃어도 자신의 본질은 여전히 그대로일 거라고 여기기도 한다. 내면의 이 정신적인 존재가 없어질 때 비로소 자신 또한 사라지게 될 것이고, 이 정신적 의식의 소멸이 곧 죽음이라고 본다.[18]

그래서 이 자아가 어디에 위치할 것 같은지 물어보면, 대부분 자신의 머릿속에 있을 거라고 말한다. '본인'이 어디에 위치하는지 가리켜보라고 했더니 많은 이들이 자신의 '자아의 근거지egocenter'가 두 눈 사이보다 약간 뒤쪽, 즉 머리 앞쪽과 뒤쪽 사이의 중간쯤에 있다고 답했다는 연구가 있다.[19] 물론 우리의 두개골 속에 자아의 근거지에 해당하는 물리적 구조물이 존재하는 것은 아니다. 우리 머릿속에는 뇌가 있고, 뇌는 자신을 보유한 사람에 대해 생각할 수 있는 능력을 가지고 있지만, 대부분의 사람들은 자아의 근거지 위치나 크기가 실제 뇌와 다르고 뇌보다 더 작다고 생각한다.

또는 눈 뒤쪽에 생각들이 태어나는 자그마한 공간이 있는 것 같다고 느낄 수도 있다. 눈을 감고 자신의 모습, 예를 들면 슈퍼마켓에서 계산하려고 서 있는 자신을 떠올려보자. 화면이 좀 흐릴지는 몰라도 아마도 줄을 서 있는 자신의 모습이 마음 속 어디에선가 상영되고 있다는 느낌을 받을 것이다. 한 발 더 나아가, 마음 속 공간에서 우리는 카메라가 움직이는 것마냥 시선을 돌릴 수도 있다. 장바구니를 쳐다볼 수도 있고, 점원을 바라볼 수도 있고, 계산대 근처 잡지 판매대로 향할 수도 있다. 계산대 앞에 줄을 서 있다가 깜박했던 물건을 가지러 빠져 나오는 것처럼 몸을 움직여 이동할 수도 있다.

우리는 이렇게 마음속으로 자신의 모습을 그리는 데 매우 익숙하다. 하지만 이러한 마음속 장면들을 '바라보는' 게 대체 어떤 의미인지 생각하는 경우는 흔치 않다. 이런 장면들이 상영되는 '공간'은 어디이며, 누가 또는 무엇이 그 광경을 바라보는 것일까? 대부분의 사람들이 이런 질문에 잘 답하지 못하고 머릿속으로 자신의 모습을 상상할 때 하는 경험들이 대체 무엇인지 잘 이해하지 못한다.

물론 다들 알고 있겠지만 우리 머릿속에 자아가 작동하는 빈 공간이라는 것은 없다. 자아의 근거지egocenter나 마음 속 극장 역시 존재하지 않는다. 대신에 우리 머릿속에는 다양한 종류의 뇌세포들이 있다. 이들 중 대부분은 뇌신경세포인 뉴런과 뉴런을 돕는 조직들이고, 그 사이사이에는 혈관들이 포진해 있다. 머리가 이러한 생물학적 구조물로 가득 차 있다면, 자아가 위치한다는 내면의 공간에 대한 인식은 어디에서 오는 것일까? 자아를 위한 내적 공간이 해부학적으로는 실재하지 않기 때문에 사람들은 마음 속에 자아를 위한 공간을 스스로 만들어내야 한다.[20] 이런 현상이 정확히 어떻게 일어나는지는 밝혀지지 않았지만 자아를 위한 가상 공간을 만드는 과정은 자아의 존재를 지각하는 데 있어 핵심적인 역할을 한다.

한편 우리가 자기 자신에 대해 생각하는 방법은 다양하다. 앞서 언급했듯 아날로그 자아를 통해 자신에 대해 생각하기도 하고 마음속으로 스스로에게 직접 말을 걸어보기도 한다. 이러한 내적 대화는 사람들의 행동에 중요한 영향을 미친다. 내적 대화를 통해 사람들은 자신의

사람, 스스로를 인식하는 동물

행동을 평가하고, 지시하고, 제어하곤 한다. 예를 들어 마음속으로 자신을 칭찬하거나 꾸짖기도 하고('어휴… 나 점점 살찌고 있네'), 자신에게 충고를 하기도 한다('워워, 속도를 줄여. 길이 미끄러워'). 때로는 스스로를 안심시키기도 하고('괜찮을 거야. 마음 편히 먹어'), 자기 감정이나 경험에 대해 말을 얹기도 한다('아이고, 너무 피곤하다'). 그 밖에도 사람들은 다양한 방식으로 스스로에게 말을 건다. 곧 살펴보겠지만 이러한 내적 대화는 삶에 도움이 될 수도 있고 반대로 엄청난 불행과 갈등, 혼란을 가져올 수도 있는 양날의 검이다.

실제로 우리 뇌에서 자아인식을 담당하는 부위가 구체적으로 어디인지에 대해서는 아직 자세히 알려져 있지 않다. 많은 뇌과학자들이 뇌가 어디서 어떻게 자기인식이나 자아를 가지고 있다는 느낌을 만들어내는지를 활발히 연구하고 있고, 자아가 진화 과정에서 상대적으로 최근에 생겼다는 사실을 고려해서 그 기반이 되는 신경학적 과정 역시 뇌에서 비교적 최근에 발달한 부위인 전두전엽prefrontal lobes이 담당한다고 본다. 전두전엽은 전두엽의 가장 앞부분으로 이마 바로 뒤에 위치한다 (그러고 보면 자기고찰이 이마 뒤쪽에서 일어난다고 느끼는 사람이 별로 없다는 사실이 흥미롭다). 최근의 연구들은 사람들이 자아와 관련된 생각을 하면 이 전두전엽 부위가 특히 활성화된다는 사실을 보여주었지만 자아에 대한 신경해부학적 실험 연구는 아직 걸음마 단계다.[21]

전두엽과 자아의 관계에 대한 사실들은 대부분 부상이나 수술로 뇌를 다쳤거나 큰 변이를 겪은 사례들을 통해 알려졌다. 과거 150년간의 사례분석이나 실험 연구에 의하면, 전두엽이 손상되면 자아와 자기

인식에 문제가 생긴다. 예를 들어 전두엽이 손상된 사람들은 자기가 입은 부상에 대해 무관심한 모습을 보이곤 한다. 부상이 꽤 심각하다는 사실 자체는 이해하지만 마치 그 부상이 자기 일이 아닌 남의 일인 것처럼 별 관심을 갖지 않는다. 이에 한 연구자는 전두엽이 손상된 환자가 "한 인간으로서의 자신에 대해 전혀 관심이 없어 보인다"고 언급했다.[22] 자신이라는 사람을 인식하는 능력에 분명 어떤 문제가 생기고 만 것이다.

전두엽 손상 환자들은 또한 자신을 정확히 평가하는 데 어려움을 겪는다. 다른 사람들 눈에는 뻔히 보이는 자신의 실수나 실패를 깨닫지 못하고, 남들이 자신을 어떻게 바라보는지에 대해서도 잘 알지 못한다. 또한 자신에 대한 생각에 몰두하거나self-absorbed 자신의 내면을 들여다보지 못하는 모습을 보이고, 따라서 공상에 빠지거나 자기 삶의 문제점들에 대해 고민하는 것도 어려워한다. 이들 중 일부는 목적 달성을 위해 특정 행동을 시도하는 것에 어려움을 겪는다. 전두엽이 손상되면 의도적인 행동을 통제하는 자아의 기능도 영향을 받는다는 의미다. 즉 원하는 행동을 개시하고, 자신의 행동을 관찰하거나 통제하게끔 지휘하는 사령관으로서의 능력과 의식적인 사고 과정에 전두엽이 관여한다는 것이다.[23]

전두엽 손상 환자는 시간에 대한 인식에서도 어려움을 겪는다. 현재 일어나고 있는 구체적인 상황에는 문제없이 잘 반응하지만, 과거나 미래에 대해 생각하는 것은 어려워한다. 다른 시간대에 있는 자신을 상상하는 능력이 없기 때문에 눈앞에 있는 일밖에 생각하지 못하고 영

사람, 스스로를 인식하는 동물

원히 현재만을 사는 것처럼 보일 수 있다. 실제로 뇌혈류 관련 연구들에 의하면 과거 회상 능력과 전두엽 활동 사이에 밀접한 관련이 나타난다.[24] 전두엽 손상 환자는 계획을 세우고, 목표를 설정하며, 자신의 생각과 행동을 통제하는 등 자아가 작동해야만 가능한 활동 전반에 어려움을 겪는다. 모든 전두엽 손상 환자가 이런 증상들을 전부 다 보이게 되는 것은 아니지만 환자들이 겪는 증상에는 일관적인 패턴이 존재한다. 전두엽은 사람들이 자신을 타인과는 구별되며 시간이 지나도 변치 않는 일관된 정체성을 가진 독립적인 존재로 인식하고, 의지력 및 자기통제를 발휘하는 기반인 셈이다.

자기인식이 가능한 다른 동물은 없을까

다른 동물들은 인간이 하는 것처럼 자기 자신에 대해 의식적으로 생각하지 못한다. 물론 대부분의 생물체가 원초적이고 감각적인 수준에서 자신과 주변 환경을 구분할 수 있다. 울리히 나이서Ulrich Neisser는 이를 "생태적 자아 지식ecological self knowledge"이라고 명명했다.[25] 만약 내 몸이 내 것이라는 느낌이 없다면 많은 동물들이 자신의 몸을 다른 식물이나 동물이라 여기고 공격하거나 먹게 될 것이다. 하지만 동물들이 가지고 있는 이러한 신체적 자아bodily self는 매우 기초적인 수준에 불과하며, 의식적인 사고보다 물리적 감각에 뿌리를 두고 있다. 뱀, 들쥐, 소와 같은 동물들도 자신과 주변 환경을 물리적으로 구별할 줄 알지만

나는 왜 내가 힘들까

인간이 하는 것처럼 자신이라는 존재에 대해 생각하지는 못한다는 것이다.

다른 동물들에게서 자아가 존재한다는 증거를 찾으려면 우리와 가장 가까운 친척인 침팬지, 보노보, 고릴라, 오랑우탄과 같은 영장류들을 살펴봐야 한다. 이들 영장류는 인간과 유전적으로 가장 흡사할 뿐 아니라, 동물들 중 가장 발달된 전두엽을 가지고 있다. 비교심리학자 고든 갤럽Gordon Gallup, Jr.은 침팬지에게 기초적인 형태의 자기인식이 있다는 사실을 최초로 확인한 연구자다.[26] 갤럽은 침팬지들에게 거울을 보여주었다. 침팬지들은 처음에는 거울 속 자신의 모습이 다른 침팬지라고 여기는 듯 했지만, 얼마 지나지 않아 그 이미지가 사실은 자기 자신임을 깨달은 듯한 반응을 보였다. 마치 인간들처럼 거울을 가지고 자신의 눈으로 직접 보기 어려운 신체 부위를 이곳저곳 살펴보기도 하고, 이를 쑤시거나 몸치장을 했다고 한다.

침팬지가 거울 속 자신을 알아보는지 확실하게 증명하기 위해, 갤럽은 침팬지를 마취시킨 후에 침팬지의 눈썹과 귀에 빨간 물감을 칠했다. 냄새가 없어 묻었는지 알아차리기 어려운 물감을 거울 없이는 직접 볼 수 없는 부위에 칠한 것이다. 이후 거울이 있는 공간에 침팬지들을 넣어두고 깨어나기를 기다렸다. 갤럽은 침팬지가 거울에 비친 자기 얼굴에서 빨간 자국을 보고(우리가 거울 속 우리 얼굴에 빨간 물감이 묻은 것을 볼 때 그러하듯) 그 부위를 만질 것인지가 궁금했다. 아니나 다를까 잠에서 깨어난 침팬지는 거울에 비친 자신의 얼굴을 보고 곧장 자신의 귀와 눈썹을 만졌다. 거울에 비친 모습이 자기 모습임을 인식한 것이

사람, 스스로를 인식하는 동물

다.[27] 오랑우탄과 고릴라를 대상으로 한 같은 실험에서도 똑같은 현상이 관찰되었다.[28] 몇몇 연구들은 돌고래에게도 자기인식 능력이 있음을 암시하는 증거를 발견했으나 여기에 대해서는 아직 더 많은 연구가 필요하다.

사실상 침팬지와 오랑우탄, 고릴라를 제외하고 원숭이나 다른 동물들에게서는 거울 속 자신을 인식하는 능력이 발견되지 않았다. 수개월(어떤 경우에는 수년) 동안 우리 안에 거울을 놓아두었지만 원숭이들은 계속해서 거울 속 자신을 무시하거나 다른 동물을 대하듯 위협하기도 하고 또는 도망쳤다는 연구 결과가 있다. 거울 속 원숭이가 바로 자신임을 깨닫지 못한 것이다.

그런데 거울 테스트를 해석할 때는 두 가지 주의할 점이 있다. 우선 거울 테스트에 실패했어도 여전히 자기인식 능력이 있을 수 있다는 것이다. 어떤 연구자들은 거울에 비친 자신의 모습을 알아보기 위해서는 자기인식도 필요하지만 거울이 그 앞에 놓인 물건의 형상을 정확하게 비춰준다는 사실도 알아야 한다고 주장한다. 어떤 동물이 자아를 가지고 있다고 하더라도, 사물이 움직일 때마다 거울에 비치는 그 사물의 모습도 함께 달라질 수 있다는 사실을 이해하지 못하면 거울에 자기 모습이 비춰도 여기에 별다른 반응을 보이지 않을 수 있다. 하지만 아직까지는 거울 테스트에 실패했는데 다른 테스트에서 자아를 가진 것으로 확인된 사례는 없다.[29]

또 다른 주의사항은 침팬지나 오랑우탄이 거울 속 자신을 알아본다고 해서 그들의 자아가 인간의 자아와 동일하지는 않다는 점이다. 거

나는 왜 내가 힘들까

울 속 자신을 인식하는 것은 원초적인 형태의 자기인식 능력만으로도 가능하며 침팬지나 오랑우탄이 그 이상으로 자아를 활용해서 보다 수준 높은 정신적 활동을 하는 것으로 보이진 않는다. 대니얼 포비넬리 Daniel Povinelli의 연구에 의하면 침팬지는 거울 속 자기를 알아보기는 하지만, 자신이 시공간에 상관없이 일관된 정체성을 가진 독특한 개별적 존재라는 사실을 이해하지는 못한다고 한다.[30] 따라서 영장류들은 장기적인 계획을 세우는 것 같은 인간 수준의 행동도 할 수 없다(영장류들이 대단하긴 하지만 인간처럼 인생 10년 계획을 세우거나 10년 후의 나에게 편지 쓰기 같은 것을 하지는 못한다는 의미다-옮긴이).

자기고찰의 진화

(단세포동물을 포함한) 하등동물들과 달리 인간에게만 자아가 있다는 사실을 받아들이기 위해서는, 인간의 자아가 왜 그리고 어떻게 발달하게 되었는지를 알아야 한다. 안타깝지만 뇌 자체는 물론이고 뇌가 하는 기능들은 더더욱 화석으로 보존되지 않기 때문에 이 질문에 확실한 답을 얻지는 못할 것이다. 고고학자나 고생물학자 들이 말발굽이나 사람 척수가 어떻게 진화했는지 알아낸 것과 동일한 방법으로 자아의 진화 과정을 추적할 수는 없다는 것이다. 구체적인 증거가 없다 보니 자아가 언제 처음 출현했는지에 대해 전문가들조차 서로 다른 견해를 가지고 있다.

사람, 스스로를 인식하는 동물

기초적인 수준의 자기고찰 능력은 침팬지와 오랑우탄에게서도 나타난다. 따라서 자아가 탄생한 시기는 인간과 침팬지의 계보가 갈라지기 전인 500만 년 전, 즉 인간과 침팬지가 공통된 조상을 가졌던 시기라고 짐작할 수 있다. 또한 인류의 진화 과정에서 초창기 200만 년 동안 우리 조상들은 침팬지와 비슷한 수준의 자기인식을 보였을 것이다.[31] 물론 원시적인 수준이라도 자아를 장착하면 훨씬 복잡한 사회적 행동과 추론을 하게 되므로 자아가 없었을 때에 비하면 이는 어마어마한 발전이다. 하지만 사실 더 궁금한 것은 언제 처음으로 인간의 자아가 자신을 고찰하고, 마음을 들여다보고, 앞으로의 일을 계획하는 등의 고차원적인 활동을 시작했느냐는 것이다.

어떤 심리학자들은 인간의 자아가 약 170만 년 전, 홍적세Pleistocene era 후반 호모 에렉투스(직립보행하는 인간)의 출현과 함께 나타났다고 주장한다.[32] 이들은 당시의 인간이 숲에서 초원으로 나와 수렵채집 생활로 성공적으로 갈아탄 이유로 자기인식 능력을 꼽는다. 분명 인류의 인지 능력이 이 무렵 빠르게 발달하긴 했다. 하지만 여전히 이 시기에 자아가 출현했다는 증거는 부족하다. 나는 현대적인 자아가 인간 진화 과정의 후반대에서야 탄생했다고 생각한다.

앞서 자아가 언제부터 존재했는지를 정확히 알 수 있는 고고학적 증거를 찾기는 어렵다고 했지만 사실 꼭 그렇지만도 않다. 물론 화석으로 보존된 자아나 뇌 실물은 없지만 인류 조상들이 만들어낸 물건 등 자아나 뇌 활동의 부산물이 남아 있기 때문이다. 약 4~6만 년 전보다 더 이전의 고고학적 자료들에서는 당시의 인류가 오늘날과 같은 자아를 가지고 있었다고 할 만한 증거가 희박하다. 대략 200만 년 전 호모 하빌리스 유적에 투박한 석기 화석이 등장하긴 하지만, 이런 석기는 돌덩어리에서 파편이 떨어져 나간 것보다 조금 더 나은 정도일 뿐이다. 그후 200만 년 동안 도구는 조금씩만 나아졌을 뿐, 오늘날 침팬지들이 쓰는 것보다 더 낫다고 하기 어려운 수준이었다. 자아의 흔적은 호모 사피엔스가 등장하고 나서야 나타난다. 호모 사피엔스 이전에 어떤 혁신이나 문화, 개인적 정체성, 예술 또는 고급 기술 등이 존재했다는 증거는 발견되지 않았다.[33]

지금으로부터 약 4만에서 6만 년 전이 되어서야 인류가 만든 물건들에 괄목할 만한 변화가 생겼다. 도구들이 더 정교해지고 용도에 따라 특화되었을 뿐 아니라, 처음으로 문화가 존재했다는 증거들이 나타나기 시작했다. 반짝이는 구슬과 팔찌 같은 장신구도 이때 처음 등장했다. 인류가 이 시기에 처음으로 자신이 남들에게 어떻게 보일지 고민하기 시작했다는 의미다. 사물을 재현하는 형태의 예술도 이 무렵에 처음 등장했다. 고고학자 리처드 클라인Richard Klein은 "약 5만 년 전 인간 행동에 일종의 혁명이 일어났다. 5만 년 전에는 그 누구도 예술품을 만들지 않았지만, 그 이후에는 모두가 만들었다"고 말한다.[34]

처음으로 배를 만든 흔적도 이 시기에 나타난다. 배를 만들었다는 것은 당시 인류가 나중에 그 배를 타고 다닐 자신의 아날로그 자아를 상상할 수 있었음을 의미한다. 또한 시신과 함께 물건들을 매장한 무덤도 처음으로 발견되었다. 네안데르탈인을 포함한 초기 인간들도 간혹 시신을 땅 속에 얕게 매장하는 모습을 보였지만 약 4만 년 전이 되어서

사람, 스스로를 인식하는 동물

야 비로소 죽음에 중요한 의미를 부여하고 사후세계에 대해 상상하기 시작했다.[35] 어떤 학자들은 이 시기에 인간의 언어가 등장했을 것이라고 본다. 보통 스스로에게 말을 거는 식으로 자신에 대해 생각한다는 점을 고려하면, 언어와 자아 사이에는 밀접한 연관이 있을 수 있다.[36]

고고학자들은 이렇게 인간의 생활양식에 큰 변화들이 일어난 약 4만 년 전의 시기를 "문화 빅뱅"이라고 부른다. 물리학자들이 우주의 기원을 찾아 우주 빅뱅(아무것도 없다가 우주의 만물이 생겨난 것으로 추정되는 시점)으로 거슬러 올라갔던 것처럼, 고고학자들 역시 인간의 문화가 시작된 지점을 찾아 거슬러 올라가다 이 문화 빅뱅(세련된 문화적 행위가 없다가 생겨난 시점)을 발견했다. 인류의 삶에 수백만 년간 거의 변화가 없다가 이 문화 빅뱅 시기에 들어서야 혁신이 일어났음을 보여주는 증거들이 등장한다.[37]

전문가들은 중-후기 구석기 과도기에 일어난 이러한 변화의 성격을 저마다 다르게 규정한다. 어떤 이는 문화 빅뱅을 갑작스러운 "혁명"으로 보는 한편 또 다른 이는 점진적 "진화"로 보기도 한다. 이 변화가 뇌에 생긴 생물학적 변화의 결과물이라고 보는 시각도 있다. 또는 문화를 만들어나갈 능력을 가진 이들은 일찍부터 존재했지만 어떤 이유로 능력을 드러내지 못하고 있다가 이 시기가 되어서야 능력을 발휘한 것이라는 시각도 있다. 이렇듯 문화 빅뱅을 바라보는 시각은 서로 다르지만 대부분 이 시기에 인간의 행동을 근원적으로 변화시킨 무언가가 나타났다는 점에 동의한다.

나는 문화 빅뱅이 무엇보다 근대적인 인간 자아 출현에 힘을 받아

생겨났다고 생각한다. 만약 우리가 시간을 거슬러 올라가서 이 과도기가 발생하기 전인 4~6만 년보다 이전으로 돌아간다면, 거기서 만난 인간은 아마도 조금 똑똑한 유인원 정도일 것이다. 물론 생김새는 현재 인간과 비슷하고 현재 인간의 특징을 일부 가지고 있긴 하겠지만 인간이라면 가져야 할 중요한 속성들, 예컨대 미래를 내다보거나 계획을 하고, 다양한 선택지들을 고려하고, 자기 감정과 생각에 대해 이야기하는 등의 모습은 거의 발견되지 않을 것이다.

고양이나 고릴라가 어떤 삶을 살아가는지 상상하기 힘든 것처럼 고도로 발달된 자아를 가진 우리가 자기인식 능력이 없었던 사람들의 삶을 상상하기란 쉽지 않다. 변화가 나타나기 전의 초기 인류들(호모 에렉투스, 네안데르탈인, 하이델베르크인)은 오늘날의 인간과 다르게 훨씬 단순한 도구를 쓰고, 훨씬 덜 복잡한 사회 시스템에서 덜 복잡한 지식과 문화를 가지고 살았으며, 심리학적으로도 지금의 우리와 아주 많이 달랐을 것이다. 랜들 화이트Randall White의 말처럼 "전기 구석기 시대 인간의 삶은 현대인의 삶과 너무나 달라서 그 삶이 어떠했을 것이라고 짐작조차 하기 어렵다."[38] 이와 달리 문화 빅뱅기에 등장한 앞일을 미리 계획하고, 다가올 일을 걱정하고, 남들이 자신을 어떻게 바라볼지에 대해 고민하고, 심지어 존재론적인 질문을 던지기도 한 인간을 본다면, 오늘날 우리와 비슷한 사람들이라는 생각이 들 것이다.

이렇게 자신에 대해 생각하고, 계획하고, 과거를 되짚어보는 능력이 인간의 생존에 필수적이라고 여기는 이들도 있다. 하지만 사실 인간은 자아 없이도 꽤 잘 살 수 있다. 실제로 초기 인류는 살아남았고 그

사람, 스스로를 인식하는 동물

당시의 환경에서는 자아가 없는 것이 큰 문제가 되지 않았다. 대부분의 동물들도 자아 없이 잘만 살아간다. 수달이나 개, 연어 같은 동물들이 자아를 가지고 있는 모습을 상상하는 게 더 어려울 정도다. 초기 인류는 자연선택을 통해 적어도 멸종하지 않을 만큼 살아남고 번식하는 데 필요한 신체적, 정신적 특성들을 갖춰가며 진화했다.

초기 인류가 자기고찰 능력 없이도 잘 살았을 것임을 보여주는 또 다른 증거가 오늘날 우리의 일상 곳곳에서 나타난다. 다들 항상 자기가 무엇을 하고 있는지 알고 있다고 짐작하지만, 사실은 그렇지 않다. 앞에서도 얘기했지만, 인간은 정보를 처리하고 행동하는 데 자동적(비의식적) 시스템과 통제적(의식적) 시스템을 모두 사용하며 우리가 하는 행동의 대부분은 자아에 대한 의식적인 생각 없이 자동적으로 이뤄진다. 심지어 아주 복잡한 행동도 자기인식이나 자신에 대한 생각 없이 해낸다.[39] 아무 생각 없이 수십 수백 킬로미터씩 차를 몰고도 죽지 않는 "고속도로 최면"이 한 예다. 핸들을 꺾고 깜빡이를 켜고 차선을 바꾸고 근처 다른 차들에 반응하는 등 끊임없이 정보를 처리하고 반응하지만, 이런 일련의 행동들을 일일이 자각하지는 않는다. 아무 생각 없이도 얼마든지 대화를 이어가는 것 또한 좋은 예다. 인간은 자신이 내뱉는 모든 말을 미리 준비하는 게 아니다. 자신도 모르게 뜬금없이 아무 말이나 할 때가 많다. 물론 머리를 굴리며 단어 선택 하나하나에 신경 쓰고, 남들이 자신을 어떻게 생각할지 고민하고, 방금 한 말이 바보 같다고 되뇌고, 이 대화가 안 좋게 끝나면 어쩌지 걱정하면서 대화할 때도 있다. 이럴 때면 자아가 열심히 일을 한다. 그렇지만 많은 경우 우리는 자동적인 프로세스를 켜놓고 별 생각 없이 대화를 이어나갈 수 있다.

이렇게 사람들은 하루 중 대부분을 자아를 끄고 자동 모드를 켜둔 채로 살아간다. 자아 없이도 운전하고 말할 수 있을 뿐 아니라 먹고, 읽고, 텔레비전을 보고, 음악을 듣고, 운동을 하고, 사랑을 나누는 등 수많은 활동을 할 수 있다. 이런 활동에 가끔 자아가 관여하기도 하지만, 꼭 필요하지는 않다(사실 나중에 살펴보겠지만 자아적 사고self-thought가 오히려 이런 행동을 방해하기도 한다). 이렇게 오늘날의 인간도 자동 모드로 잘 살아가는 것을 보면 선사시대의 인간 또한 자기고찰 능력 없이도 꽤 잘 살았겠다는 생각이 든다.

그런데 왜 진화의 역사 속에서도 하필 4~6만 년 전의 시기에 자아가 출현했는지는 여전히 미지수다. 한 가지 가능성은 이 시기에 인간의 뇌가 처음으로 자기인식을 할 수 있는 방향으로 변화했다는 것이다. 실제로 현생 인류와 거의 차이가 없는 첫 인류의 유골이 대략 이 시기에 발견되었다. 자아는 인간의 뇌 또는 다른 신체 부위의 해부학적 진화가 일궈낸 산물일지도 모른다는 것이다.

자아의 탄생은 선사시대를 살던 인류에게 도움이 되었을 것이다(적어도 해롭진 않았을 것이다). 만약 자신에 대해 생각할 수 있는 동물들이 그렇지 않은 동물들보다 생존이나 번식에서 유리한 것이 아니라 되레 불리했다면, 애초에 인간은 자기고찰 능력을 발달시키는 방향으로 진화하지 않았을 것이다. 자아가 있어서 의식적으로 생각하고, 계획하고, 숙고하고, 자기 주장을 관철할 수 있었던 사람들은 자아가 없는 다른 동물들이나 사람들(선사시대의 과도기 중에 어떤 사람들에게는 자아가 있고 어떤 사람들에게는 없었던 시기가 있었을 것)보다 분명 많은 이득을 누리고 유리한 위치를 점했을 것이다.

자아의 어두운 면

지금까지는 자아가 진화 과정에서 인간에게 가져다준 혜택에 대해 이야기했다. 자아가 많은 면에서 인간의 기능을 향상시킨 것은 사실이지만, 안타깝게도 자아가 인간에게 순전히 축복인 것만은 아니다. 우리가 한 개인으로서 그리고 인간이라는 하나의 종으로서 겪는 수많은 문제들이 자아로 인해 발생한다.

다음 장에서도 이야기하겠지만, 자기고찰 능력은 세상을 바라보는 우리의 인식을 왜곡해서 잘못된 정보를 토대로 좋지 않은 결정을 하게 만들기도 한다. 과거에 있었던 일을 떠올리거나 앞으로 있을 일들을 상상하면서 생기는 우울감, 불안, 분노, 질투 등의 각종 부정적 감정 또한 자아가 가져오는 고통 중 하나다. 우리의 자아는 태생적으로 자기중심적이고, 자신을 높이려는 자기고양적인 방식으로 정보를 처리한다. 이로 인해 자신의 단점을 보지 못하고 인간관계를 망치는 사람들이 적지 않다. 자신과 다르다는 이유로 특정 사람들을 싫어하고, 다른 사회 집단에 속한 사람들과 갈등을 빚고, 잔인하고 끔찍한 일들을 저지르는 등 자아 때문에 일어나는 사회적 갈등들도 숱하게 찾아볼 수 있다. 자아가 안전보다 허영과 이기심을 우선시해서 우리 삶을 위험에 빠트리기도 한다. 이런 이유로 종교 지도자들은 오래전부터 자아가 영적 성장을 방해한다고 지적해왔다.

인간이 가진 가장 훌륭한 측면들을 끌어내는 정신적 능력이 동시에 가장 심각한 문제들을 불러온다는 사실은 언뜻 이해하기 어렵다. 이러한 모순은 자아가 진화했던 시기의 환경과 오늘날 우리가 살고 있는 환경이 판이하게 다르기 때문에 발생한다. 자기인식이 정확히 언제 출현했는지와는 별개로, 자기인식 능력이 생겨나던 때의 사람들은 선사시대 아프리카 초원에서 수렵 및 채집을 하며(또는 썩은 고기를 찾아다니며) 살고 있었다. 단지 몇 초가 아닌 그 이상을 내다보며 계획하도록 돕는 자아의 존재는 인간이 다른 동물보다 우위를 점하고 자연 환경 속에서 더 많은 이득을 얻는 데 큰 공을 세웠다. 다른 사람들이(또는 다른 동물들이) 어떤 생각을 하고 있을지 상상할 수 있는 능력 또한 인간의 생존과 번식 확률을 높여주었을 것이다. 이러한 환경에서 자기인식 능력은 많은 유익을 가져다주는 반면 이로 인한 부담은 상대적으로 적었을 것이다.

정말 그랬을지 알아보기 위해 인류 조상들의 삶을 상상해보도록 하자(공교롭게도 이러한 가상의 시간여행 또한 우리가 자아를 가지고 있기 때문에 가능하다). 수렵채집 생활을 하는 유목민으로서 우리는 그날그날 살아남기 위해 사냥하고, 식물을 채집하고, 죽은 고기를 찾아다니면서 살아가고 있다. 아직 음식을 대량으로 보관하거나 나를 방법이 없기 때문에, 부족이 하루 이틀 동안 먹을 양만큼의 식량을 모은다. 더욱이 우리가 사는 환경은 기본적인 필요들이 그날그날 충족되거나, 충족

사람, 스스로를 인식하는 동물

되지 않아도 어쩔 수 없는 환경이기 때문에 앞으로 며칠 이상을 내다볼 필요가 없다. 상황이 좋지 못할 때, 예를 들면 음식이 부족할 때에도 우리는 그저 계속 음식을 찾아보는 것 말고는 할 수 있는 게 없다. 애초에 선택지가 별로 없기 때문에 인생역전을 꿈꾸거나 어떻게 하는 게 좋을지 고민하며 시간 낭비하는 일도 없다.

삶에서 성공하고, 무언가를 성취하고, 재산을 축적하겠다는 장기적인 목표 또한 없다. 들고 다닐 수 있는 소유물이 한정되어 있기 때문에 그 이상의 많은 물건을 획득할 필요를 느끼지 못한다. 주변 사람들도 나와 별반 다를 것 없는 사람들이라 행복해지기 위해서 무엇을 더 해야 하는지 새로운 자극을 받는 일도 흔치 않다. 재산이나 소유물을 축적할 동기가 없는 상황에서 우리는 현대인들처럼 장기적인 목표와 성공을 향해 노력하지 않는다. 현대인을 괴롭히는 문제인 정체성 이슈에 시달리지도 않는다. 오늘날의 사람들은 자신이 누구이고, 어떤 삶을 살고 있으며, 자신이 바라거나 두려워하는 일들이 미래에 어떻게 전개될지에 대해 끊임없이 생각한다. 그러나 선사시대를 살고 있는 우리는 태어나서 지금까지 변한 적 없는 단 하나의 삶의 방식만 알기 때문에 이것과 다른 미래를 그리지 못한다.

다시 현대로 돌아오자. 현대인의 삶은 인류 조상들의 삶과는 질적으로 다르다. 오늘날의 우리는 정착 생활을 하면서 음식과 같은 필수품은 물론이고 그 외의 개인적 소유물을 축적할 수 있다. 또한 지인이나 책, 텔레비전 등에서 알게 된 이야기들을 통해 삶의 수많은 가능성을 엿볼 수 있다. 덕분에 사람들은 자신이 갖지 못한 것들을 원하고 늘 어딘가 불만족스러워하며 살아간다. 지금의 우리는 새로운 것들을 시도해보고 싶어 하고, 더 많이 가지려 하며, 새로운 라이프스타일을 누리려고 애쓰고, 새로운 정체성을 추구하기도 한다. 눈앞에 펼쳐진 수많은 가능성 때문에 자기 삶에서 결핍된 부분을 계속 상기할 뿐 아니라 선사 시대의 인간이라면 상상도 못했을 끝없는 선택의 물결과 마주한다. 살면서 어떤 직업을 가질지, 학교는 얼마 동안 다녀야 할지, 어디에 살지, 어떤 정치적, 종교적 신념을 가질지, 누구랑 살지 등 수많은 결정을 내려야 한다. 인간관계도 부족 내 사람들로 한정되었던 선사시대에 비하면 훨씬 복잡해지고 말았다.

또한 선사시대 인간의 조상들이 단기적인 목표를 가졌던 것에 비해, 오늘날의 우리가 추구하는 목표는 장기적인 경우가 많다. 선사시대 사람들은 불과 며칠 후만을 내다봤지만, 우리는 졸업과 취직, 승진, 은퇴 등 먼 미래의 목표들에 대해 생각하고 결과를 오랫동안 기다린다. 지금 하고 있는 일이 미래에 내가 원하는 보상을 가져올지 항상 예측할 수 있지는 않기에, 선사시대 인간보다 훨씬 많은 불확실성을 안고 살아간다.[40]

요약하면 우리는 수만 년 전 아프리카에서 살던 직립보행 동물에게서 발생한 자아를 가지고 오늘날을 살고 있는 셈이다. 오늘날 사람들이 살고 있는 환경은 자아가 진화했던 환경과는 판이하게 다르기 때문에 당시에 있었던 혜택들 외에 무수한 부작용을 겪게 되었다. 물론 자아는 진화의 산물이며 자아에 본질적으로 어떤 결함이 있지는 않다. 다만 조상들이 살던 환경에서는 긍정적으로 작용하던 특성들이 오늘

사람, 스스로를 인식하는 동물

날에는 오히려 해롭게 작용할 때가 많기 때문에 우리들에게는 자아가 양날의 검이라는 얘기다. 마치 당과 지방에 끌리는 본능이 선사시대에는 생존 가능성을 높여주었지만 집 앞의 슈퍼마켓만 가면 음식을 쉽게 구할 수 있는 오늘날에는 건강에 해가 되기 쉬운 것처럼 자아도 그러하다.

이 책에서는 자아를 가지고 현대의 사회를 살아가는 것이 어떻게 저주가 되는지 이야기하고자 한다. 물론 자아를 가지는 것에 분명한 장점이 있다는 점 또한 계속해서 살펴볼 것이다. 자아가 없는 동물이 되겠다거나 (만약에 가능하다면) 자아와 관련된 부위를 도려내는 '자아절제술'을 받고 싶어 하는 사람은 별로 없을 테니 말이다. 자기고찰 능력은 순전히 저주라기보다는 장단점이 뒤섞인 축복에 훨씬 가깝지만, 이 책에서는 자아의 어두운 면을 주로 다루고자 한다.

자아가 '나쁘다'거나 없어져야 한다고 주장하는 것도 아니다. 그보다는 인간을 인간답게 만들고 인간 문명의 발전을 가능하게 한 자기고찰 능력이 한편으로 다양한 고통과 이기심, 대인관계에서의 문제, 잘못된 의사결정, 자신과 타인에게 위험한 행동 등을 불러와 삶을 혼란스럽게 만들기도 한다는 사실을 살펴보고자 한다. 자아는 우리의 가장 훌륭한 아군이자 가장 무서운 적이며, 우리가 살면서 마주치는 가장 큰 역경은 대부분 직간접적으로 자아의 산물이다. 자아가 어떻게 이 많은 문제들을 만들어내는지 이해하고, 자아가 초래하는 문제들에 대처하는 법을 알아보도록 하자.

02

두 개의
세상에서
살아가기

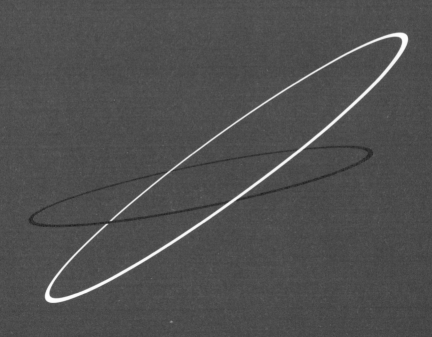

"항상 생각에 빠져 있는 사람은
자기 생각 외에는 아무것도 알지 못하고
결국 현실에서 멀어지고 만다."

_앨런 와츠 Alan Watts

2001년 미국에서 6월과 7월에 걸친 2주 동안 세 명의 아이들이 뜨거운 차 안에 방치되어 있다가 사망하는 사건이 발생했다. 안타깝게도 이런 비극적인 일들은 매년 여름 미국 전역에서 흔히 일어난다. 한 가지 눈여겨볼 만한 점은 이 세 사건 모두 부모가 차에 아이를 놔뒀다는 사실을 깜빡해서 발생했다는 점이다. 6월 아이오와에서는 한 여성이 출근길에 아이를 어린이집에 맡기려고 뒷좌석에 태우고서는 이 사실을 까먹고 아이를 차에 놔둔 채로 출근했다. 7월 미네아폴리스에서는 한 남성이 어린이집에 아이를 내려준다는 걸 깜박하고 뜨겁게 달궈진 차에 놔뒀다가 여섯 시간 후에야 아이를 발견했다. 또 며칠 후 노스캐롤

두 개의 세상에서 살아가기

라이나주에서는 한 남성이 출근길에 유아돌보미 집에 들르는 것을 깜박해서 6개월 된 아이를 뜨거운 차에 놔두고 말았다.

사람들은 이런 사건들을 접하면 이해할 수 없다는 반응을 보인다. 차에 지갑이나 휴대전화, 선글라스 같은 물건을 두고 내릴 수는 있지만 어떻게 자기 아이를 깜박할 수 있나? 이런 일들은 무신경하고 어리석은 사람들한테나 생긴다고 치부한다. 하지만 흥미로운 사실은 이들 모두 누가 봐도 훌륭한 양육자이자 존경받는 전문가들이었다는 점이다(여성은 병원장이었고, 두 남성은 각각 은행가와 퇴역 군인이었다). 평소 아이를 그렇게나 애지중지하던 사람들이 어떻게 아이를 땡볕 아래에 두고 깜박하게 되었을까?

차 안에 아이를 두고 잊어버리고 만 그날 아침, 이 부모들의 머릿속에서 구체적으로 어떤 일이 일어났는지는 알 수 없지만 아마 다른 생각들로 머리가 복잡했을 것이다. 지금 이 순간 당장 해야 할 일이 아닌 다른 일들에 정신이 팔렸을 것이다. 곧 출근해야 한다는 생각이나 사무실에 도착하면 해결해야 할 문제들을 생각하며 머리 아파하고 있었을 수도 있다. 아니면 집에서 아침을 먹으면서 가족들과 말다툼했던 일을 곱씹거나, 부모 노릇하기가 참 힘들다는 생각에 빠져 있었을 수도 있다. 혹은 라디오에서 흘러나온 뉴스에 대해 골똘히 생각하거나, 금전적인 문제로 걱정하고 있었을지도 모른다. 또는 조만간에 떠날 휴가 계획을 세우느라 정신이 없었을 수도 있겠다. 이 부모들이 정확히 무슨 생각을 했든 아마도 자아가 만들어낸 생각들에 온 신경을 점령당한 상태였을 것이다.

우리는 모두 서로 다른 두 개의 세상 속에서 살아간다. 하나는 우

나는 왜 내가 힘들까

리 몸 밖의 세상이고(물체와 사람, 사건이 있는 실제 세상), 다른 하나는 우리 머릿속의 세상(나의 생각과 경험, 계획, 느낌, 환상으로 이뤄진 주관적인 세상)이다. 우리는 매일 이 두 세상 사이를 왔다 갔다 하며 살아간다.

외부 세계를 사는 우리는 창밖으로 고개를 내밀어 고속도로 사고 현장을 보거나, 영화 마지막 장면에 몰두하고, 밤에 집 밖에서 나는 이상한 소리에 귀를 기울이곤 한다. 재미있는 책을 읽기도 하고, 뒷마당에 앉아 떨어지는 빗방울을 바라보기도 한다. 그러다가 문득 주의를 돌려 오늘 밤에 무슨 일을 할지 생각하거나, 직장에서 해야 할 발표를 걱정하고, 몸에서 느껴지는 불편한 감각이나 오래전 헤어진 연인과의 추억을 떠올리는 순간 내면 세계로 이동하게 된다.

한 세상에서 다른 세상으로 이동하는 과정은 보통 의식하지 못하는 사이 이뤄진다. 이렇게 우리가 경험하는 삶은 내·외부의 세상이 끊임없이 뒤섞이며 이어진다. 독자들의 경우에도 이 페이지를 읽으면서 한동안은 내 말에 집중하다가(외부 세계), 문득 이따가 해야 할 일에 대해 생각하기도 하고(내부 세계), 그러다 시간을 확인했다가(외부 세계), 오늘 뭘 먹을지 생각할 것이다(내부 세계). 이 책이 앞으로 더 재미있을지 궁금해하다가도(내부 세계), 방을 괜히 둘러보고는(외부 세계), 불현듯 '아, 저자가 말하는 것처럼 내 주의가 이리저리 옮겨 다니는구나' 하고 깨닫는다(내부 세계). 이런 식의 차원 이동은 끊임없이 일어난다. 하루 종일, 매일매일 우리는 어느 하나에 주의를 고정시키지 않으며 의식의 흐름 또한 객관적 외부 세계(사람, 사물, 사건)와 심리적 내면 세계(생각, 이미지, 느낌) 모두를 아우른다.[1]

예상했겠지만 내면 세계에서 벌어지는 일들에는 대부분 자아가 끼어든다. 과거에 있었던 일을 떠올리거나 미래의 내 모습을 상상하며 계획을 세우고, 나의 능력과 성격, 내가 느끼는 것들을 분석하고 공상에 잠기는 등 우리가 하는 생각이란 보통 나 자신에 관한 생각일 때가 많다. 이런 생각들은 구체적일 수도 있고(예컨대 어제 한 일에 대한 구체적인 기억을 더듬어본다) 꽤 추상적일 수도 있다(내 삶의 목적은 뭘까 생각해본다). 구체적인 내용은 다르지만 이 모든 생각들은 '나'와 관련되어 있고 따라서 자아가 있어야 가능하다.

이와 달리 다른 동물들의 내면 세계에는 자신과 관련된 생각이 잘 나타나지 않는다. 동물들의 머릿속에는 보통 외부 세계, 신체적인 감각(고통, 추위, 배고픔 등) 또는 자신들이 느끼는 감정 등이 잠시 담겨 있다가 지나갈 뿐이다. 자신과 관련된 생각들로 머릿속이 복잡해지는 일도 없다. 예컨대 고양이, 소, 나비 등이 '왜 집사는 나한테 이런 비쩍 곯은 밥만 주지?', '내가 제일 잘나가는 소', '이 꽃밭 다음엔 어느 꽃밭으로 가지?' 같은 생각을 하지는 않을 것이다. 반면 사람들은 머릿속에서 '왜 저 사람은 날 이런 식으로 대하지?', '내가 다른 사람들에 비해 더 낫거나 못난 부분은 없나?', '오늘 점심 뭐 먹지' 등 끊임없이 자신에게 질문을 던진다. 이런 식으로 실제 경험에 더해 자신의 행동거지를 살피고 평가하면서 자기 안에서 경험의 의미를 색다르게 바꾸곤 한다. 즉 인간은 외부 세계뿐 아니라 자아가 만들어낸 자기 안의 세상에서도 살아가는 셈이다.

누가 누구한테 말하는 걸까?

나 자신에 대해 생각하는 일은 대체로 '내면에서 일어나는 말하기' 형식으로 이뤄진다. 내 안의 '목소리'가 주변 세상을 관찰하고('오늘 아침 꽤 쌀쌀하네'), 질문을 하며('오늘 코트를 입는 게 좋으려나?'), 대답도 다 하는('아니야, 오후가 되면 따듯해질 거야') 식이다. 내가 내게 말을 걸고 다시 내 답변을 '듣는' 기묘한 경험을 많이들 해봤을 것이다. 하지만 스스로에게 너무 자주 말을 걸다 보니 특수한 질문이 아닌 이상 이 내면의 목소리를 딱히 눈치 챌 일은 없다. 그런데 왜 우리는 자신에게 말을 거는 걸까? 내가 나에 대해 생각하는 과정이 왜 대화하는 것처럼 느껴질까? 내 머릿속에서 말을 거는 것은 누구고, 답을 하는 것은 또 누구일까?

철학자, 심리학자, 뇌과학자 들은 수백 년간 자기대화self-talk의 정체를 탐구한 끝에[2] 자기대화는 대화라기보다 독백이라는 결론을 내렸다. 코트를 입을지 말지 묻고 답하는 상황처럼 내적 말하기가 대화처럼 느껴질 때에도 실은 동일한 정신적 기제가 1인 2역을 하고 있기 때문이다. 플라톤 역시 "생각한다는 것은 마음이 혼자서 질문을 하고 답하며 떠드는 것에 지나지 않는다"고 언급한 바 있다.[3]

그런데도 가끔은 머릿속 생각들이 둘 이상의 서로 다른 주체들 사이에서 벌어지는 진짜 대화처럼 느껴질 때가 있다. 어떤 결정을 내리기 위해 머릿속에서 다양한 요소들을 고려할 때는 더더욱 자기대화가 진짜 대화 같다. 나의 경우 이번 휴가 때 크루즈 여행을 가면 좋겠다는 생각을 하다가도 어떤 '목소리'가 나타나서는 아마 안 될 거라는 사실을 상기시킨다. 생방송 토론회처럼 다양한 '화자'가 찬반양론을 펼치며 여기에는 "난 모아둔 돈이 별로 없어"라는 반대의 소리도 나오고 "그래도 너는 항상 크루즈 여행을 가고 싶어했잖아. 지금이 아니면 언제 가겠냐고"라며 맞장구를 치는 소리도 나온다. 이런 내적 대화들은 마치 이해관계가 다른 사람들이 열띤 논쟁을 펼치는 것같이 느껴진다.

내가 나 자신에게 무엇을 하자고 하고는 금세 마음을 바꿀 때도 마치 실제 대화가 일어나는 것처럼 느껴진다. 예를 들면 '커피 마셔야지'라고 생각하고 나서 '아냐, 차 마실래'라며 다른 생각이 끼어드는 경우를 떠올려보자. 아마도 나는 나 자신이 결국 차를 마시고 싶어한다는 사실을 이미 알고 있었을 텐데 왜 굳이 처음에 커피를 마시겠다고 한 걸까? 이렇게 서로 다른 생각들이 부딪힐 때면 마치 친구가 어떤 영화를 보자고 했는데 내가 반대하며 그거 말고 다른 거 보자고 딴지를 걸듯, 내 안에서 서로 다른 존재들이 자기들끼리 무엇이 맞느냐를 놓고 따지는 것만 같다.

이렇게 독백이 대화처럼 느껴지는 이유에 대해 철학자 제임스 블라코비치James Blachowicz는 생각을 할 때면 마음 속에서 서로 다른 두 가지 시스템, 즉 질문에 특화된 시스템과 답변에 특화된 시스템이 서로 주고받으며 일하기 때문이라고 보았다.[4] 이때 질문에 대한 답은 대체로 간단하거나 직관적인 수준에 그치기 때문에, 첫 번째 시스템이 마치 스무고개를 하듯 이런 뜻이냐며 재차 질문을 던지는 식으로 질문과 답이 계속 이어진다. 예컨대 스스로에게 어떤 질문을 하면('직장을 시애틀이랑

나는 왜 내가 힘들까

마이애미 중 어느 곳으로 정할까?'), 온전하고 분명한 대답을 듣기보다는 말이 되다 만 것 같은 답변이나('시애틀은 비가 많이 와…. 마이애미는 더 워.') 언어가 아닌 막연한 직감 형태의 대답이 돌아올 때가 많다. 시애틀에 대해 생각할 때면 막연히 마음이 들뜨지만, 마이애미는 괜히 낯설게 느껴질 수도 있다(또는 그 반대거나). 이렇게 두 번째 시스템에서 대충 만들어진 답변이 오면 첫 번째 시스템은 그 의미를 분석하거나 추가 질문('난 비 오는 거랑 더운 거 중에 뭐를 더 싫어하지?')을 하면서 대답을 정리, 부연하고 좀 더 명료하게 다듬는다. 블라코비치는 이런 점에서 자기대화가 몸으로 말하기 게임과 상당히 비슷하다고 말한다. 어떤 단어를 몸동작으로 표현하면 사람들이 여러 가지 답을 말하며 정답을 좁혀가는 과정과 비슷하다는 것이다.

하지만 이렇게 내 안에서 서로 다른 존재들이 싸우는 것같이 느껴질 때에도 우리는 이 목소리들이 다 나의 일부라는 사실을 알고 있다. 크루즈 여행을 갈지, 차를 마실지, 시애틀에 있는 직장을 선택할지에 대한 최종 결정 또한 다른 누가 아닌 나 자신의 결정이라는 것도 안다. 어떤 결정을 내렸을 때, 내 안에 있는 누군가가 자신이 이겼다고 의기양양해하는 반면 다른 존재들은 삐쳐 있거나 시무룩해 있다는 느낌을 받지도 않는다. 공교롭게도 자기고찰 능력이 우리에게 이 다양한 목소리들의 주인은 다름 아닌 나라는 사실을 알려주기 때문이다.

그런데 만약 내 머릿속의 목소리들이 실은 다 나라는 사실을 모른다면 어떨까? 프린스턴 대학의 심리학자 줄리언 제인스는 인류 역사상 꽤 최근까지도 실제로 이런 일이 벌어졌을 거라고 보았다. 제인스는 다양한 문학, 고고학, 역사적 증거들을 통해 기원전 1000년, 그러니까 불과 3,000년 전까지만 해도 인간은 자기 머릿속에서 들려오는 목소리가 자기 것이라는 사실을 몰랐다고 주장했다. 그는 고대 문헌에서 사람들의 정신적 작용을 지칭하는 용도로 쓰인 표현들의 존재 여부를 그 증거로 들었다. 고대 문헌들에서는 사람들이 의도적으로 자기 의지를 가지고 어떤 행동을 하려는 모습을 표현하는 용어들(결정하다, 의도하다, 원하다, 착수하다)이나 자기 자신에 대해 생각할 때 쓰는 용어들(궁리하다, 이해하다, 기대하다, 후회하다)이 나타나지 않았다는 것이다. 고대인들은 이런 단어들을 쓰는 대신 사람들이 (의도나 동기, 결정에 대한 언급 없이) 단순히 특정한 행동을 했다고 서술하거나 아니면 신의 지시를 받아 어떤 행동을 했다고만 기록했다.

기원전 800~1000년이 되어서야 슬슬 정신적인 용어들이 등장하기 시작했다. 이 시기의 문헌에는 사람들이 의식적으로 의사결정을 내리고, 미래에 대해 고민하고, 자신의 내면 세계를 들여다보고, 자신의 행동을 돌아보며 후회하거나 자랑스러워했다는 표현들이 오늘날만큼이나 자주 등장한다.[5]

제인스는 기원전 1000년 이전의 사람들도 자기대화를 했지만 머릿속 목소리의 원천이 바로 자신임을 깨닫지 못했기 때문에 머릿속에서 들려오는 지시나 아이디어, 경고 등이 외부에서 왔다고 믿었을 거라고 주장하며 고대 그리스, 이집트, 메소포타미아에서 신의 목소리를 듣고 응답했다는 이야기가 나오는 이유도 이 때문이라고 보았다. 당시의 신들은 현대 종교의 유일신과는 다르게 사람들에게 무엇을 해야 하는지 계속해서 지시하고, 다가오는 위험에 대해 경고하고, 인간이 잘못한 일에 대해 혼내기도 하고, 새로운 아이디어를 제공하는 존재들이었다. 즉 정확히 지금의 자기대화가 하는 일들을 한 것이다.

제인스는 사람들이 머릿속에서 들리는 말들이 사실은 자신의 목소리라는 것을 깨닫게 된 어느 시점부터 신의 목소리를 듣고 응답하는 일이 크게 줄어들기 시작했을 것이라고 주장했다. 예를 들어 기원전 1000년 이후부터 그리스의 신들은 점점 힘이 약해졌고 인간사에 관여하는 일도 줄어들기 시작했으며, 히브리인들은 여호와가 자신들로부터 멀어졌다고 느끼고 그 이유를 찾아 헤매기 시작했을 것이라고 추측했다. 제인스에 의하면 예언이나 계시, 천사의 존재가 유행하기 시작한 것도 바로 이 시기이며 이들은 머릿속에서 직접 전달사항을 내리던 신의 역할을 대체하기 위해 나타났다.[6]

물론 제인스의 가설은 많은 논란과 비판을 불러일으켰다. 하시만 이는 적어도 사람들이 머릿속 목소리가 자신의 목소리라는 사실을 알지 못하면 어떻게 될지에 대한 힌트를 준다. 마치 꿈속에서 일어난 일과 현실을 잘 구분하지 못하는 어린아이처럼, 마음속 혼잣말과 외부에서 들려오는 말을 구분하지 못한 사람은 알 수 없는 목소리에 의해 다양한 지시를 받고 꾸지람도 듣는 삶을 살았을 것이다. 제인스는 또한 현대의 조현병(조현병 환자는 환청을 '듣는다') 또는 신들림(어떤 미지의 존재에 의해 조종당하는 상태)이 자기 안의 목소리와 바깥의 목소리를 구분하지 못하는 현상과 관련 있을 것이라고 보았다.[7]

제인스의 분석 중 기원전 1000년 즈음 인간의 의식에 어떤 변화

두 개의 세상에서 살아가기

가 일어났을 것이라는 추측은 맞는 말이다. 철학자 카를 야스퍼스Karl Jaspers는 기원전 500년 전후의 몇백 년 동안 일어난 일들이 세계 역사의 토대가 되었다고 해서 이 시기를 "축軸의 시대axial age"라고 불렀다.[8] 문명 발생 시기부터 기원전 1000년 즈음까지 인류의 문화는 상대적으로 더디게 발전했지만, 이후 불과 몇백 년 동안 폭발적인 성장을 보였다. 오늘날까지도 인류 문명에 영향을 주는 철학, 종교, 과학, 국가론 등이 바로 이 시기에 등장했다. 플라톤, 피타고라스, 조로아스터, 이사야(기원전 8세기 무렵의 유대교 선지자), 공자, 석가모니, 《우파니샤드》나 《도덕경》을 쓴 현자들이 새로운 사고방식과 생활방식을 제시하기 시작했고 이로 인해 그리스, 이스라엘, 이란, 인도, 중국 등에서 큰 문화적 혁신이 일어났다. 이때의 사람들은 분명 이전의 인류보다 자기 자신과 세계에 대한 생각을 훨씬 많이 하기 시작했다.

자기열중: 내 안에 갇힐수록 세상과 멀어진다

자아가 유용한 말을 할 때도 있다. 오전에 상사와 다퉜던 기억을 끄집어내서 왜 그런 일이 일어났는지, 그 일은 누구의 잘못인지 다양한 목소리들과 함께 상의해보거나 또는 상사에게 직접 부당 대우에 대해 항의할 수 있을지 아니면 아예 새로운 직장을 구하는 것이 더 나을지 머릿속에서 회의를 여는 것이 한 예다. 자신에 대해 의식적으로 생각할 줄 아는 능력 덕분에 우리는 과거와 미래의 일을 면밀히 살펴보며 텔레비전 토론회 못지않게 앞일에 대해 머릿속에서 크게 떠들며 의논할 수 있게 되었다.

이렇듯 자신과의 대화가 유용할 때가 있지만 사실 쓸데없는 경우도 많다. 딱히 그래야 할 이유가 없을 때에도 자아가 자꾸 말을 거는 바람에 정작 중요한 일을 신경 써야 할 시간에 필요 없는 걱정을 하느라 주의가 흐트러지기도 한다. 자신의 생각과 행동을 곱씹으며 깊은 생각에 빠지는 것이 항상 문제 해결에 도움을 주지도 않는다. 자기성찰이 필요한 상황이라고 해도 많은 이들이 문제 해결에 필요한 선을 넘은 과한 내적 대화에 빠져버린다. 이런 자기대화는 불필요할 뿐 아니라 때로는 해를 끼치며 자아가 저주가 되는 데 일조한다.

인간의 주의력에는 한계가 있어서 어느 하나에 주의를 집중하면 필연적으로 그 밖의 다른 것들에 온전히 집중할 수 없다. 한 번에 여러 가지에 주의를 집중하는 것도 쉽지 않다.[9] 따라서 내면에 갇혀 있을수록 우리는 현실 속 중요한 일들을 소홀히 하게 되고 바로 옆에서 일어나는 일들도 놓치게 된다. 운전하거나 걸을 때 생각에 푹 빠져 있다 보면 지나온 길이 전혀 기억나지 않는 것처럼, 생각이 너무 많으면 한정된 주의력이 내면에 모조리 할당된 상태가 된다. 다른 생각에 빠져 있었는데도 목적지까지 별 탈 없이 갈 수 있었던 것은 전적으로 우리의 자동 모드가 열심히 일해준 덕분이다. 물론 자동 모드로도 그럭저럭 살 수 있지만 내면 세계에 빠져 있는 시간이 길면 길수록 현실을 더 많이 놓치게 된다.

바깥 세상이 어떻게 돌아가는지 난 몰라

수업 첫날 새로운 사람들을 처음 만나게 되었다고 해보자. 각자 돌아가면서 간단히 자기소개를 하는 상황이다. 한 명씩 차례로 자신을 소개하는 동안 나는 내 순서가 되면 무슨 말을 할지 생각한다. 자아가 총대를 메고 분주하게 다양한 소개말들을 떠올려 보고 이렇게 또는 저렇게 말하면 사람들의 반응이 어떨지 상상해본다. 마침내 할 말을 정하고 머릿속으로 리허설도 해본다. 자아 덕분에 자기소개 준비를 훌륭히 마치긴 했지만 바로 전 사람이 자신을 어떻게 소개했는지, 그 사람의 이름은 무엇인지 아무것도 기억나지 않는다. "다음 순서 효과next-in-line effect"라고 불리는 현상이다. 내 순서가 가까워질수록 자기 생각에 몰두self-absorption하게 되고 그 결과 내 바로 앞 순서에서 일어난 일을 가장 잘 기억하지 못하기 때문에 붙여진 이름이다.[10]

자기열중self-preoccupation은 주변에서 어떤 일이 일어났는지 기억하지 못하게 할 뿐 아니라 이미 알고 있는 지식도 잘 활용하지 못하게 만든다. 자기 자신에게 너무 많은 주의를 쏟다 보면 정작 중요한 데 써야 할 인지적 자원이 부족해지기 때문이다. 시험 공포증test anxiety이 한 예다. 시험을 볼 때 불안을 심하게 느끼는 학생들은 불안 자체보다도 불안 때문에 자신의 능력과 지식을 충분히 발휘하지 못한다는 것이 더 스트레스라고 말한다. 극도의 긴장 속에서 떨다 보면 이미 다 알고 있는 지식들도 생각나지 않는다. 자아가 각종 잡념들, 예컨대 '왜 시험 준비를 더 안 했지? 나는 정말 바보 멍청이야! 이런 문제는 알았어야지. 성적이 나오면 충격적이겠지? 부모님한테는 뭐라고 변명하지?'라고 떠드는 통에 시험을 보는 데 전부 쏟아도 부족할 집중력이 줄줄 새어 나가기 때문이다.[11] 학생들은 답을 떠올리려고 했을 때 '머릿속이 텅 빈 것 같았다'고 말하곤 하지만 정확하게 말하면 이들의 머릿속은 텅 빈 것이 아니라 오히려 자아가 만든 각종 잡념들로 가득 차 있는 수용능력 초과 상태였다. 그러다 보니 정작 시험이 끝나고 나면 '아까 그 문제 답 이거였는데!'라며 시험 중에는 절대 안 떠오르던 답이 술술 생각나곤 한다. 문제 해결에 필요한 인지적 자원이 더 이상 다른 생각들에 쓰이지 않기 때문이다.

앞서 언급한 한여름 차 안에 아이들을 방치한 사건들 또한 자아가 떠들어대는 바람에 부모들의 주의가 분산된 것이 원인일지도 모른다. 마음속으로 혼자 떠들다 보면 내가 지금 무엇을 하고 있었는지조차 까먹기 십상이다.

중압감에 얼어버리는 우리

이렇게 현실과 관련 없는 생각에 인지적 자원을 낭비하느라 좋은 성과가 나오지 않을 때도 있지만, 반대로 의식하지 않고 했을 때 가장 잘할 수 있는 일에 쓸데없이 주의를 기울여서 성과가 떨어지는 현상도 나타난다. 특히 이미 너무 익숙해서 의식하지 않고도 잘할 수 있는 행동을 할 때 그러하다.[12]

복잡한 행동을 익히는 데에는 특히 초반에 많은 노력과 주의가 요구된다. 하지만 일단 한번 숙달되고 나면 의식적인 주의집중 없이도 충분히 숙련된 동작을 해낼 수 있다. 피아노를 치는 법이나 농구에서 슛을 쏘는 법을 익히고, 또는 게티즈버그 연설을 제대로 외우고 나면 이런 행동을 하는 데 더 이상 자아가 개입할 필요가 없다. 언제 피아노를 치자고 마음을 먹을 때는 자아가 필요하겠지만 일단 손가락을 움직이고 나면 그다지 의식하지 않고서도 다음 행동이 자연스레 흘러나온다. 그런데 이미 능숙한 사람에게 지금 본인이 하고 있는 동작들을 의식적으로 생각하게 하면, 예컨대 건반 위의 손가락 위치 하나하나를 면밀히 관찰하게 하거나, 농구공을 던져 슛을 할 때 필요한 동작들이 무엇인지 곰곰이 생각하게 하고, 또는 연설에 나오는 단어들의 발음이 정확히 뭐였는지 생각해보게 하면 갑자기 수행이 현저하게 나빠진다. 한번 몸에 익은 동작들은 자동 모드에서 가장 원활하게 물 흐르듯 이어지는데 여기에 의식적인 주의를 개입시키면 이 자동적 프로세스가 방해를 받게되고 결국 수행이 떨어지고 마는 것이다.

우리가 흔히 "중압감 때문에 얼어붙는다"고 말하는 현상들도 이렇게 자신의 행동을 지나치게 의식하는 과정에서 발생한다. 멍석 깔아주면 못 한다는 말처럼 원래 잘하던 일도 의식하기 시작하면 갑자기 몸이 얼어붙어 제대로 해내지 못하는 현상이 나타난다. 선수들은 게임 중에, 강연자나 배우들은 관객 앞에서, 구직자들은 면접관 앞에서 숨이 턱 막힌 듯 얼어버리는 경험을 한다. 자신에게 그 일을 해낼 능력이 있다는 걸 알고 있더라도 정작 중요한 시점에 자신의 능력을 온전히 발휘하지 못한다. 아무 생각 없이 그냥 자연스럽게 하면 될 일에 굳이 자신의 행

동을 살펴보고 제어하려고 애를 쓰면 우리 몸은 굳어버리고 만다.[13]

사실 우리는 자신이 눈 감고도 하는 익숙한 일들이 실제로 어떤 과정을 거쳐 나타나는지 모른다. 피아니스트들은 정교한 연주를 할 때 자신의 뇌 신경들이 구체적으로 어떻게 반응해서 손가락을 움직이는지 설명하지 못하고, 농구선수들 또한 슛을 쏘기 전 정확히 어떤 과정을 통해 거리나 궤적을 판단하고 공을 던지는지 답하지 못한다. 반복 훈련 과정을 통해 머리보다 몸이 더 잘 알기 때문이다. 이때 의식적인 자아는 몸보다 지식이 부족하기 때문에 도움이 되지 않고 오히려 애써 완성한 자동적인 과정에 방해가 된다.

사람들은 축구 시합이나 연극 무대, 사람들과 만나는 자리 등에서 중압감에 얼어버리지만 그 순간이 지나가고 나면 언제 그랬냐는 듯 아무렇지 않게 골을 넣고, 대사를 기억해내며, 유창하게 말을 한다. 자아가 지나치게 우리의 행동을 의식하며 끼어들지 않기 때문인데, 이럴 때면 이렇게나 쉽게 할 수 있는 일들을 정작 중요한 때 못 해냈다는 생각에 당혹감이 더 커지곤 한다.

실제로 사람들에게 정교한 동작이 필요한 과제를 수행하면서 손의 움직임에 예의 주시하라고 하는 등 자기인식 수준을 높인 상태에서 다소 복잡한 행동을 시켜보면 자기인식 수준이 낮았을 때에 비해 그 수행 능력이 현저하게 떨어졌다는 연구들이 있다. 아래 동요에 나오는 지네처럼 말이다.

행복했던 지네는 두꺼비를 만났어요.

두 개의 세상에서 살아가기

두꺼비는 장난으로 지네에게 물어봤어요.

"지네야, 너는 어떤 순서로 다리를 움직이니?"

지네는 자기가 어떻게 걷는지 열심히 생각해봤어요.

그러다 그만 다리가 꼬여 도랑에 누워버렸지요.

아이러니하게도 좋은 성과를 보여야만 하는 중요한 순간일수록 심하게 얼어붙어 되레 수행이 더 나빠지는 현상도 나타난다.[14] 대표적인 예로 나를 지켜보는 관중 또는 평가자들이 존재할 때면 멋지게 해내야만 한다는 압박감이 커진다. 이렇게 좋은 모습을 보여야 한다는 의무감이 커질수록 사람들은 자신의 행동 하나하나를 지나치게 의식하게 되고, 결국 과도하게 높아진 자기인식이 수행 능력을 떨어트린다.

오락실에서 비디오 게임을 하고 있는 사람들에게 다가가 지금 하고 있는 게임에서 가능한 한 높은 점수를 받아보라고 요구한 연구자들이 있다. 연구자들은 사전에 사람들의 평소 실력을 몰래 파악해두었고 연구자들이 지켜보고 있는 상황에서 고득점을 위해 애쓰게 만든 후 다시 게임 성적을 확인했다. 그 결과 연구자들이 지켜보고 있을 때 점수가 평소보다 25퍼센트 정도 떨어진 것으로 나타났다.[15] 태권도 동작이나 발레 동작, 악기 연주같이 복잡한 일을 잘만 하던 어린이들도 부모님이 지켜보는 상황에서는 갑자기 실수를 남발한다. 심지어 그 쉬운 '걷기'조차 사람들 앞에서 '자연스럽게' 해보라고 하면 갑자기 삐걱거린다.

관중이 존재할 때뿐 아니라 좋은 성과가 나왔을 때 보상을 받는 조건에서도 사람들은 부담감에 얼어붙는다. 평소에 문제없이 잘 해내던

나는 왜 내가 힘들까

무언가를 떠올려 보자. 예를 들어 노래, 악기 연주, 탁구, 골프 퍼팅 등이 있을 것이다. 만약 지금 여기서 이 일들을 실수 없이 완벽하게 해내면 상금으로 10억 원을 준다고 해보자. 그럼 지금부터 내가 하는 행동에 엄청난 돈이 걸려 있다는 생각을 하면서 매우 조심스러워지고 행동 하나하나를 신경 쓰게 될 것이다. 밥 먹듯 아무렇지 않게 연주나 운동을 하던 음악인이나 선수도 성과에 따라 보상을 받는 상황이 되면 자아가 개입해 행동 하나하나를 주의하게 되고, 결국 그냥 재미로 아무 생각 없이 할 때에 비해 인센티브가 있을 때 오히려 성과가 떨어지고 만다는 연구들이 있다.[16]

스포츠 분야에서 '홈경기 페널티home-field disadvantage'라는 현상이 나타나는 것 또한 성과 압박의 해로움을 잘 보여준다. 일반적으로 홈 경기장에서 시합을 할 때는 다양한 이점이 있다.[17] 홈팀은 자기 경기장의 특징을 자세히 알고 있다. 또한 원정팀 선수들에게는 낯설 수 있는 경기장 환경에도 익숙하며, 멀리 이동해서 올 필요도 없다. 이런 이유 때문에 일반적으로 원정 경기를 할 때보다 홈경기를 할 때 더 성과가 좋은 편이다. 하지만 홈에서 중요한 경기를 할 때는 오히려 홈팀 선수들이 바짝 긴장하고 얼어버리는 탓에 홈경기 페널티 현상이 나타난다. 보통 챔피언 결정전 같은 최후의 결전에서는 양 팀 선수들 모두 자신의 플레이를 심하게 의식해버리는 바람에 평소에는 안 하던 어색한 동작이나 실수를 연발하기 마련이다. 하지만 홈팀에게는 여기에 더해 가족과 친구와 홈팬들 앞에서 절대로 지면 안 된다는 압박이 추가로 얹힌다. 홈경기에서 지는 것은 그 자체로 체면을 구기는 일인데다가 오늘 내 플레이

두 개의 세상에서 살아가기

가 팀의 패배에 한몫했다면 더더욱 면목이 없어지기 때문이다. 결국 아이러니하게도 홈 경기장에서 중요한 경기를 하면 되레 나쁜 결과를 낼 가능성이 높아진다. 또한 거의 다 이겨서 우승을 코앞에 두고 있는 결정적인 상황에서도 많은 선수들이 얼어붙는 모습을 보인다. 손에 잡힐 듯 가까워진 우승을 실제로 거머쥔다면 얼마나 기쁘고 즐거울지 떠올리면서 그만큼 막판에 경기를 망치면 절대 안 된다는 압박감에 짓눌리기 때문이다.

미국 프로야구 월드시리즈와 프로농구 NBA 플레이오프 데이터를 살펴보니 실제로 이런 현상이 확인되었다. 사회심리학자 로이 바우마이스터Roy Baumeister와 앤드루 스타인힐버Andrew Steinhilber에 의하면 야구 및 농구에서 챔피언 시리즈 초반에는 홈팀이 경기에서 이기다가 후반 결승으로 다가갈수록 지는 경향을 보였다고 한다. 1924년에서 1982년 사이의 자료를 보면 월드시리즈 1, 2차전에서 홈팀의 승률은 60퍼센트였지만 마지막 경기에서 홈팀의 승률은 겨우 41퍼센트였다. NBA에서도 비슷한 양상이 나타난다. 1967년에서 1982년까지를 살펴보면 결승 및 준결승전 첫 네 경기에서 홈팀의 승률은 70퍼센트지만, 마지막 경기에서는 승률이 46퍼센트까지 떨어졌다. 주목해야 할 사실은 중요한 경기에서 원정팀이 갑자기 잘한 것이 아니라 그 경기에서 홈팀의 실력이 떨어졌다는 것이다. 예를 들어 홈팀은 원정팀에 비해 야구의 경우 송구 실책, 농구의 경우 자유투 실책이 더 많았다.[18] 또 다른 연구에서는 골프 경기에서도 비슷한 현상을 발견했다. 토너먼트 초반에는 홈 코스에서 연습해온 골프선수들이 원정 선수들보다 강세를 보이지만, 후반으

로 갈수록 원정 선수들이 치고 나가는 경향이 나타난다.[19]

의식적으로 자신에게 주의를 기울이는 행위self-attention는 굵직하고 큰 움직임보다는 주로 미세한 동작을 방해하기 때문에 힘이나 지구력을 필요로 하는 상황보다 근육을 세심하게 써야 하는 상황에서 더 자주 발생한다. 따라서 힘보다 섬세함이 필요한 운동 종목에서 얼어붙는 현상이 더 쉽게 관찰된다.

직관과 통찰력을 방해하는 자아

앞서 살펴보았듯 정보처리 방식에는 크게 두 가지가 있다. 하나는 자동적이고 비의식적인 방식, 다른 하나는 의도적이고 의식적인 방식이다. 일상생활은 대부분 자동적 프로세스에 의해서 별 탈 없이 이뤄지며, 사실 우리의 인지 능력은 나의 모든 일거수일투족을 심사숙고해서 결정할 만큼 여유롭지 않아서 그렇게 하고 싶어도 할 수 없다. 이렇게 자동 주행 모드일 때는 자아가 거의 관여하지 않는다.

낄 곳과 안 낄 곳을 구분하는 것이 중요하듯, 자아 역시 평상시에는 가만히 뒤에서 자고 있다가 의도적·의식적 모드가 필요할 때에만 켜진다면 이상적일 것이다. 아무 생각 없이 길을 걷다가, 빙판길이 나타나면 얼른 자아를 개입시켜 미끄러지지 않게 조심하는 것처럼 말이다. 하지만 역시나 자아는 자기가 등장할 장면이 아님에도 불쑥 끼어들어 자동 모드로도 해낼 수 있는 일들을 방해한다.

두 개의 세상에서 살아가기

자아가 직관을 방해하는 것이 한 예다. '직관'이라는 말을 들으면 영화에서나 나올 법한 식스센스 같은 초월감각이나 텔레파시처럼 신비한 무엇을 떠올리곤 한다. 하지만 이것들은 직관이 아니며, 실제 직관은 자동적으로 정보를 처리하는 과정에서 떠오른 생각이나 느낌에 가깝다.[20] 의식 바깥에서 자동적 사고 과정을 통해 탄생한 생각이 의식 세계에 반짝 모습을 비추면, 그 탄생 과정을 전혀 모르는 우리는 그런 생각이 난데없이 툭 튀어나왔다고 느끼게 된다. 이런 은밀한 물밑 작업을 시작하게 만든 최초의 외부 자극에 대해서도 아무런 단서를 얻지 못한 채, 이게 내 생각이 아니라 외부로부터 '받은' 메시지 같은 거라고 생각하기도 한다(그런 의미에서 오늘날의 우리도 제인스의 가설에 나왔던, 머릿속 소리가 자기 자신과의 대화라는 사실을 깨닫지 못했던 과거 인류와 매우 비슷하다고 할 수 있다).[21]

이렇게 뇌는 의식이 끼어들지 않아도 알아서 다양한 정보를 처리하고 새로운 아이디어를 떠올리지만 사람들은 굳이 열심히 머리를 굴린다. 그 결과 자아가 개입하면서 가만히 두면 잘 일어났을 자동적 반응과 직관에 차질이 생긴다. 다음의 두 가지 경우가 대표적이다.

첫째로 많은 이들이 자동적 프로세스에 의해 떠오른 직관이나 직감의 중요성을 간과하고 있다. 서양 사상가들은 예로부터 우리가 내리는 결정들이 직관보다는 이성적 사고 과정을 통해 나온다고 보았다. 이성 또는 의식적 선택이 감정이나 직관보다 더 우월하다고 여긴 것이다. 또한 고대 철학자들은 삶을 열심히 성찰할 것을 강조했다. "깊은 성찰을 거치지 않은 삶은 살 가치가 없다"는 소크라테스의 말이 한 예다. 이처럼 우리는 직관보다 이성적인 사고를 중시하도록 배웠고, 그 결과 직관이 중요한 정보를 줄 때에도 그 소중함을 모른 채 지나쳐버린다. 무언가 일이 안 좋게 돌아간다는 낌새를 주는 신호들, 예컨대 친구에게 힘든 일이 일어나고 있다거나, 직장동료와 관계가 나빠지고 있다든가, 좋아했던 일이 더 이상 즐겁지 않다는 신호들을 아예 정보로 머릿속에 입력하지 않는 것이다. 일이 터지기 전에 그 일의 전조나 징후, 불길한 느낌 등은 분명 어디선가 나타나기 마련이지만, 그 정체를 의식 속에서 명확하게 설명할 수 없다는 이유로 아예 수신조차 하지 않는다.[21]

두 번째는 직관적인 신호를 알아차렸다 하더라도 직관보다 이성을 중시하며 의도적으로 그 신호를 무시하는 경우다. 이미 많은 시간을 자동 모드로 잘 살고 있으면서도 어떤 이들은 그래도 역시 체계적으로 장단점을 파악해서 의사결정을 내리는 게 더 낫다고 생각한다. 이런 사람들은 '마음'이 상황을 가장 잘 파악할 만한 경우에도 굳이 '머리'를 쓴다(여기서 '마음'도 사실은 '머리'의 일부다). 예컨대 연애를 할 때 상대방을 향한 자신의 감정은 무시하면서 상대방과 교제하면 어떤 장단점이 있는지를 논리적으로 분석하려 드는 사람이 그렇다. 물론 관계를 이성적인 시각으로 보는 것에도 이점이 존재하지만(또한 반대로 직관적으로만 접근하는 것도 그 자체로 문제가 되는 경우가 있다), 마치 〈스타 트렉Star Treck〉의 스팍Mr. Spock처럼 느낌이 '논리적'이지 않다는 이유로 애써 무시하는 건 위험하다.

티머시 윌슨Timothy Wilson과 동료들의 연구에 의하면 자신의 취향이나 결정에 대해 열심히 생각하면 생각할수록 그렇지 않았을 때보다 판단의 질이 떨어지는 현상이 나타난다. 연구자들은 실험 참가자들에게 다섯 종류의 딸기잼을 맛보고 점수를 매기도록 했다. 이 딸기잼들은 컨슈머 리포트Consumer Reports라는 소비자 보호 단체에서 전문가 패널들이 이미 평가한 것들이었다. 실험에는 두 가지 조건이 있었다. 첫 번째 조건에서는 참가자들로 하여금 각각의 잼에 대해 좋고 나쁜 점을 분명하게 분석하면서 점수를 매기도록 했고, 두 번째 조건에서는 별다른 지시 없이 점수를 매기도록 했다. 이 연구의 주된 관심사는 어떤 조건의 사람들이 전문가들과 가장 유사한 평가를 내놓는지 여부였다.

분석 결과, 머리 아프게 분석할 것 없이 끌리는 대로 잼을 평가한 사람들이, 좋고 싫은 이유를 분석하며 평가한 사람들보다 전문가들과 더 유사한 평가를 내린 것으로 나타났다. 즉 참가자들에게 호불호를 의식적으로 분석하게 했을 때 더 전문적 평가와 거리가 먼 판단을 내렸다는 것이다. 참가자들은 두 조건에 임의로 배정되었기 때문에 두 집단의 차이는 결국 평가 이유를 분석했는지의 여부 때문에 생겨났다고 할 수 있다. 잼의 호불호에 대한 합리적인 이유 같은 것을 생각하면서 직관적으로 떠오르는 자신의 선호를 무시하고 의식적인, 하지만 덜 정확한 판단을 내리게 된 것이다.[22]

또 다른 연구에서는 대학생들에게 실제로 존재하는 여러 강의에 대한 정보를 읽게 하고 각 강의를 얼마나 수강하고 싶은지 답하도록 했다. 한 조건에서는 강의에 대한 정보를 하나하나 신중하게 생각해서 결정을 내리도록 했고, 다른 조건에서는 그냥 쭉 읽고 판단하도록 했다. 이번에도 역시 신중하게 생각하고 결정한 조건에서 강의의 질과 상관없는 기준들로 강의를 선택하거나 실제로 강의 평가가 좋았던 강의들은 선택하지 않는 등 깊이 생각할수록 잘못된 결정을 내린 것으로 나타났다.[23]

잼이나 강의 선택 등은 다소 사소한 일들이지만, 의식적 사고가 내가 사랑하는 사람들에 대한 감정이나 생각, 대인관계에도 영향을 준다면 얘기가 달라진다. 매년 신혼부부에게 둘 사이의 관계에 대해 인터뷰를 한 결과, 인터뷰를 하지 않은 부부에 비해 관계에 대한 생각이 서서히 변했다는 연구가 있었다. 대학생들에게서도 비슷한 현상이 나타났는데, 현재 연인과의 관계가 어떤지 생각해보라고 했더니 상대방이나 관계에 대한 기존의 생각이 바뀐 것으로 나타났다. 생각할수록 생각이 실제로 바뀔 수 있다는 의미다. 그 효과는 사람마다 달라서 관계에 대해 더 긍정적인 인식을 갖게 된 경우도, 반대로 더 부정적인 인식을 갖게 된 경우도 있었다. 이느 쪽이든 의식적인 생각이 상대에 내한 감정을 바꿀 수 있었다.[24]

이렇게 의식적인 사고로 인해 부정확한 판단을 내리게 되거나 기존의 생각과 감정이 바뀌는 현상은 기본적으로 우리가 머릿속에 떠올리는 이성적인 기준과 마음속에서 절로 우러나오는 느낌이 따로 놀기 때문에 나타난다. 무언가를 좋아할 때면, 예컨대 내가 왜 어떤 맛을 다른 맛보다 더 좋아하고, 왜 특정 과목에 끌리고, 왜 어떤 이를 사랑하는지 등에 있어 논리적인 이유가 있기보다 별다른 이유 없이 그냥 좋을 때가 많다. 이렇게 무언가를 좋아하는 과정은 애초에 의식 바깥에서 일어나기 때문에 엄청 좋아진 후에도 그 이유가 무엇인지는 늘 아리송할 수밖에 없다. 의식을 거치지 않은 결정이기 때문에 왜 그런 선택을 했는지 의식 안에 남아 있는 단서도 없고, 결국 의식적 분석이 별다른 도움이 되지 않는다. 그러다 보니 결국은 그럴싸해 보이고, 쉽게 떠오르고, 말로 표현하기 쉬운, 즉 자신에게 합리적으로 보이는 설명을 골라잡는 식이다.[25] 이렇게 정확하지 않은 논리적 설명에 집착하다보면 정작 나의 기호에 진짜 중요한 요소들을 간과하게 되기도 한다. 자아가 나의 감정과 선택의 이유가 무엇인지 분석하는 것은 사실 제대로 모르는 채 내뱉은 말일 가능성이 높다는 뜻이다.

　예를 들면, 어떤 사람과의 관계에 대해 생각하는 경우, 내가 그 사람에 대해 갖는 감정이나 생각과는 사실 관련이 없는 요소들을 가지고 관계를 판단하는 일이 발생할 수 있다. 흔히 유머 감각이나 친절함이 관계 만족도에 중요하다고 하니까 사실 내가 느끼는 호감은 이들과 전혀 상관이 없는데도 굳이 상대의 유머 감각과 친절함에 대해 생각하게 될 수 있다. 문제는 한번 곰곰이 생각하기 시작하면, 원래는 내 감정에 영향을 주지 않던 요소들이 결국 영향을 주기 시작한다는 것이다. 의식적으로 생각하지 않았더라면 생기지 않았을 부자연스러운 반응이 발생하는 것이다. 이런 식으로 어떤 관계의 긍정적인 측면에 대해 생각하면 그 관계가 좀 더 긍정적으로 느껴질 수 있고, 반대로 부정적인 특성들 위주로 생각하다 보면 관계 만족도가 떨어지곤 한다. 어느 쪽이든, 의식 바깥에서 일어나는 반응에 대해 의식적으로 생각했다는 사실 하나만으로도 감정과 나아가 관계의 양상도 달라질 수 있는 것이다.

　안타깝게도 자기 자신이 왜 그렇게 느끼는지 본인도 잘 모른다는 사실을 받아들이기 어려워하는 사람이 많다. 대다수가 나는 나의 마음을 꿰뚫어 볼 수 있는 뛰어난 통찰력을 장착하고 있어서, 내가 왜 그렇게 반응했는지를 정확히 파악하고 있다고 생각한다. 물론 이렇게 자신의 감정이나 행동의 원인을 분명하게 아는 사람들도 있지만, 왜 이런 반응이 튀어나오는지 단서조차 잡지 못하는 사람들도 많다(그럼에도 자신은 다 알고 있다고 꿋꿋이 주장하기도 한다). 실제로는 수많은 감정이나 생각이 의식 밖에서 일어나고, 우리는 이를 알지 못하지만 안다고 우기다가 결국 잘못된 판단을 내리는 것이 현실이다.[26]

하지만 그렇다고 해서 자신의 행동과 그 원인에 대해 생각하지 말라는 이야기는 아니다. 결정에 앞서 선택지들의 장단점을 면밀히 따지는 것이나 내가 가진 문제점들에 대해 분석하는 것 모두 합리적인 선택에 있어 꼭 필요하다. 직감에만 너무 의존하는 경우에도 중요성이 낮은 요소를 중요하다고 착각하게 될 수 있다. 직관적이고 반사적인 반응도 완벽하지 않으며 의식적인 사고 과정 못지않게 많은 실수를 저지른다. 다만 중요한 사실은 의식적인 사고가 직관보다 항상 나을 거라고 가정해서는 안 된다는 것이다. 때로는 직관이 의사결정을 내리는 합리적인 방법이 될 수 있다는 사실을 기억해보자.

자기열중의 문제점: 수면과 성행위

인간을 비롯해서 대부분의 동물들에게서 나타나는 가장 자연스럽고 흔한 행동은 잠과 짝짓기다. 수면과 성관계는 사람들의 행복에 있어 꽤 중요한 만큼, 웬만해선 다른 요소들에 의해 쉽게 방해받지 않을 것 같기도 하다. 하지만 의외로 이 둘은 놀라울 정도로 자아의 방해에 취약하다.

자아 때문에 잠들지 못할 때

누구나 한 번쯤은 잠들기 어려웠던 경험이 있을 것이다. 잠드는 데 지속적으로 어려움을 겪는 사람들도 많다. 불면증의 원인은 카페인, 매운 음식, 약, 교대 근무, 시차, 질병 등 다양하지만 사실 가장 큰 원흉은 자아다. 학생들에게 자아가 삶의 질에 어떤 영향을 준다고 생각하는지 물었던 적이 있다. 한 여학생은 이렇게 말했다. "저는 졸업하고 나면 무엇을 해야 할지 걱정하느라 뜬눈으로 밤을 지새울 때가 많아요. 졸업을 할 수나 있을까? 설마 졸업 요건 중 빠뜨린 게 있어서 졸업장을 못 받는 건 아니겠지? 남자친구가 청혼을 안 하면 어쩌지? 아이를 낳았는데 아이가 내가 지어준 이름을 싫어하면 어떡하지? 이러면 어쩌지, 저러면 어쩌지 생각하다 보면 어느새 일어나야 할 시간이죠."

실제로 연구에 의하면 침대에 누워서 자라는 잠은 안 자고 이것저것 걱정하고 계획도 세워보고 고심하며 이런저런 결정을 내리는 사람들은 쉽게 잠들지 못한다.[27] 게다가 이런 고민과 걱정들은 대부분 감정을 격양시키므로 고민에 빠지는 순간 잠에 들 수 있는 차분한 상태가 아니라 불안한 각성 상태가 되어버린다. 그러다 보니 스트레스가 가득

할 때면 유독 잠들기 힘들다.

자아가 아닌 다른 이유로 불면증이 온 경우에도 자아가 끼어들어 불면증을 더 악화시키기도 한다. 예컨대 잠들기 전 확실히 잠을 방해할 만한 일을 했다고 해보자. 오후에 낮잠을 좀 오래 잤다거나, 자기 한 시간쯤 전에 카페인 음료를 마셨다거나, 저녁으로 매운 음식을 먹어서 속이 쓰리다면 쉽게 잠들기 어렵다. 이렇게 잠이 오지 않을 때 가만히 침대에 누워 천장을 바라보면서 우리가 하는 일이란 결국 낮에 일어난 일들에 대해 생각하고 앞으로의 일을 걱정하는 것이다. 이 경우 자아가 만들어낸 생각은 잠에 들지 못하는 원인이라기보다 결과에 가깝지만, 핵심은 한번 생각하기 시작하면 더더욱 잠들지 못하게 된다는 것이다.

나아가 불면증에 시달리는 사람들은 잠을 못 자고 있다는 사실 자체에 스트레스를 받기도 한다. 잠을 못 자는 이유에 대해 자책하고('잠 자기 전에 커피가 안 좋은 거 알면서 왜 마셨을까…'), 부족한 잠 때문에 고생할까 봐 미리 걱정한다('내일 출근하면 좀비 같을 거야'). 이렇게 불면증에 대해 열심히 생각하다 보면 안 그래도 복잡한 머릿속이 더욱 어수선해지고, 좌절, 분노, 걱정과 같이 자극적인 감정들이 밀려오면서 불면증이 더 악화될 수 있다.[28]

이렇게 잠이 안 올 때 쓰는 고전적인 방법 중 하나가 바로 양 세기다. 양을 세는 데 구체적으로 어떤 이점이 있는지 밝혀지지는 않았지만, 실은 꽤 과학적인 방법이다. 양을 세는 데(또는 호흡이든 뭐든 하는 데) 인지적 자원을 할애하는 만큼 골치 아픈 일들에 대해 생각할 여력이 줄어들고 따라서 머리를 양들로 가득 채우면 그만큼 잡념이 덜 생기기 때문이다. 한계점이라면 양은 삶의 문제들만큼 주의를 붙들지 못하기 때문에 몇 마리 이상 세고 나면 다시 잡념에 빠지기 쉽다는 것이다. 또한 숫자 세기는 꽤 쉬운 과제여서 자아가 끼어들 자리가 얼마든지 남아 있을 수 있다.

자아가 성기능을 방해할 때

다른 동물들이 그러하듯 인간 역시 자아가 개입하지 않아도 성행위를 하는 데 아무 문제가 없다. 성적 흥분은 보통 시각, 촉각, 후각적 자극에 의해 거의 자동적으로 생겨나기 때문이다. 하지만 자아를 활용해서 다른 동물들보다 더 다양하고 창의적인 성생활을 해볼 수는 있겠다. 이렇게 다른 동물들의 경우 매번 거의 같은 방식으로 하는 것과 다르게, 사람들은 상황에 따라 취향껏 바꿔볼 수 있다.

이렇게 자아 덕분에 다양한 세계를 체험할 수 있지만 한편 자아 때문에 성적 만족도가 떨어지는 경우도 있다. 많은 전문가들이 성적 흥분이나 오르가즘을 막는 가장 큰 원인으로 자신에게 지나치게 주의를 기울이는 것을 꼽는다. 생각 없이 몰두하기보다 관계 중인 자신을 면밀히 관찰하는 것을 말하는데, 많은 이들이 성행위 도중 이따금 자신에게로 주의를 돌리곤 하지만 자신이 무엇을 하고 있는지 또 그걸 잘 하고 있는지, 자기 모습이나 행동이 상대방한테 어떻게 비춰질지 등에 대해 심각하게 생각하기 시작하면 성적 만족도는 뚝 떨어진다.[29]

이렇게 관계 중인 자신을 지켜보는 행위는 크게 두 가지 방식으로 성적 만족을 떨어트린다. 첫째로, 성행위 중 자신의 수행에 대해 생각할수록 정작 성적 흥분을 높여주는 시각적, 감각적 자극에 집중하지 못한다. 결국 성적 흥분도 사그라든다(어떤 사람들은 흥분이 고조되는 속도를 늦추고 싶을 때 일부러 성적인 자극으로부터 주의를 돌리곤 한다). 둘째로, 자신의 모습이나 행위를 하나하나 평가하다 보면 불안해지고 긴장하게 된다는 점에서도 성적 흥분에 방해를 받는다.

몰입과 자동성

과거에 심리학자들은 인간의 긍정적인 면보다 어두운 면만 주로 연구한다는 비판을 받아왔다. 실제로 많은 심리학자와 정신건강 전문가들이 사람들에게 오작동을 일으키는 문제들이 무엇인지에 대해 더 많이 연구해왔다. 그 결과 어떻게 하면 좀 더 나은 삶을 살 수 있는지보다 무엇이 사람들을 망치는지에 대해 훨씬 많이 알게 되었다. 이렇게 연구자들의 관심이 한쪽으로 치우쳐진 데 대한 반발로 1990년대부터 소위 긍정심리학positive psychology이라는 분야가 생겨났다. 긍정심리학이란 사랑, 용기, 측은지심이나 자비compassion, 힘든 일을 겪어도 잘 극복해내는 회복탄력성resilience, 신뢰성integrity, 자기통제self-control, 지혜wisdom 등 인간이 가진 밝은 면을 주로 연구하는 분야다.[30]

이러한 긍정심리학의 선구자들 중 심리학자 미하이 칙센트미하이 Mihaly Csikszentmihalyi는 인간이 경험할 수 있는 가장 최적의 상태란 어떤 것인지에 대해 20여 년 동안 연구했다. 이 중 가장 중요하고 널리 알려진 주제가 바로 '몰입flow'이다.[31] 몰입은 어떤 행위에 완전히 빠져든 고도의 집중 상태를 말한다. 몰입 상태에 빠지면 마치 물결에 몸을 맡긴 것처럼 애쓰지 않아도 행동이 술술 이어지는 듯한 느낌이 들고, 힘과 생기도 넘친다.

칙센트미하이는 삶의 여러 순간들 중 몰입할 때가 가장 충만하고 만족스러운 순간이라고 보았다. 많은 전문가들, 예컨대 숙련된 운동선수나 음악인, 공연예술가, 말하는 직업을 가진 사람 등은 억지로 애를 쓰던 경험보다 몰입 상태가 되어 일이 술술 풀어졌던 순간들을 자주 얘기한다. 물론 몰입은 사소하고 일상적인 상황에서도 나타난다. 자녀들과 즐겁게 놀 때, 중요하고 의미 있는 일을 하고 있을 때, 운동을 할 때, 친구와 만날 때, 사랑을 나눌 때와 같은 순간에도 우리는 몰입을 경험한다.

흔히 몰입할 때의 경험을 "어떤 것에 너무 몰두한 나머지 내 존재를 잊어버렸다"고 표현하며 실제로 많은 이들이 자아를 잃는 듯한 경험을 한다. 애초에 자아를 꺼두었기 때문에 몰입이 수월해지는 것일 수도 있고 아니면 몰입을 해서 자아가 조용해지는 것일 수도 있지만, 분명한 사실은 몰입 상태에서는 자기인식이 잘 일어나지 않는다는 것이다. 몰입 상태에서는 오로지 눈앞에 있는 경험에만 집중하고 반응하는 자동반응 모드가 되며 자신과 관련된 생각self-thinking이 떠오른다고 해도 보통 구체적이고 지엽적인 종류의 것들이다. 예를 들어, 암벽등반가가 등반 중에 하는 생각이란 '다음 발을 어디에 디딜까'같이 즉각적인 행동

나는 왜 내가 힘들까

에 관한 것이지 자신에 대한 평가나 자의식과 관련된 추상적인 내용은 아니다.

몰입 상태일 때는 즉흥성spontaneity도 자주 함께 나타난다. 자아가 개입하지 않는 상황이 되어야 비로소 생각을 거치지 않은 즉흥적인 행동들이 나올 수 있기 때문이다. 반대로 생각들이 너무 많아서 뭘 어떻게 해야 할지 알 수 없는 경우, 예컨대 '지금 난 뭘 해야 하지? 이 사람들이 날 어떻게 생각하고 있는 걸까? 이건 끔찍해!' 등 마음이 시끄러울 때면 즉흥적이고 자연스러운 반응이 저하된다.

몰입을 경험하거나 즉흥성을 발휘하는 것처럼 내 머릿속 세상이 아닌 '지금 이 순간'에 빠져드는 것에도 다양한 이점이 있다. 자아 때문에 불안과 중압감에 얼어버리는 대참사도 피할 수 있고 기분도 유쾌해진다. 시카고 불스를 여섯 번이나 NBA챔피언십에 진출시킨 필 잭슨Phil Jackson 감독은 저서 《신성한 골대Sacred Hoops》에서 이렇게 말했다. "인생에서도 그렇지만 농구에서도 진정한 즐거움을 느끼기 위해서는 일이 잘 풀리는 순간뿐 아니라 그렇지 않은 모든 순간들에서 완전히 존재할 줄 알아야 한다. 승패에 대한 걱정을 멈추고 지금 이 순간 일어나고 있는 일에 완벽히 집중하면 자연스럽게 일이 더 잘 풀린다."[32]

문제는 자아가 계속해서 현재로부터 우리를 밀쳐낸다는 점이다. 많은 이들이 자아 때문에 과거의 일들과 앞으로 일어날(일어나지 않을) 일들에 대해 생각하느라 많은 시간을 허비한다. 《지금 이 순간을 살아라 The Power of Now》의 저자 에크하르트 톨레Eckhart Tolle는 다음과 같이 얘기한다. "인생에서 '지금'에 초점을 맞춰라. 예전에는 주로 과거와 미래에

두 개의 세상에서 살아가기

살다가 잠깐씩만 '지금'을 방문했다면, 이제는 '지금'을 집으로 삼아라. 문제 해결에 꼭 필요한 경우에만 과거와 미래를 잠깐씩 방문하라."[33]

하지만 안타깝게도 대부분의 사람들이 자아에게 속수무책으로 당한다. 자아가 떠드는 걸 멈추기는커녕 줄이는 것조차 힘들어한다. 지금한번 생각을 잠재우도록 해보자. 눈을 감고 숨을 깊게 들이마시고, 자아에게 조용히 좀 하라고 해보자. 그리고 3분간 나와 관련된 생각은 아무것도 하지 말자. 현재 주변에서 일어나고 있는 일에 대해서는 생각해도 좋지만 과거에 있었던 일이나, 앞으로 일어날 일, 또 지금의 자기 자신에 대해서는 어떤 생각도 하지 않는다. 지금 여기에서 일어나는 일에만 집중한다.

아마 대부분 3분을 채우지 못하고 자아가 다시 떠들기 시작했을 것이다. 단 몇 초 사이에도 자신과 관련된 생각이 하나 둘 튀어나와 줄을 잇는다. 왜 조용히 하지 못하냐고 자신을 꾸짖어보기도 하지만(사실이 자체로 이미 자신에 대한 생각을 하고 있는 셈이다) 그 와중에도 생각은 꼬리에 꼬리를 물고, 내 안의 소리들은 없어지질 않는다. 아마도 비슷한 시도를 이전에도 여러 번 해봤을 테지만(예를 들어 밤에 잠을 청하는데 다음 날 처리해야 할 문제들이 계속 떠오를 때), 결과는 매번 똑같았을 것이다. 예전에 이런 말을 들은 적이 있다. "모든 나쁜 가능성을 하나하나 상상하며 내가 나를 고문할 때면, 머릿속 음소거 버튼이 간절해진다." 아마 많은 이들이 여기에 공감하지 않을까?

나는 왜 내가 힘들까

자아 꺼두기

컴퓨터가 대기모드에서는 조용히 있다가 키를 하나 누르면 순식간에 켜지는 것처럼, 자기대화도 조용히 대기하다가 필요할 때에만 켜지면 얼마나 좋을까? 만약 그랬다면 지금처럼 자아가 우리 인간의 저주가 되지는 않았을 것이다.

롤런드 밀러Rowland Miller는 자아를 자동온도조절 장치에 비유했다. 온도조절 장치가 제대로 작동하지 않아서 항상 보일러가 펄펄 끓거나 반대로 보일러가 전혀 작동하지 않는 상황은 둘 다 피하고 싶을 것이다. 가장 이상적인 상황은 온도조절 장치가 평소에는 가만히 있다가 기온이 떨어질 때에 딱 맞춰 보일러를 돌리는 것이다. 마찬가지로 자아 역시 의식적인 생각이 필요한 경우에만 켜지는 것이 가장 이상적이다.

일반적으로 이런 온도조절 장치기 고장 나면 필요한 경우에도 켜지지 않아서 문제가 된다. 자아의 경우에는 반대로 필요하지 않아도 항상 켜져 있고 좀처럼 꺼지지 않는다는 것이 문제다. 나는 여태껏 "나 스스로에 대해 더 생각하고 싶어"라든가 "내 자신에 대해 곱씹어보려고 했는데 그게 잘 안되더라"고 불평하는 사람은 본 적이 없다. 대부분의 경우 자아와 엮이는 시간을 줄이는 것이 더 시급하다.

자아를 조용히 시키는 가장 효과적인 방법은 아마도 명상일 것이다. 명상은 종교적이고 영적인 정신 수행의 일환으로 생겨났다. 하지만 이것을 점점 자아의 저주를 해소하기 위한 방법으로 사용하는 사람들이 많아지면서 일상적인 삶 속으로 들어오기 시작했다. 자아가 불필요하게 자꾸 끼어들고 과민 반응하면서 호들갑을 떨 때면 아무래도 잠시 꺼두는 편이 낫다.

　서양에서는 명상을 동양 특유의 심오한 종교적 관행이라든가, 유체이탈이나 채널링channelling(외계인이나 영적 상대 등과 소통하는 것)과 같은 뉴에이지 열풍과 관련짓는 경향이 있다. 하지만 명상은 이런 것들과 전혀 상관이 없다. 뒤에서 살펴보겠지만 많은 사람들이 명상을 하면 사고가 명확해지고, 감정이 차분해지며, 삶에서 일어나는 일들에 대해 보다 관대해지는 등의 경험을 한다.[34] 그러나 명상을 통해 자아를 잠시 꺼서 자아가 만들어내는 문제들 또한 피하는 것이지, 명상 자체에 신비롭거나 심오한 효과가 숨겨져 있는 것은 아니다. 물론 명상을 다양한 영적 수련과 결부시키는 이들이 많지만, 명상의 본질은 마음을 조용히 시키는 데 있다.

명상은 어떻게 할까?

　이 책에서 명상을 하는 구체적인 방법을 다루지는 않는다. 그러니 명상에 관심이 있는 사람은 관련된 책이나 동영상, 강의 등을 참고하길 바란다.[35] 여기서는 명상을 하는 방법들을 간략히 살펴보면서 명상이 자아에 주는 영향에 대해 알아보자.

　명상을 하는 방법에는 여러 가지가 있지만 그 목표는 동일하다. 바로 자아로 하여금 말을 가급적 아끼게 하는 것이다. 보통 명상이라고 하면 무언가에 대해 깊이 생각하는 것을 떠올리곤 하지만 실제로는 그

나는 왜 내가 힘들까

반대다(그런 깊은 생각을 하는 것은 사색이라고 하는 편이 더 정확하다). 명상을 할 때는 되레 생각을 멈춰야 한다.

명상을 시작하려면 다음의 네 가지가 필요하다. 명상하기에 적합한 조용한 장소, 편안하지만 늘어지지 않을 수 있는 자세, 주의 집중을 돕는 간단한 자극, 정돈되고 차분한 정신 상태다. 먼저, 명상을 위해서는 편안하기는 하지만 잠을 솔솔 불러오지는 않는 자세를 취해야 한다. 명상을 하는 사람들은 흔히 바닥에 방석을 깔고 앉아 허리를 곧게 세우고 양반다리(더러는 매우 어려운 결가부좌를 하기도 한다)를 하고 앉는다. 양반다리는 자세를 균형 있게 유지시켜 주고(두 무릎과 엉덩이 끝이 삼각형을 이루는 자세를 만들어준다), 정신이 깨어 있게 도와준다. 등받이가 곧은 의자에 두 발을 바닥에 붙이고 앉는 것도 비슷한 효과가 있다. 물론 명상을 하는 자세에 정답 같은 것은 없지만 너무 안락한 의자나 소파에 앉거나 누워서 하면 잠이 오기 쉽다(물론 잠들기 위해 명상을 하는 경우라면 누워서 하는 것도 괜찮다).

자세를 취한 다음에는 긴장을 풀고 특정 자극에 집중한다. 자신의 숨소리에 집중하는 것도 좋다. 이때 숨 쉬는 법에 개입하려 들지 말고 숨을 들이쉬고 내쉬는 동작 하나하나를 그냥 지켜보도록 하자. 어떤 사람들은 숨을 들이쉬면서 1부터 10까지 세어보기도 하고(10까지 세고 나서 다시 반복한다), 어떤 이들은 그냥 숨소리와 숨 쉬는 감각을 가만히 느껴보기도 한다. 숨소리에 집중하는 이유는 여기에 어떤 신비로운 요소가 있어서가 아니라 나와 관련된 생각들로부터 비교적 자유로우면서 언제 어디서나 쉽게 찾을 수 있는 자극이기 때문이다. 촛불 같은 시각적인 자극이나, 분수의 물소리처럼 청각적인 자극에 집중하는 경우도 많다. 또 많은 사람들이 실외에서 명상을 하며 부드러운 바람소리와 새소리, 살랑거리는 나뭇잎 소리에 집중하기도 한다. 초월 명상의 경우 만트라(힌두교 주문)의 '옴' 같이 잔잔한 낱말과 음절을 읊으며 여기에 집중하기도 한다. 숨쉬기든 사물이든 만트라든, 핵심은 이들에 온전히 집중함으로써 의식 세계에 다른 생각이 끼어들 틈이 없게 만드는 것이다.

명상을 할 때 시선을 어디에 두느냐는 저마다 다르다. 어떤 사람들은 눈을 감고 명상을 하고 또 어떤 이들은 눈을 완전히 뜨거나 반쯤 뜬 채로 자기 몇 발치 앞을 응시하기도 한다. 명상을 가르치는 사람들은 초보자들에게 눈을 감고 시작하도록 추천하는 편이지만, 사실 정답은 없다. 눈을 떴을 때와 감았을 때 언제 더 주의가 산만해지는지를 살펴보고 집중이 더 잘 되는 쪽으로 하면 된다.

이 모든 과정의 궁극적인 목표는 깨어 있으면서도 잠잠한 마음 상태를 유지하는 것이다. 숨소리나 주변 자극에 마음을 집중하면서 완전히 '현재'에 존재하되 과거나 미래에 관한 잡생각을 버리는 것이 목표다. 명상을 통해 자신이 겪고 있는 특정 문제에 대한 통찰력을 얻으려 하거나(이런 목적의 명상 훈련도 있기는 하다) 특정 상태를 경험하려고 하기보다는 이런저런 판단을 하지 않으면서 그저 현재에 머물도록 한다.

물론 자아는 금세 반격에 나선다. '맞다, 이메일 답장해야 되는데', '이렇게 계속 앉아 있으면 다리에 쥐 나겠는데', '지금 제대로 하고 있는 거 맞나?', '어휴, 저 집 개 좀 그만 짖었으면.' 명상을 시작해보면 쉴 새 없이 튀어나오는 생각들의 공세에 깜짝 놀라게 된다. 내 자아가 유난히

나는 왜 내가 힘들까

말이 많은 건 아닌지, 또는 내 정신 상태가 불안한 것은 아닌지 걱정할 수도 있다. 하지만 이 또한 불필요한 걱정이다. 그렇게 머릿속에서 끊임없이 떠드는 것이 원래 자아의 '일'이다. 그간 자아의 수다를 가만히 지켜볼 일이 없어서 몰랐을 뿐이지, 자아는 당연히 시끄럽다.

중요한 것은 명상을 하면서 어떤 생각이 떠오르든 그에 반응하지 않는 법을 터득하는 것이다. 이런저런 생각이 나를 찾아오더라도 조용히 왔다가 스쳐 지나가도록 둬야 한다. 이때 떠오르는 생각들에 마음을 빼앗기거나 명상 중에 딴생각을 했다고 자신을 탓하지 않아야 한다. 이런 종류의 마음 훈련이 익숙하지 않은 사람들의 경우 보통 생각이 꼬리에 꼬리를 물며 끝없이 떠오르곤 하지만 명상에 익숙해진 사람들은 생각에 쉽게 마음을 빼앗기지 않고 그 고리를 끊어낸다. 명상 과정에서 떠오른 생각에 대해 어떠한 판단도 내리지 않고 그냥 흘러 지나가게 내버려둔다. 자신에게 지금부터 자기대화를 멈춰야 한다고 이르면서 또 다른 자기대화를 시작하지도 않는다.

이렇게 머리를 비우는 연습을 하다 보면 생각이 그리 오래 지속되지 않음을 느끼게 된다. 굳이 관심을 주거나 따라가지 않으면 생각들은 의식 속에서 떠다니다 이내 사라진다. 어떤 명상 지도자들은 생각을 강 위에 떠다니는 나뭇가지나 나뭇잎이라고 상상해보라고 이야기하기도 한다. 상류에서부터 둥둥 떠내려 온 가지나 잎들은 이내 강 하류로 사라질 것이다. 명상의 목표는 이처럼 강 위에서 나뭇가지를 발견하더라도 지나가도록 내버려두고 여전히 강에서 눈길을 떼지 않는 것이다.

가지각색의 물고기들이 헤엄치는 수조 너머를 바라보는 상황도 좋

두 개의 세상에서 살아가기

은 예다. 물고기보다는 사실 수조 너머에 있는 무언가를 봐야 하는 상황이라고 해보자. 이때 조심하지 않으면 진짜로 봐야 하는 것을 보지 못하고 물고기에 정신이 팔리기 십상이다. 시끄럽게 떠드는 것이 원래 자아가 하는 일이듯 헤엄치는 것도 원래 물고기가 하는 일이다. 나의 생각들이나 물고기를 탓할 것 없이 연습을 통해 물고기와 자아에 주의를 빼앗기지 않으면 된다.

명상 시간의 경우 처음에는 10~15분 정도로 짧게 하다가 어느 정도 익숙해지면 점차 30분 또는 그 이상으로 늘려보도록 하자. 처음에는 잡념이 하도 많이 생겨서 짜증날 일이 많다(좀 더 정확하게 말하자면 잡념은 원래 늘 거기 있어왔지만, 명상을 통해서 비로소 이를 인식하게 되기 때문에 짜증이 난다). 그러나 시간이 지날수록 잡념의 빈도와 강도가 약해지고 혼잣말도 줄어들게 된다. 여전히 자신에 대한 생각에 빠질 때가 있겠지만, 점점 생각으로부터 탈출하는 데 익숙해지고 고요한 마음이 오래가기 시작한다.

명상을 하면 어떤 효과가 있을까?

명상을 시작하면 긴장이 이완되는 편안함과 평온함을 느끼는 사람이 많다. 이는 차분히 앉아 심호흡을 한 덕분이기도 하지만 무엇보다 자기대화가 줄어들기 때문에 생겨나는 효과다. 인류의 불행과 고뇌의 큰 부분을 차지하는 잡념과 고민을 잠시 멈추는 것만으로 많은 짐을 내려놓게 되는 것이다.

이러한 명상의 효과는 과학적인 연구들을 통해서도 밝혀졌다. 실제 명상을 하는 동안 심장박동 수와 호흡수가 줄어들고, 혈압이 낮아지며, 혈장 코르티솔(스트레스와 관련된 호르몬) 수치가 떨어지고, 휴식상태와 관련된 뇌파가 나타나며, 근육이 이완되고(피부 저항의 감소를 통해 확인할 수 있다), 혈관이 이완되는 현상들이 확인되었다.[36] 다른 연구들에서는 단순히 편안하게 쉬려고 했을 때보다 명상을 했을 때 이런 효과가 더 컸다.[37] 사실 사람들에게 편안하게 있으라고 이야기하면 의식적으로 애쓴 나머지 더 각성된 상태가 되기도 한다.

명상에는 진정 효과도 있다. 앞서 살펴본 것처럼, 불면증에 걸리는 이유 중 하나는 자기대화다. 오늘 있었던 일부터 내 인생은 이대로 괜찮은지까지 아우르며 생각을 하다 보면 잠은 점점 멀어진다. 이럴 때 명상을 하면 잡념이 조용해지면서 잠에 들 확률이 높아진다. 양을 세면서 마음을 차분하게 만드는 것과 비슷한 원리다. 숨소리에 집중하든 양을 세든, 자아의 주의를 분산시키면 자아가 만든 생각의 덫에 걸려 밤새 허우적대는 일을 피할 수 있다.

물론 처음부터 명상의 효과가 오래가는 것은 아니다. 처음에는 명상을 해서 긴장이 풀어지고 기분이 나아지더라도 그 효과가 오래가지 않는다. 눈을 뜨고 다시 일상으로 돌아오면 다시금 자아가 설치기 시작하면서 스트레스가 밀려온다. 다행스럽게도 명상을 꾸준히 이어가면 그 효과가 삶 전반으로 널리 퍼져나가기 시작한다. 명상을 하는 순간뿐 아니라 평소에도 덜 긴장하고, 스트레스도 덜 받고, 골치 아픈 문제가 생겨도 비교적 평정심을 유지할 수 있게 된다. 몸도 마음도 더 오래 편안함을 느끼게 되고 호들갑 떠는 일도 줄어든다.

명상을 꾸준히 하면 자아를 보다 쉽게 진정시켜 감정 상태도 차분해진다. 쓸데없이 좌절하거나 화를 내는 일도 줄어든다. 명상을 꾸준히 한 사람들의 얘기를 들어보면, 운전할 때나 일할 때 다른 사람들에게 화를 내는 일이 줄어들었다고 하는 경우가 많다.

또한 명상을 하면서 감각이나 생각이 뚜렷해졌다고 얘기하는 사람들도 많다. 세상이 좀 더 생생하게 다가오고, 그 전에는 전혀 알아채지 못했던 것들을 알아보기 시작한다는 것이다. 앞서 살펴본 것처럼, 자기 열중에 빠져 있을 때는 주변 세상을 신경 쓰지 못한다. 하지만 명상을 하면 자신에 대한 생각에 사로잡히는 일이 줄어들어 현실에서 일어나는 일들에 좀 더 집중할 수 있게 된다. 명상을 했더니 매일 오가던 출근길이 새로워졌다는 이야기들이 그런 예다. 몇 년간 같은 길을 오가면서도 자기열중의 안개에 갇혀 보이지 않았던 것들이 이제 하나 둘씩 눈에 들어오기 때문이다.

명상을 통해 생각이 맑아지고 한 가지 일에 온전히 집중할 수 있게 되기도 한다. 이런 이유로 글쓰기나 문제 해결 또는 복잡한 계획 세우기처럼 깊은 생각이 필요한 일을 시작하기 전에 간단히 명상을 하는 사람들도 있다. 짧은 시간이라도 그렇게 하면 지금 눈앞에 있는 과제에 더 온전히 집중하게 되어서 다른 잡념에 주의를 빼앗기지 않게 된다.

명상의 효과는 시간이 지남에 따라 희미해지기 때문에 숙련된 명상가들이라 해도 주기적으로(매일일 필요는 없다) 명상을 이어가야 원하는 효과를 유지할 수 있다. 이런 점에서 명상은 육체적인 운동과 닮았

나는 왜 내가 힘들까

다. 규칙적으로 반복하지 않으면 효과를 잃어버린다. 사실 가장 큰 난관은 내가 명상을 꾸준히 하게끔 만드는 것이다. 명상을 하려면 운동처럼 어느 정도의 시간을 들여야 하고, 그 시간 동안 할 수 있는 다른 더 재미있는 일들을 포기해야 한다. 그리고 역설적이게도 명상이 가장 필요할 때는 명상할 시간이 거의 없다. 너무 바쁘고, 잠도 충분히 못 자고, 온갖 문제들로 머릿속이 가득 차 있고, 스트레스가 심할 때 명상은 뒷전이기 마련이다.

명상은 문제의 해법이 아니고, 현실로부터 도피시켜 주는 수단도 아니다. 그보다는 자아가 좀먹은 주의력과 생각을 해방시켜 주는 과학적 방법이라고 할 수 있다. 물론 명상을 통해 자아가 만들어내는 생각이 어느 정도 줄어들더라도 삶의 문제들은 여전히 남아 있다. 그렇지만 명상가들에 의하면, 매일 꾸준히 명상을 하면 자아가 만든 세상에서 보내는 시간은 줄어들고 실제 바깥세상에서 보내는 시간은 늘어나면서 삶의 문제들을 더 균형 있게, 또한 덜 자기중심적인 방식으로 바라볼 수 있게 된다.

03

자아의
눈으로
바라본
세상

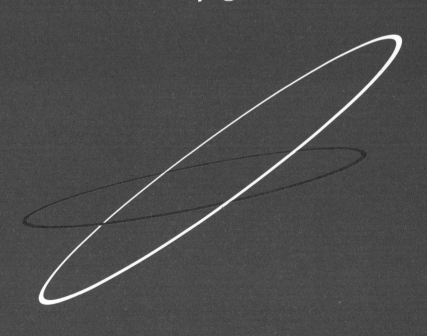

"우리는 세상을 있는 그대로 보지 않는다.
 자신의 모습을 통해서 본다."

_아나이스 닌Anaïs Nin

　그리스 신화에 등장하는 나르키소스는 님프의 구애를 뿌리칠 정
도로 잘생기고 기고만장한 남성이었다. 어느 날 나르키소스에게 차갑
게 거절당하고 앙심을 품은 한 여인이 율법과 보복의 여신 네메시스를
찾아가, 나르키소스에게도 사랑을 돌려받지 못하는 아픔을 알려달라
고 했다. 여신은 그 청을 받아들여 나르키소스가 자신의 모습과 사랑
에 빠지도록 했다. 나르키소스는 깨끗한 물에 비친 자신을 보고 즉시
사랑에 빠졌고, 먹는 것도 자는 것도 잊어버릴 정도로 그 모습에서 눈
을 떼지 못하다가 결국 죽음에 이르렀다. 나르키소스는 자신의 모습을
너무나도 사랑한 나머지 스틱스 강을 건너 죽음의 신 하데스에게로 가

자아의 눈으로 바라본 세상

는 배에서도 물에 비친 자신의 모습을 조금이라도 더 보려고 발버둥 쳤다고 한다.

나르키소스의 이름에서 착안해, 영어에서는 자신을 과하게 대단한 존재로 여기는 사람들을 나르시시스트라고 부른다. 그 극단에는 자기애적 성격장애가 있다. 이들은 자신을 누구보다 특별하고 대단한 존재라고 여기는 과장된 자아관에 더해 자신은 남들보다 좋은 대접을 받을 '자격'이 있다며 특별대우와 존경을 맡겨둔 것처럼 생각한다. 자신은 남들보다 우월하므로 타인을 이용하고 착취해도 괜찮다고 생각하기도 한다.

이 정도까지는 아니더라도 크고 작은 나르시시즘을 보이는 경우는 우리 주변에 많다. 우리는 자아의 필터를 통해 세상을 보기 때문에 공명정대하기보다 자신을 감싸고 포장하는 식으로 세상을 인식한다. 내가 생각하는 나는 실제 나보다 더 좋게 포장되어 있는 편이라는 것이다. 우리는 모두 이따금씩 나르시시스트가 된다.

하지만 대부분의 사람들은 자신과 세상에 대해 스스로 꽤 정확하게 인식하고 있다고 생각한다. 물론 착시가 일어나는 경우처럼 내 감각이 착각에 빠질 때도 있고, 상황과 사람을 잘못 판단하거나 잘못된 결론을 내리는 등 실수를 할 때도 있다는 사실은 알고 있다. 그러나 이건 어쩌다 나온 실수일 뿐 자신은 여전히 대체로 정확한 판단을 내리고 있다고 생각한다. 자신도 모르게 세상을 왜곡된 관점으로 잘못 바라보고 있을 가능성은 잘 생각하지 않는다.

하지만 주변에서 일어나는 일들을 정확히 꿰고 있다는 느낌과는 다르게, 우리의 감각은 특정 파장의 빛만 보고 특정 주파수의 소리만 듣는 등 수용 가능한 정보에 한계가 있다. 그 범위를 넘어가는 자극들은 존재하지 않는 것처럼 아예 우리 안에 입력조차 되지 않는다. 우리가 인식할 수 있는 영역이라고 해도, 그 인식이란 경험의 본질을 있는 그대로 수용한 것이 아니라 나의 주관, 즉 자기 내면의 생각과 목소리들을 버무려 변형시킨 것이다. 지금 내가 경험하는 것은 이러저러하다고 다양한 '썰'을 풀지만 이런 해석들은 정확하지 않은 경우가 많다.

이러한 내적 수다는 우리가 생각하는 것보다 훨씬 더 자주 일어난다. 어떤 일의 장단점을 따져가며 의식적으로 고민할 때는 이 존재를 어느 정도 눈치 챌 수 있지만 일상생활에서도 마치 실시간 댓글을 다는 것처럼 끊임없이 자신의 해석을 끼워 넣는 중이라는 사실은 모르는 경우가 많다. 우리는 이 경험이 무엇을 의미하는지, 그래서 좋은지 나쁜지, 이 상황에서 뭘 해야 하는지, 혹은 이건 버리고 다른 일을 하는 게 좋을지 판단을 내리며 계속 떠든다. 지금 책을 읽는 독자들도 아마 '저자가 무슨 얘기를 하는지 알 것 같군' 또는 '뭐라는 거야?', '그래서 어쩌라고?' 등의 내적 대화를 하고 있을 것이다. 어떤 반응을 하고 있든, 독자 여러분들은 순수하게 책을 읽는 행위만을 경험하고 있는 것이 아니라 여기에 자신의 해석과 새로운 의미를 계속 더하는 중이다. 사람들과 이야기할 때, 일할 때, 텔레비전 볼 때, 밥 먹을 때도 '이 사람은 나랑 얘기하는 걸 별로 좋아하지 않는 것 같아', '이 일은 너무 지루해', '이 예능 프로그램은 나한텐 수준이 너무 낮아', '음식이 맛있군' 등의 내적 대화를 하면서 경험에 자신의 해석을 섞는다. 텔레비전 속 스포츠 경기에서

자아의 눈으로 바라본 세상

처럼 우리의 경험에도 실시간으로 해설자의 코멘트가 끼어든다. 경험을 중계하는 해설자가 바로 나 자신이라는 차이가 있을 뿐이다.

그렇다고 객관적인 사건과 세상이 존재하지 않는다는 의미는 아니다. 다만 우리가 최종적으로 경험하는 것은 사건과 세상 그 자체라기보다 나의 관점과 생각, 해설의 결과물이라는 말이다. 야키족(멕시코 지역의 원주민 종족-옮긴이) 인디언 주술사 돈 후안Don Juan은 제자 카를로스 카스타네다Carlos Castaneda에게 다음과 같이 말했다. "세상이 이렇게 생긴 이유는 우리가 스스로에게 세상은 이렇게 생겼다고 계속 떠들어대기 때문이다. 사람의 경험을 결정하는 것은 결국 마음속 소리요, 곧 자기 자신이다."[1] 우리는 자신의 생각과 해석, 의견, 판단에 둘러싸인 채로 거의 언제나 실제 세상에서 한 발짝 정도 떨어져 있다. 아무런 내적 해석 없이 세상을 있는 그대로 받아들이는 경우는 드물다.

우리의 해설이 항상 공정하고 정확하면 아무런 문제가 없을 것이다. 스포츠 실황 중계처럼 내 삶의 장면 장면마다 정확한 해석이 실시간으로 주어진다면 사실 꽤 도움이 될 것 같기도 하다. 하지만 안타깝게도 우리가 하는 해설이란 마치 스포츠 해설자가 노골적으로 한 팀만을 응원하는 것처럼 한 방향으로 치우쳐 있다. 이런 편향적인 해설 속에서 우리는 자신이나 타인, 세상을 다소 왜곡된 관점으로 바라본다.

나는 왜 내가 힘들까

내가 바라보는 나

델포이 신탁이 고대 그리스인들에게 "너 자신을 알라"고 이야기한 이래로, 자신을 정확히 파악하는 것은 성숙한 인간의 상징처럼 여겨져 왔다. 실제로도 자신을 잘 알지 못하고 자신에 대해 허황된 이미지를 가지고 있는 사람은 적절히 기능하기 힘들다.

남들은 자기 자신에 대해 잘 모르거나 왜곡된 생각을 가지고 있지만 어째선지 본인은 자기 자신을 꽤 잘 알고 있다고 생각하는 사람이 많다. 물론 때로는 자신에 대해 잘못된 생각을 하기도 하지만 그래도 전반적으로 자신을 꽤 있는 그대로 바라보고 있다고 여긴다. 하지만 실제로는 우리 모두 자신에 대해 비현실적인 환상들을 가지고 있다. 단순히 내가 나에 대해 잘 몰랐던 사실이 있다는 것이 아니라 우리가 스스로를 바라보는 방식 자체에 본질적인 왜곡이 존재한다는 것이다. 하지만 대부분 이런 왜곡의 존재를 잘 알아차리지 못한다.

자신에 대한 인식에서 나타나는 가장 큰 편향 중 하나는 자신의 장점을 과대평가하는 것이다. 사람들은 삶의 경험들을 해석할 때 가급적 자신을 유능하고 선하게 포장하는 방향으로 해석하는 편이다.[2] 그렇다고 자신의 실패나 단점, 잘못을 절대 인정하지 않는다는 말은 아니다. 자신의 부족한 부분도 알긴 하지만 기본적으로 실제 본인의 모습보다 자신이 더 괜찮은 사람이라고 여기고 있다는 것이다. 자신의 장점과 단점에 똑같은 무게를 두고 골고루 균형 있게 인식하기보다, 장점에는 큰 가중치를 두는 반면 단점들은 크게 주목하지 않는다. 자신의 결점을

자아의 눈으로 바라본 세상

정확하게 알고 있다고 느낄 때조차 그 결점을 바라보는 시각은 여전히 긍정적인 방향으로 왜곡되어 있다.

심리학자 토니 그린월드Tony Greenwald는 "전체주의적 에고totalitarian ego"라는 제목의 글에서 인간의 자아를 전체주의 정권에 비교했다.[3] 전체주의 국가에서는 국가 원수를 능력 있으면서 자상한 지도자로 선전하는 데 많은 에너지를 쏟는다. 독재자를 포장하는 과정에서 정권을 옹호하는 방향으로 나라의 역사를 고쳐 쓰거나 지도자의 실패와 잘못을 감추고 성취는 부풀리거나 날조한다. 그린월드에 의하면, 이렇게 긍정적인 이미지를 위해 정보 조작을 서슴지 않는다는 점에서 인간의 에고가 일하는 방식은 전체주의적 국가와 비슷하다.

모두가 평균 이상

작가 개리슨 케일러Garrison Keillor는 '워비곤 호수'라는 상상 속의 마을에 대해 이곳에서는 "모든 여성이 강하고, 모든 남성이 잘생겼으며, 모든 아이들이 평균 이상"이라고 묘사하곤 했다. 이 워비곤 호수는 우리 마음속에도 존재한다. 대부분의 사람들이 스스로를 평균 이상이라고 생각할 뿐 아니라 자신의 친구, 연인, 아이들도 평균 이상이라고 생각하기 때문이다.

사람들은 상상 가능한 모든 삶의 영역에서 자신이 평균적인 사람들보다 더 낫다고 생각한다. 이런 '평균 이상 효과'를 알아보기 위해 한 연구자들은 대학생들을 대상으로 자기 자신과 '평균적인 대학생'

들이 20가지 긍정적인 성격 특성(의지할 만한, 지적인, 성숙한, 자상한 등)과 20가지 부정적인 성격 특성(불안정한, 유머 감각이 없는, 못된, 불쾌한 등)을 얼마나 가지고 있는지 평가해보라고 했다. 그 결과 학생들은 평균적으로 40가지 중 38가지의 특성에서 평균적인 대학생보다 자신을 더 긍정적으로 평가했다.[4] 이처럼 대부분의 사람들이 자신이 평균적인 사람들보다 더 나은 운전 실력과 잠자리 기술을 가지고 있으며, 일반적인 사람들보다 더 도덕적이고 편견도 적은 편이라고 생각한다.[5] 호주에서 실시된 한 조사에서는 86퍼센트의 직원들이 자신의 직무 성과가 평균 이상이라고 응답했다고 나타난 반면 1퍼센트만이 평균 이하라고 응답했다.[6] 다른 조사에서는 대부분의 사람들이 자신은 평균적인 사람들보다 이혼이나 심각한 사고, 파산 같은 일도 덜 겪을 것이라고 응답했다. 컴퓨터 프로그래밍 같은 소수의 전문적 영역에서만 사람들은 자신이 평균이거나 평균 이하일 것이라고 평가했다.[7]

흥미롭게도 평균 이상 효과는 사람들에게 사후 세계에 대해 질문했을 때도 나타난다. US 뉴스 앤드 월드 리포트US News and World Report에서 한 조사에서는 1,000명의 미국인들을 대상으로 자기 자신과 유명인사들 여럿을 두고 각각 얼마나 천국에 갈 만한지 평가해보게 했다. 유명인사 중 천국에 갈 확률이 가장 높다는 평가를 받은 사람은 테레사 수녀로 79퍼센트의 표를 얻었다. 이어 오프라 윈프리(66퍼센트), 마이클 조던(65퍼센트), 다이애나 공주(60퍼센트) 순으로 많은 표를 얻었다. 반면 아내 살해 혐의를 받은 전직 미식축구 선수 O. J. 심슨Orenthal James Simpson이 천국에 갈 거라고 생각한 사람은 19퍼센트밖에 안 됐다. 정말

자아의 눈으로 바라본 세상

흥미로운 부분은 "당신은 천국에 갈 수 있을 것인가?"라는 질문에 대해 87퍼센트에 달하는 사람이 그렇다고 응답했다는 것이다. 그러니까 사람들은 '테레사 수녀'를 포함해서 다른 누구보다 자신이 더 천국에 갈 확률이 높다고 여겼다는 것이다.[8]

평균 이상 효과의 논리적 모순은 명백하다. 사실상 인간의 모든 특성(지능, 신체적 매력, 사회성, 친절함, 운동 능력, 도덕성, 운전 실력, 성관계 기술 등)이 종 모양의, 가운데로 갈수록 두껍고 양 끝으로 갈수록 얇은 정규분포를 보인다. 따라서 분포 중앙인 평균을 기준으로 그 이상에 위치한 사람 수와 그 이하에 위치한 사람들의 수는 같다. 친절함이든 게으름이든 운전실력이든 50퍼센트의 사람들은 평균 또는 그 아래에 위치하게 되고 나머지 50퍼센트는 자연스럽게 평균 또는 그 위에 위치하게 된다. 우리가 각자의 위치를 정확히 안다면 절반 정도는 자신이 평균 이하임을 시인해야 한다. 하지만 아주 적은 수의 사람들만 자신이 평균 이하라고 생각하고, 평균 이하라고 생각할 때조차 여전히 실제 평균으로부터 떨어진 정도보다 '덜' 떨어져 있다고 생각한다. 모두가 평균 이상인 세상은 통계적으로 성립될 수 없다. 자신이 평균 이상이라고 생각하는 수많은 사람들은 사실 자신에게 속고 있는 셈이다.

자신보다 명백히 더 잘난 사람을 만났을 때에도 그냥 그 사람이 유달리 뛰어난 것으로 치부하고 자신은 여전히 평균 이상이라고 믿는다. 자신보다 명백히 더 잘난 사람은 예외라고 여김으로써 긍정적인 자아관이 무너지지 않게 유지하는 것이다. 그 사람이 슈퍼스타처럼 뛰어난 것이지 내가 못하는 게 아니라는 뜻이다.

실험을 하나 살펴보자. 참가자들에게 가짜 지능 테스트를 보게 하고는 옆 사람(실험자와 공모한 사람)보다 점수가 낮았다는 피드백을 준다. 그 후 실험 참가자들(A)에게 옆 사람(공모자 B)과 자신이 각각 얼마나 똑똑한 것 같은지 평가해보라고 한다. 지능 테스트를 보지 않은 제3자(C)에게도 실제 실험 참가자가 공모자인 옆 사람보다 점수가 낮았다는 피드백을 주고 실험 참가자와 공모자의 지능을 평가해보라고 한다. 당연히 A나 C 모두 B의 지능을 참가자의 지능보다 높게 평가한다. A의 점수가 더 낮다는 정보가 똑같이 주어졌기 때문이다. 흥미로운 사실은 A와 C 모두 A의 지능은 비슷한 정도로 평가했으나, B의 지능은 서로 매우 다르게 평가했다는 점이다. A는 C보다 B의 지능을 훨씬 높게 평가했다. 자기보다 좋은 성적을 거둔 사람을 '천재' 수준으로 평가해 우리 사이의 점수 차는 그 사람이 무지막지하게 뛰어난 탓이지 내가 못난 탓이 아니라고 선을 그은 것이다. 이 상황을 그저 지켜보기만 하던 C는 A처럼 이 평가에 자신의 가치가 달려 있지 않았기에 이런 자기고양 효과self-serving effect를 보이지 않았다.[9]

사람들은 자신을 평균 이상이라고 생각할 뿐 아니라 다른 사람들이 바라보는 것보다 스스로를 더 긍정적으로 바라보기도 한다. 내가 나에 대해 내리는 평가와 타인이 나에 대해 내리는 평가를 비교해보면 거의 예외 없이 내가 내린 평가가 다른 사람들의 평가보다 더 긍정적이다.[10] 나는 내가 생각하는 것만큼 다른 사람들에게 좋은 사람으로 비춰지지 '않을' 수 있다는 것이다. 내가 별로 좋아하지 않는 나의 특성들조차도 나는 여전히 다른 사람들보다는 더 좋아하고 있으며, 다른 사람

자아의 눈으로 바라본 세상

들은 그 특성을 내가 싫어하는 것보다도 더 싫어하고 있을 수 있다. 이러한 자기고양적 경향은 널리 퍼져 있으며 삶의 질을 떨어트리는 원인이 되기도 한다.

내가 못난 게 아니라 상황이 그랬던 거야

심리학자들이 말하는 귀인attribution(원인을 어딘가에 갖다 붙이는 행위-옮긴이)이란 사람들이 삶의 사건들에 부여하는 나름의 설명을 말한다. 예컨대 왜 연인이 나를 떠나갔는지, 왜 우리 애들은 성적이 안 좋은지, 왜 직장생활이 이렇게나 힘든 건지, 왜 중요한 시합에서 졌는지 등 우리는 다양한 사건이 발생한 이유에 대해 나름의 설명을 단다. 원인을 어디다 갖다 붙이느냐에 따라 동일한 사건에 대해서도 이후의 반응이 달라진다. 헤어진 이유를 연인이 술에 빠져 살았기 때문이라고 여길 때와 내가 연애 상대로서 부족함이 많았기 때문이라고 여길 때의 반응이 다른 것처럼 말이다.

사람들은 귀인을 할 때에도 자신에게 유리한 방식으로 한다. 참가자들에게 지능, 대인 관계 민감성, 문제해결 능력 등에 대한 시험을 보게 하고 실제 점수와 상관없이(실은 채점하지 않는다) 결과가 좋았다거나 나빴다는 피드백을 준다. 그러고 나서 왜 시험을 잘 봤거나 못 본 것 같은지 묻는다. 그러면 거의 예외 없이 자신에게 유리한 방향의 해석들이 등장한다.[11] 시험을 잘 봤다면 자신이 똑똑하거나 실력이 좋아서 잘 본 거라고 하고, 시험을 못 봤다면 시험이 공정하지 않거나 지나치게 어려워서, 주변에 방해 요소가 많아서, 운이 나빠서 못 본 거라고 한다. 즉 똑같은 시험을 봐도 성과가 나빴을 때보다 좋았을 때 자신의 역할이 더 컸다고 주장한다. 일을 망쳐놓고 한심한 변명을 늘어놓거나 조금 결과가 잘 나왔다고 해서 공을 자기에게 몽땅 돌리는 종류의 자기고양은 늘 나타난다.

시험 결과가 나쁘면 시험의 유효성 자체를 평가절하하기도 한다. 모두가 똑같은 시험을 봤어도 점수가 낮은 사람들이 점수를 잘 받은 사람들에 비해 시험의 정확성과 타당도를 낮게 평가한다.[12] 시험 성적이 좋은 학생들은 만족스러워하며 시험이 공정했다고 생각하지만 성적이 나쁜 학생들은 시험이(나아가 선생이) 공정하지 않았다고 생각한다. 학교 선생님들이라면 다 이런 식의 자기고양적 귀인을 본 적이 있을 것이다. 나는 학생들이 시험에 대해 불평을 늘어놓는 상황에서 시험을 잘 본 학생들이 그렇지 않은 학생들에게 시험의 공정성을 두둔하는 광경을 본 적도 있다.

잘못된 행동을 했을 때도 사람들은 자기고양적 귀인을 한다. 자신에겐 선택권이 없었으며 고로 이런 행동을 할 수밖에 없었다고 힘주어 말한다.[13] 자신의 행동에 대한 책임이나 통제력을 부인함으로써 잘못된 행동의 결과와 의의를 축소시키는 것이다. 예컨대 부정행위를 하다가 걸린 사람들은 선생이 불공정했다거나 "모두가 다 하니까" 그랬다고 하는 등 그럴 만한 상황이었다고 주장하는 반면 부정행위를 하지 않은 사람들은 자신이 양심적이어서 그랬다고 자랑한다. 반대로 자신이 근본적으로 비도덕적인 인간이어서 부정행위를 했다거나, 부정행위를 할 만

109
자아의 눈으로 바라본 세상

한 상황이 아니어서 정직하게 행동했다고 얘기하는 사람들은 드물다. 행동의 결과가 나쁠 때면 항상 그럴 수밖에 없는 상황이었다고 말하고 싶어지는 것이다. 나치 수용소에서 감시관들이 자신들은 명령에 따를 수밖에 없었다고 주장했던 것처럼 말이다.

팀이나 위원회 같은 집단 속에서 일을 할 때에도 비슷한 형태의 귀인이 나타난다. 시합에서 이기거나, 올바른 의사결정을 내리거나, 이익을 창출하거나, 과제를 성공적으로 완수하는 등 일이 잘되었을 때에는 구성원들 모두 누구보다 자기가 팀을 성공으로 이끄는 데 중요한 역할을 했다고 생각한다. 하지만 일이 잘 안되었을 때에는 누구보다 자신의 책임이 작다고 생각한다.[14] "성공은 많은 부모를 가지고 있지만 실패는 고아다"라는 옛말처럼 성공에는 모두가 숟가락을 얹으려 달려들지만 실패에 책임을 지고 싶어 하는 사람은 없다.

아이러니하게도 이런 편향 때문에 성공과 실패 모두 구성원들 사이에 갈등을 불러올 수 있다. 실패가 잦은 집단 사람들은 대체로 불만이 많고, 우리 팀이 실패하는 것은 다 자신을 제외한 다른 팀원들 때문이라고 생각한다. 서로가 서로에 대해 이런 생각들을 가지고 있다는 사실을 알게 되면 팀원들 모두 왜 자신에게 과도한 책임을 떠넘기느냐며 억울해할 것이다. 일이 잘 풀렸을 때에는 팀원 모두가 자신의 공로를 과대평가하고 다른 팀원들은 그저 밥상에 숟가락을 얹은 정도라고 생각해서 갈등이 발생한다.[15] 자신이 기여한 정도에 걸맞은 대우를 받지 못했다며 이미 성공한 밴드나 선수단, 기업을 떠나버리기도 한다. 거의 모든 사람들이 자기가 지금 속한 집단에서 자신에게 걸맞은 인정과 대우를

나는 왜 내가 힘들까

충분히 받지 못한다고 느낀다. 많은 사람들이 대부분의 직장인들은 월급 값을 못한다고 생각하면서도, 본인만큼은 충분히 값어치를 하고 있으며 따라서 더 좋은 대우를 받아야 한다고 생각한다.

간장 공장 공장장

자신을 긍정적으로 평가하는 경향은 자신과 관련된 사물이나 상징, 사건들을 평가할 때에도 나타난다. 우리는 자신과 관련된 것들을 매우 우호적인 시선으로 바라보는데, 한 예가 '단순 소유 효과ownership effect'다. 사람들은 집, 자동차, 옷, 책 등 자신이 소유하고 있는 것들을 가지고 있지 않은 것들에 비해 더 좋게 생각한다. 보통 좋아하지 않는 것보다 좋아하는 걸 선택하고 소유하기 때문에 그런 게 아닌가 싶지만 실험을 해보면 그것과는 별개로 '내가 가졌기 때문에' 좋아하는 효과가 분명히 존재한다.

한 실험에서 연구자들은 사람들로 하여금 사탕, 스테이플러, 빗 등 다양한 물건들에 대해 각각을 얼마나 좋아하는지에 대해 물었다. 물건들에 대한 호감도를 평가하기 전에 어떤 사람들에게는 사탕을, 또 다른 사람들에게는 빗을 주는 등 목록에 있는 물건을 하나씩 가지도록 했다. 이후 호감도 평가 결과를 살펴봤더니 사람들은 자신의 소유가 된 물건을 그렇지 않은 물건들에 비해 더 좋게 평가했다.[16] 스테이플러를 받은 사람은 그렇지 않은 사람에 비해 스테이플러가 좋다고 응답했고, 빗을 갖게 된 사람은 그렇지 않은 사람에 비해 빗이 좋다고 응답했다.

자아의 눈으로 바라본 세상

단순히 어떤 물건을 소유한 것만으로도 그 물건에 대한 선호도가 올라간 것이다. 흥미롭게도 이런 현상은 실패 등을 겪어 자아에 상처가 생기면 더 강하게 나타난다. 나를 긍정적으로 바라보고 싶은 욕구가 내가 가진 물건으로까지 확장된다는 뜻이다.

우리가 가진 것들 중에서 이름만큼 내 정체성과 긴밀하게 관련되어 있는 게 또 없다. 그렇다면 사람들은 자신의 이름을 좋아하는 것은 물론이요, 자기 이름에 있는 글자를 이름에 없는 글자들보다 더 좋아할 수도 있지 않을까? 말도 안 돼 보이지만 연구에 의하면 이런 현상이 실제로 나타난다. 14개국에 걸쳐 사람들은 자기 이름에 들어 있는 글자를 그렇지 않은 글자들에 비해 더 좋아하며 특히 이름의 첫 번째 글자를 좋아하는 것으로 나타났다.[17]

사회심리학자 브렛 펠럼Brett Pelham은 자기 이름에 있는 글자를 선호하는 경향이 삶에서 중요한 결정들에도 영향을 미칠 수 있다고 생각했다. 사람들이 자기 이름에 있는 글자로 시작하는 직업이나 도시를 그렇지 않은 직업이나 도시에 비해 더 선호할 것이라는 대담한 가설을 세웠다. 물론 직업이나 사는 곳을 선택하는 데에는 많은 요소들이 개입하며 '마크'가 '미네소타주'에 사는 '메르세데스 메카닉(정비공)'이 아닌 노스캐롤라이나주에 사는 교수라는 사실이 이상하지는 않다. 그럼에도 펠럼은 사람들이 자신의 이름에 있는 글자를 가진 직업과 도시를 선택할 확률이 우연적인 확률보다 높을 것이라고 생각했다.

놀랍게도 일련의 연구들이 실제로 이러한 현상을 포착했다.[18] 미국인들의 경우 자신의 이름과 같은 철자로 시작하는 도시에 살고 있는 사람들이 많았다. 예컨대 루이스는 다른 주보다 루이지애나주에 많이 살고 있고 메리는 메릴랜드주에, 미셸은 미시간주에, 버지니아는 버지니아주에 많이 살고 있었다. 남자들의 경우 캐리는 캘리포니아주에 많이 살고 데일은 델라웨어주에, 조지는 조지아주에, 테드는 텍사스주에, 케네스는 켄터키주에 각각 더 많이 살고 있었다.

하지만 이름과 비슷한 지역을 선택해서 사는 것이 아니라 이미 그 지역에 살고 있어서 부모가 지역 이름과 닮은 이름을 아이에게 지어주는 것일 수도 있다. 연구자들은 이러한 가능성을 배제하기 위해서, 마음대로 바꿀 수 없는 '성씨'와 거주지 사이의 관계를 살펴보았다. 이번에도 역시 사람들은 자기 성과 같은 글자로 시작하는 지역을 선호하는 것으로 나타났다. 그러니까 예를 들어 '리어리Leary'라는 성을 가진 사람들의 인구 비율은 다른 도시들에서보다 로스앤젤레스에서 더 많았다.

'세인트'로 시작하는 미국 35개 도시들과 같은 이름을 가지고 있는 사람들 역시 다른 도시보다 그 도시에 살 확률이 높았다. 예를 들어 루이스와 헬렌은 다른 도시들보다 각각 세인트루이스와 세인트헬렌에 더 많이 살고 있었다. 자신의 이름과 상관없는 이름의 도시보다 '세인트+자기 이름' 조합인 도시에서 살 확률은 여성들의 경우 44퍼센트, 남성들의 경우 14퍼센트 더 높았다.

놀랍게도 이런 현상은 직업에서도 나타났다. 치과의사dentist들은 데니나 데니스라는 이름이 많았고 변호사lawyer는 로렌스나 로렌이 많았다. 지붕을 수리하는 사람roofer은 철물점hardware store을 운영하는 사람보다 이름이 R로 시작하는 경우가 많았다. 철물점을 하는 사람은 H로 시

자아의 눈으로 바라본 세상

작하는 이름을 가진 경우가 많았다.[19] 왜 피터 파이퍼가 페퍼 피클을 집었는지(한국식으로 말하자면 간장 공장 공장장은 왜 강 공장장인지-옮긴이) 이제 자명하다(한편 인구의 절반이 수도권에 살고 있고 김, 이, 박 씨가 상당수를 차지하는 한국에서는 도시와 이름 간 상관이 적을 수 있겠다. 하지만 이름뿐 아니라 생일이 비슷하지 않은 사람들보다 비슷한 사람들이 더 결혼할 확률이 높고, 사람들은 무의식 중에도 자신과 지문이나 귓불이 닮은 사람을 더 선호하는 현상이 나타나며 이런 현상은 한국에서도 나타나리라 본다-옮긴이).

어쩌면 우리는 진학할 학교를 선택하거나, 물건, 또 심지어 연인을 고르는 중요한 결정들을 할 때에도 전혀 중요하지 않지만 나와 관련된 사소한 정보들에 휘둘리고 있는 것일지도 모르겠다. 내 이름에 들어 있다는 이유로 특정 글자 그리고 그와 관련된 것들을 선호하는 것을 보면 내 자식, 직업, 스포츠 팀, 국가, 종교 역시 나와 관련이 있다는 이유만으로 특별하다고 생각하는 현상이 그리 신기하지 않을지도 모르겠다.

스스로에게 가혹한 사람들

사람들은 다양한 이유로 자기를 비난한다. 다른 사람들의 비난을 막으려고 하거나('내가 먼저 나를 심하게 비난하면 다른 사람들은 나를 비난하는 말을 하지 않겠지?'), 주변으로부터 "아냐, 너 멍청하지 않아" 같은 칭찬이나 응원을 끌어내려고, 또 자기 자신의 부족함이나 약점들을 잘 파악하고 있고 책임감 있는 사람임을 다른 사람들에게 보여주고 싶어서, 또는 나는 심지어 나에게도 이렇게 엄격한 사람이라며 다른 사람들을 비난할 자격 같은 것을 얻기 위해서 등 다양한 이유로 우리는 자신을 채찍질한다.

하지만 대부분의 불필요한 자기비난은 근본적으로 자신을 지나치게 긍정적으로 바라보려는 욕구로부터 생겨난다. 나는 적어도 이것보다 더 나은 사람이어야 한다는 믿음을 굳게 가지고 있는 탓에, 자신이 그 기준에 미치지 못하는 행동을 하면 실망하고 마는 것이다. 즉 이미 잔뜩 부풀어 있던 자아상이 그렇지 못한 현실을 마주하고 거품을 터트리는 순간 내가 이렇게 부족한 줄 몰랐다며 자신에 대한 실망과 비난이 탄식처럼 쏟아져 나온다.

모든 사람들이 이따금씩 실수하고 실패하지만 사람들은 남들보다 자신이 실수나 실패를 했을 때 더 큰 충격을 받는다. 내 친구가 큰 실수를 저질렀을 때는 다들 한 번쯤은 그런다고 괜찮다며 토닥토닥 위로해주지만 어째선지 자신의 실수나 실패는 절대 있어서는 안 되는 충격적인 일인 양 반응한다. 하지만 진심으로 자신이 남들과 같은 보통 사람이라고 생각한다면 충격받을 일은 없을 것이다. 물론 실패로 인해 아쉽고 속상한 마음은 있겠지만, 너 이것밖에 안 되는 인간이었냐며 자신에게 '실망'하는 것은 다른 문제이기 때문이다.

보통 아무런 기대도 걸지 않은 사람보다 믿고 기대한 사람이 좋지 않은 모습을 보였을 때 그 사람에게 개인적으로 실망하게 된다. 자신에 대한 실망과 비난도 마찬가지다. 자신은 다른 사람들보다 거의 모든 면에서 더 나은 특별한 사람이어야 한다는 비현실적인 기대를 가지고 있

자아의 눈으로 바라본 세상

기 때문에 실패나 망신스러운 일이 큰 충격으로 다가오는 것이다. 다양한 자기고양 기술들로 자아를 방어하더라도, 애초에 자아관이 비현실적이어서 나는 내가 생각했던 것만큼 잘난 사람이 아니었다는 현실과 조금이라도 마주하게 되면 실제 나와 내가 생각하는 나의 이미지 사이에서 심한 괴리를 느끼게 된다. 점점 커진 괴리감은 결국 어느 순간 자아를 방어하느라 탄탄하게 쌓은 방벽을 무너뜨리고 자기비난을 불러일으킨다.

물론 자신을 특별하고 우월한 존재로 생각하는 정도가 매우 심한 거대 나르시시즘을 가지고 있는 사람들의 경우, 자신에 대한 환상이 병적으로 심해서 실패나 실수를 해도 자기비난을 하지 않을 가능성이 높다. 하지만 일반적인 수준으로 부풀어 있는 자아를 가진 보통 사람들에게는 긍정적으로 치우쳐 있는 자아관이 자존감에 쉽게 금이 가는 원인이 된다. 이와 반대로 자신을 나쁘게 생각하는 사람들이 자존감에 쉽게 타격을 입을 거라고 생각하기도 하지만, 진심으로 자신이 별 볼일 없는 사람이라고 생각하는 사람은 실패나 좌절에 특별히 놀라지 않고 이를 당연하게 받아들일 것이다('그래, 나 대학교에서 퇴학당했다. 근데 뭐? 나는 원래부터 실패자였어'). 자신을 지키고 싶은 욕망이 클수록 실패가 더 가슴 아픈 법이다.

겨울을 날 식량을 충분히 모으지 못해서 배고픈 다람쥐의 경우, 배는 고프겠지만 '나는 왜 이렇게 무능할까? 나는 너무 게으른 게 탈이야' 같은 생각을 하지는 않는다. 오직 사람만이 자신의 이상과 실제 자신이 동일하다고 착각하면서 살다가 그 이상에 조금이라도 금이 가면

낙담하고 자신을 괴롭힌다. 결국 자존감이 깎이는 아픔의 가장 큰 원흉은 실패 그 자체보다는 어떤 이상적 기준을 정하고 이를 토대로 자신의 모습을 검열하는 '나에 대한 생각들'이다.

나라는 거울에 비춰 타인을 평가하기

이렇게 자신을 긍정적으로 포장하고 마는 습성은 우리가 자신이나 자신과 관련된 것들을 바라보는 방식에 편향을 끼었을 뿐 아니라 타인을 바라보는 방식에도 영향을 미친다. 많은 사람들이 자신은 남들을 정확하게 평가하고 있다고 생각하지만 자아가 대인 지각에도 훼방을 놓는 것이다.

예컨대 (앞서 언급한 바 있지만) 어떤 사람의 생일이 나와 같다는 사실만으로 그 사람에 대한 평가가 달라진다. 한 실험에서는 사람들에게 실존 인물인 러시아의 정신 나간 수도승 라스푸틴Grigorii Rasputin[20]에 대한 글을 읽게 했다. 라스푸틴은 고약한 평판을 가지고 있었음에도 20세기 초반 러시아 왕가를 쥐고 흔든 인물로, 괴팍하고 폭력적이었으며 술에 빠져 살았고 성폭력을 저지르기도 했다. 나중에 알고 보니 그는 수도승도 아니었으며 결혼해서 자식이 셋이나 있었다. 확실히 사람들의 존경심을 불러올 만한 인물은 아니었다.

연구자들은 사람들에게 두 가지 버전 중 하나의 글을 읽게 했다. 이때 한 버전의 글에서는 라스푸틴의 생일을 글을 읽는 사람의 생일과 같게 표시해놓았다. 어느 정도 예상했겠지만 이 사소한 공통점이 라스푸틴에 대한 사람들의 평가에 영향을 미쳤다. 라스푸틴과 자신의 생일이 동일하다는 정보를 받은 사람들은 그렇지 않은 사람들에 비해 라스푸틴을 더 호의적으로 평가했다. 생일이라는 사소한 공통점으로도 타인에 대한 평가가 달라지는 걸 보면 자신과 관련된 매우 중요한 요소들은 타인을 판단할 때 얼마나 큰 영향을 미칠지 가늠해볼 수 있겠다.

'내가 바라보는 나'의 내용은 다른 사람을 판단할 때도 다양한 영향을 미친다. 우선 사람들은 자신의 행동이나 반응, 태도가 사람들 사이에서 보편적으로 나타나는 정상적인 패턴이라고 여긴다. 이렇게 내 방식이 곧 다수가 합의한 방식인 것처럼 생각하는 경향 때문에 실제로는 그렇지 않은데도 자신을 주류라고 착각하는 일이 발생한다.[21] 본인처럼 객관적이고 공정한 눈을 가지고 있는 사람들은 다 자신과 같은 결론에 도달하리라고 여기는 것이다. 물론 자신의 반응을 참고하면 다른 사람의 반응을 예측하는 데 어느 정도 도움이 되지만, 때로는 자신의 반응에 과하게 의존한다는 것이 문제다. 사람들에게 대다수의 다른 사람들이 자신과 완전히 다르게 반응할 것이라는 정보를 주어도, 여전히 다들 자신처럼 반응할 것이라고 생각하는 현상이 나타난다.[22]

흥미로운 사실은 이런 '가짜 합의 효과false consensus effect'가 바람직하게 여겨지는 특성보다 자신이 볼 때 별로 좋지 않은 특성들에서 더 두드러진다는 것이다.[23] 사람들은 남들도 대부분 자신과 비슷한 단점과 약점을 가지고 있다고 생각하며 자신이 가진 단점들이 다른 사람들에게서도 흔하게 나타날 것이라고 생각한다. 마찬가지로 잘못된 선택을

나는 왜 내가 힘들까

한 사람들은 그렇지 않은 사람들에 비해 다른 사람들도 자신이 했던 것과 똑같은 실수를 저지를 확률을 더 높게 평가하는 편이다. 사람들은 이런 유형의 편향을 통해 자신의 바람직하지 않은 모습과 잘못된 선택을 축소해서 받아들인다. 모두가 나와 똑같은 잘못을 저지른다면 내 잘못에 대해 그렇게 나쁘게 생각하지 않아도 되는 것이다.

내가 가진 단점들은 남들도 다 가지고 있는 보편적인 단점이지만, 자신의 긍정적인 특성들은 상대적으로 희소하다고 여기기도 한다. 자신의 장점을 희소하게 여기는 편향은 자신을 특별히 좋은 사람으로 생각하는 데 보탬이 된다. 결국 자신을 긍정적으로 바라보고자 하는 욕구가 가짜 합의 효과와 함께 가짜 희소성 효과를 불러온다.[24]

이런 편향들은 타인이 어떤 특성을 가지고 있을지를 짐작하는 데 영향을 주고, 나아가 내가 타인에게 취할 행동에도 영향을 준다. 만약 자신이 금방 욱하는 안 좋은 면을 가지고 있고 자신도 그 사실을 알고 있다면, 다른 사람들 또한 자신처럼 쉽게 발끈할 거라고 생각하기 쉽다. 이렇게 자신의 성격에 비춰 타인의 성격을 유추하는 경우, 그러지 않을 때에 비해 타인을 대하는 방식이 달라진다. 반면에 자신이 포용적인 성격이라고 생각하는 경우 나의 장점에 대한 가짜 희소성 효과 때문에 다른 사람들은 나보다 속이 좁다고 생각할 수 있다. 이 역시 상대방에 대한 오해를 불러일으킬 수 있고 그 결과 그 사람에게 부적절한 행동을 할 수도 있다.

물론 자신의 장점을 다른 사람들도 가지고 있다고 생각하는 경우도 있다. 단, 내가 호의적으로 바라보는 사람들에 한해서 그렇다. 예컨대 매력적이지 않은 사람들보다 매력적이고 호감이 가는 사람들이 자신과 비슷한 장점들을 많이 가지고 있을 거라고 여긴다.[25] 이 과정에서 자신을 한층 더 긍정적으로 바라보게 되기도 한다. 자신이 싫어하는 누군가가 나와 비슷한 장점들을 가지고 있다고 생각하면 되레 기분이 찝찝해질 것이다.

자신과 가까운 사람들을 타인보다 더 긍정적으로 평가하는 현상도 나타난다. 자기 자신뿐 아니라 자기 친구나 주변 사람들도 평균 이상이라고 생각한다.[26] 귀인을 할 때도 자기와 친밀한 사람들에 대해서는 긍정적으로 편향되어 있다. 예를 들어 타인의 경우와는 다르게 내 친구의 성공은 다 그의 공이지만 실패는 그의 책임이 아니라고 생각한다.[27] 이런 현상은 집단 수준에서도 나타난다. 자기가 속한 집단(학교, 동호회, 직업, 동네, 국가 등)이 웬만한 다른 집단들보다 더 낫다고 생각하는 것이다. 심지어 실험실에서 무작위로 집단을 배정해줘도 일단 자기가 속한 집단이 더 우월하다고 생각한다.[28] 이렇게 나와 친밀한 사람들이 모두 평균보다 우월하다는 편향은 결과적으로 자기가치감sense of self-worth, 즉 내가 얼마나 가치 있는 사람인 것 같은지에 대한 느낌을 끌어올린다. 안타깝지만 이런 믿음 때문에 자신과 상관없는 다른 사람들을 평가절하하거나 차별하는 문제가 발생한다.

여기에 더해 사람들은 자신이 가지고 있는 특성이 가지고 있지 않은 특성보다 더 중요하고 바람직하다고 생각하는 편이다. 예컨대 내가 나를 외향적이라고 보는지 아니면 내향적이라고 보는지에 따라 내향성과 외향성 중 어떤 성격 특성이 더 나은지에 대해 서로 다른 답을 내놓는다. 외향적인 사람들은 아무래도 사람은 외향적인 편이 좋다고 생각하고 내향적인 사람들은 내향적인 편이 더 낫다고 생각한다. 창의성을 중요시하는 정도 또한 스스로가 얼마나 창의적이라고 생각하는지에 따라 달라지고, 외모를 얼마나 중요하게 여기는지도 내가 생각하는 나의 외모 수준에 따라 달라진다. 야심만만한 특성 또한 내가 그런지 아닌지에 따라 좋거나 좋지 않은 특성이 된다. 사람들에게 연구자들이 만들어낸 가상의 특성을 가지고 있다고 말해주면 그 특성에 대해서도 안 가지고 있는 것보다는 가지고 있는 편이 더 낫다고 응답한다. 물론 그 가상의 특성을 가지고 있지 않다고 알려주면 반대로 그런 특성은 없는 편이 낫다고 응답한다.[29]

그런데 왜 내가 나를 바라보는 방식이 대인지각에도 영향을 미치는 걸까? 이는 나에 대한 평가와 타인에 대한 평가가 서로 맞닿아 있기 때문이다. 자아가 대인지각에 미치는 영향에 대한 연구들로 유명한 심리학자 데이비스 더닝Davis Dunning은 다음과 같이 말했다.

우리가 남을 평가하는 것은 은연중에 자신을 평가하는 것과 같다. 타인을 판단할 때 썼던 기준들이 자연스럽게 자신을 판단할 때에도 끼어든다. 그러다 보니 대인지각에 있어서도 가급적 자신을 긍정적으로 바라볼 수 있게 도와주는 방향으로, 즉 자신이 멋지고 능력 좋고 사랑받을 만한 사람이라는 믿음을 유지할 수 있게끔 판단을 달리한다. 자신이 등산을 좋아한다면 등산을 좋아하는 사람들을 추켜세우고('등산하는 사람 치고 나쁜 사람 없다!' 등등) 등산을 싫어한다면 '어차피 내려올 산 왜 올라가냐'며 평가절하하는 식이다. 이런 식으로 자기지각은 대인

지각에 영향을 미칠 수밖에 없다.[30]

나는 편견으로부터 자유롭다는 편견

지금까지 사람들은 자신뿐 아니라 타인을 바라볼 때에도 가급적 자기고양적인 기준과 방식을 적용한다는 점에 대해 알아보았다. 우리는 자신이 적어도 평균 이상이라고 생각하고, 어떻게든 자신에게 유리한 방향으로 자기고양적 귀인을 한다. 자신의 이름에 속한 글자와 자신의 소유물을 더 우호적으로 평가하고, 자신과 가까운 사람들을 엄청나게 긍정적으로 바라보며, 자신에게 없는 특성보다 있는 특성들이 더 가치 있고 바람직한 특성들이라고 생각한다. 하나 더 슬픈 사실은, 이런 자기고양적 편향을 다 가지고 있으면서도 우리는 자신이 편향되어 있지 않다고 믿는 편향을 보인다는 점이다.

앞서 약 70~80퍼센트의 사람들이 대부분의 영역에서 평균 이상 효과를 보인다고 했다.[31] 하지만 이렇게 자기지각이 장밋빛으로 칠해져 있다는 사실을 몇이나 알고 있을까? 에밀리 프로닌Emily Pronin, 대니얼 린Daniel Lin, 리 로스Lee Ross 등은 대학생을 대상으로 약 87퍼센트가 같은 학교에 다니는 다른 학생들보다 자신이 여러 면에서 우월하다고 평가하는 경향을 확인했다.[32] 이후 연구자들은 학생들에게 평균 이상 효과라는 편향이 존재한다고 알리고 본인의 판단이 여기에 영향을 받았을 것 같지는 않은지 물었다. 그러자 자신이 평균 이상 효과를 보인 학생들 중 4분의 1 정도만이 자신도 이런 편향을 가지고 있을 가능성을 인정했다. 대부분은 평균 이상 효과를 보이면서도 자신이 이런 오류에 빠져 있다는 사실을 인식조차 하지 못했다.

이렇게 사람들은 자신의 편향은 잘 보지 못하면서 어쩌선지 타인은 자신보다 더 편향되어 있을 거라고 생각한다. 즉 자신은 다른 사람들보다 우월할 뿐 아니라 대다수의 오류에 있어서도 더 자유롭다고 생각하는 것이다. 프로닌은 또 다른 연구에서 대학생들에게 자기고양적 귀인, 평균 이상 효과 등 여덟 가지 편향을 자신이 각각 얼마나 가지고 있다고 생각하는지 물었다. 또 평균적인 미국인들이 이런 편향들을 얼마나 보일 것 같은지에 대해서도 물었다. 그 결과 대학생들은 여덟 가지 모두에서 자신은 보통의 미국인들보다 이런 오류들을 적게 가지고 있다고 답했다. 물론 참가자들이 대학생들이었기 때문에 자신보다 교육수준이 낮은 사람들과 자신을 비교하며 자신이 교육받지 않은 사람들보다는 더 정확한 판단력을 가지고 있을 거라고 생각했을 가능성도 있다. 따라서 이번에는 같은 수업을 듣는 학생들과 자신을 비교하도록 했다. 비교 대상이 미국인 평균일 때보다는 차이가 적었지만 이번에도 역시 대학생들은 주변의 다른 학생들과 자신을 비교하더라도 여전히 자신이 덜 편향되어 있다고 응답했다. 샌프란시스코 공항에서 비행기를 기다리는 사람들에게 같은 질문을 했을 때도 사람들은 공항에 있는 다른 여행자들보다 자기가 덜 편향되어 있다고 답했다.[33]

어쩌면 과거에 저지른 편향을 잊어버려서 자신은 남들보다 공명정대하다고 생각할 수도 있다. 사람들이 편향을 저지르고 난 직후에 자신

자아의 눈으로 바라본 세상

이 얼마나 편향되어 있는 것 같은지 물으면 자신의 실수를 좀 더 명확하게 지각할 수도 있지 않을까? 이를 알아보기 위해 한 연구에서는 사람들에게 어려운 테스트를 보게 한 후 성적이 좋았다거나 나빴다는 피드백을 주었다. 이후 시험의 공정성을 평가하게 했는데, 앞서 살펴보았듯 이번에도 점수가 나빴다는 피드백을 받은 사람들은 점수가 좋았다는 피드백을 받은 사람들보다 시험의 공정성을 낮게 평가했다. 이때 사람들에게 시험의 공정성에 대한 평가가, 실제로 그랬던 것처럼 각자의 성적에 따라 좌우될 수도 있지 않겠냐고 물었다. 이번에도 역시 직접 이렇게 편향된 평가를 내렸으면서도 다른 사람들은 그럴 수 있지만 자신은 예외라고 답하는 경향이 나타났다. 자기고양적 편향을 저지른 직후에도 여전히 자신의 편향은 보지 못한다는 것이다.[34]

이런 발견들은 우리에게 아주 큰 시사점을 안겨준다. 우리는 모두 자신이 세상을 정확하게 알고 있고, 정신이 제대로 박힌 사람이라면 다들 자신처럼 생각할 것이라고 믿는다. 자신과 생각이 다른 사람이 있다면 그것은 그 사람이 착각에 빠져 있거나 무식하고 편향되어 있기 때문이라고 여긴다. 심리학자 구스타브 이크하이저Gustav Ichheiser는 이렇게 말했다. "다른 사람이 지각하는 세상이 내가 지각하는 세상과 달라서 혼란스러울 때 우리는 이 사람이 지적, 도덕적 문제로 인해 세상을 '있는 그대로' 바라보지 못하고 '정상적으로' 반응하지 못하는 것이라고 얼버무리고 넘어간다.[35] 이런 식으로 세상은 정확히 내가 바라보는 대로 돌아가고 있고 내 방식이 곧 정상적인 방식이라는 믿음을 유지한다."

이런 편향들로 인해 우리는 다른 사람들이 나와 그들 자신에 대해

나는 왜 내가 힘들까

잘 모르는 반면 나는 나 자신과 그들에 대해서 정확하게 알고 있다고 생각한다. 자신은 남들에게는 없는 대단히 객관적인 시각이 내장되어 있어서 사람들 속을 꿰뚫어볼 수 있다고 믿는다. 또 다른 사람들은 자신보다 객관적인 판단능력이 부족하고 공정하지 않다고 생각한다. 이런 사고방식 때문에 자신이 다른 사람들로부터 배울 수 있는 것들은 과소평가하는 반면 다른 사람이 나로부터 배울 수 있는 것은 아주 많다고 과대평가하기도 한다. 충고를 주려는 사람은 많지만 들으려 하는 사람은 많지 않은 이유다.

광고, 프로파간다, 사람들을 현혹시키는 각종 도구들 앞에서도 자신은 다른 사람들보다 영향을 덜 받고 따라서 더 이성적으로 행동할 것이라 자신하는 현상도 나타난다. 타인의 행동은 쉽게 비이성적이라고 치부하지만 내 행동이 비이성적이라고 인정하는 일은 드물다.

자신의 편향을 과소평가하는 것 때문에 갈등이 발생하기도 한다. 많은 갈등이 어떤 일이 왜 생겼는지, 누구에게 책임이 있는지, 누구의 말이 맞는지를 각자 다르게 해석하는 탓에 발생하는데,[36] 자신이야말로 진실을 알고 있는 객관적이고 현명한 사람이라고 생각할수록 서로 자신이 아닌 상대방에게 문제가 있다고 주장한다. 우리는 모두 자아가 만든 필터가 들어간 안경을 끼고 세상을 바라보지만 내 렌즈는 깨끗한 반면 다른 사람들의 렌즈는 뿌옇게 흐려져 있다고 생각한다. 이런 식으로 서로 내가 아닌 남만 편향되어 있다고 생각하면서 의견 충돌과 불신이 커지고 결국 갈등은 더욱 악화된다.

물론 자신은 절대로 편향되는 일이 없다고 우기는 사람은 별로 없

자아의 눈으로 바라본 세상

다. 대다수의 사람들이 자신에게도 호불호가 있고 때로는 편향된 판단을 내린다는 사실을 인정한다. 하지만 보통 구체적인 상황이 아닌 추상적인 수준에서만 그럴 가능성을 인정한다. 내가 때때로 비이성적인 행동을 한다는 사실을 인정하는 것과 내가 바로 지금 비이성적인 행동을 하고 있음을 인정하는 것은 완전히 다른 문제이고, 후자를 해내는 사람은 별로 없다.

결국 자아의 필터가 씐 눈으로부터 완전히 자유로운 사람은 없다. 우리가 할 수 있는 최선은 '관대한 원인 찾기attributional charity'에 애쓰는 것이다. 다른 사람이 무조건 틀리고 내가 맞는다고 하기 전에 다른 사람들도 나만큼 정확하게 알고 있고 또 나도 다른 사람들처럼 왜곡된 시야를 가질 수 있음을 염두에 두자. 이렇게 생각하면 다른 사람들과 의견 차이가 생기더라도 내가 맞고 다른 사람은 틀려서가 아니라 서로 해석이 다르기 때문이라고 여기며 그 차이를 보다 쉽게 받아들일 수 있게 된다. 차이를 인정하고 받아들이기 시작하면 이전에는 갈등을 일으켰던 일도 더 이상 별일이 아니게 된다.

자아가 만들어낸 왜곡의 부작용

지금까지 살펴본 자기고양적 현실 왜곡들이 과연 삶의 질과 행복에 이로운지 해로운지를 놓고 많은 논의가 있었다. 자기고양이 자신감이나 인간관계에 있어 유용할 수 있다고 보는 학자들도 있고, 반대로 이따금씩 기분이 좋아지는 것 말고는 장기적으로 별로 도움이 되지 않는다고 보는 학자들도 있다.

심리학자 셸리 테일러Shelley Taylor와 조너선 브라운Jonathon Brown은 어떤 자기고양적 착각들은 정신건강과 삶의 질 일반에 도움이 된다고 보았다.[37] 특히 자신의 성격 특성을 긍정적으로 바라보고, 삶을 원하는 대로 통제할 수 있다고 믿고, 미래에 대해 낙관적인 전망을 갖는 것은 도움이 될 수 있다고 보았다. 한 가지 확실한 것은 이런 환상이 부정적 정서를 줄여준다는 것이다. 내 성격에 단점이 많고 삶에는 내가 통제할 수 있는 것보다 없는 게 훨씬 많으며 때로 실망과 어려움, 불행한 일들을 맞닥뜨리게 될 거라는 사실을 인정하면 우울해지거나 최소한 정신이 번뜩 들게 된다. 이와 달리 머릿속이 장밋빛이면 별 걱정 없이 기분 좋은 상태로 지낼 수 있다. 실제로 자기고양적 환상을 가장 적게 가지고 있는 사람들이 우울 증상을 가장 많이 경험하는 반면 이런 환상을 가장 많이 가지고 있는 사람들이 가장 행복하다는 발견들이 있었다.

나아가 테일러와 브라운은 자신에 대한 긍정적 환상은 사람들에게 동기를 부여하고 끈기를 높여 성공 가능성을 높인다고 보았다. 예컨대 긍정적인 자기지각을 가진 사람들은 그렇지 않은 사람들에 비해 열심히 하면 결국 해낼 수 있다는 확신을 가지고 있기 때문에[38] 과제가 어려워도 더 오래, 더 열심히 노력한다. 이들은 타인에게 더 관대하고 도움을 잘 주는 편이기도 하다. 이런 점에서 자기만족에 기여하는 편향들이 타인과의 관계에서 긍정적인 역할을 할 수도 있다.

자기고양적 편향은 친밀한 관계 유지에도 의외로 도움이 될 수 있다. 샌드라 머리Sandra Murray와 존 홈스John Holmes의 연구에 의하면 자신의 연인이 어떤 사람인지 또 연인이 관계에 얼마나 헌신하는지를 정확히 파악하고 있는 사람들보다 연인의 사람 됨됨이와 헌신적인 면모를 과대평가하는 사람들이 그 관계에 더 만족하는 현상이 관찰되었다.[39] 연인이 실제보다 더 대단하며 매우 헌신적인 사람이라고 생각할 때 관계를 더 만족스럽게 느낀다는 것이다.

이러한 예를 보면 자신이나 자신과 친한 사람을 향한 환상들이 저주라기보다는 축복이 아닌가 싶기도 하지만, 안타깝게도 이는 반쪽짜리 사실이다. 자기고양적 환상들이 우리를 기분 좋게 만들고 어려운 일도 해낼 수 있다는 자신감이나 사회성, 관계 만족도를 높이는 것은 사실이다. 그럼에도 여기에는 결국 자신과 타인에 대한 정확한 이해가 어려워진다는 큰 비용이 따른다. 따라서 단기적이라면 몰라도 장기적으로도 도움이 될지는 의문이다. 때로는 나 자신이나 내 삶에서 보고 싶지 않았던 불편한 사실을 직면하는 것이 삶 전반에 있어 더 큰 도움이 되기 때문이다. 물론 문제를 직면함으로써 기분이 나빠지고 앞으로 어떻게 하면 좋을지 모르겠다는 불확실성이 커져서 괴로울 수는 있지만, 나에 대해 정확하게 알아야 삶에서 더 나은 선택을 내릴 수 있는 법이다.

따라서 나는 환상을 품는 것보다는 현실을 정확하게 아는 것이 더 장기적으로 훨씬 큰 유익을 준다고 생각한다. 인간을 포함해서 어떤 동물이든지 자신이 가지고 있는 장단점과 삶에서 맞닥뜨릴 수 있는 어려움을 정확히 이해하고 있어야, 즉 나와 적을 제대로 알고 있어야 다가오는 기회나 위험에 모두 효과적으로 대응할 수 있다. 자기고양적 착각들이 가져다주는 단기적인 이점을 부정하지는 않더라도 이로 인해 다양한 문제가 발생한다는 점을 간과해서는 안 된다.[40]

일례로 자신의 성격이나 능력 등을 지나치게 과대평가하는 경우 자신에게 맞지 않는 잘못된 결정을 내리기 십상이다. 성공적인 삶을 사는 가장 중요한 비결 중 하나는 자신의 능력과 흥미, 성향을 잘 파악하고 여기에 잘 맞는 환경, 직업, 인간관계를 쏙쏙 잘 고르는 것이다. 자신이 어떤 사람인지를 잘 모른 채로 직업, 인간관계 등 삶 전반에 대한 중요한 결정을 내렸다가 한참 후에야 자신에게 맞지 않는 선택을 하고 말았다며 후회하는 사람들이 얼마나 많던가?

또 환상에 빠져 자신의 부족한 점이나 약점을 알아채지 못하면 개선과 발전 가능성 또한 낮아진다. 쉽게 욱하는 성질을 남 탓으로 돌리거나, 성적이 나쁜 것을 애꿎은 교사 탓으로 돌리는 경우, 또는 자신이 연애를 못 하는 것은 다 그 사람들 성격이 이상하고 사회성이 부족하기 때문이라고 상대방을 탓하는 등 책임을 전부 밖으로 돌리는 순간 더 나은 방향으로 변화할 가능성도 함께 날려버리게 된다. 더 나은 내가 되기 위한 시작은 자신의 문제점들을 직면하는 것이기 때문이다. 연인과의 관계가 완벽하며 우리는 천생연분이라고 확신하는 사람들 중에도 사실은 이상적이지 않은 관계에 안주하면서 자신을 속이는 경우가 있다.

자신에 대한 환상이 불안이나 좌절, 수치스러움 같은 부정적인 감정들을 덜어줄 수도 있지만 때로는 그 반대 현상이 나타나기도 한다.

자아의 눈으로 바라본 세상

인본주의 심리학의 창시자인 칼 로저스Carl Rogers는 일찍이 사람들이 기존의 자아상을 유지하겠다며 현실을 왜곡해서 지각하고 실제 현실과의 괴리를 늘려갈수록 또 다른 불안이 생겨난다고 보았다. 꿈과 현실 사이의 괴리가 클수록 뭐가 문제인지 정확히는 몰라도 막연히 불안하고 불만족스러운 감정을 느끼거나 또는 무언가가 어긋난 느낌을 받는다는 것이다.[41] 동그라미가 자신을 네모라고 믿으며 네모난 구멍에 들어가려고 애를 써도 여전히 그 자리에 잘 맞지 않는다는 사실은 변하지 않기 때문이다.

이런 이유로 대부분의 정신건강 이론들은 현실을 정확하게 아는 그릇에 건강한 정신이 깃든다고 본다. 눈앞의 불안과 불편함을 떨치기 위해 현실을 부정하거나 왜곡하는 것은 정신적으로 불안정하거나 건강하지 않다는 신호로 받아들여진다. 적응적인 사람은 자신의 약점과 강점 모두 애써 방어하지 않고 있는 그대로 받아들일 수 있는 사람인 것이다. 심리학자 에이브러햄 매슬로Abraham Maslow는 오랜 연구 결과 뛰어난 적응력을 보이며 잘 살아가는 사람들을 결국 "인간 본성의 연약함과 잘못을 저지르고 마는 습성, 약점과 악함을 망설임 없이 받아들일 줄 아는 사람"이라고 언급했다.[42]

어떤 학자들은 자기고양적 편향들이 문화권에 따라 다르기 때문에 모든 사람들에게서 보편적으로 나타나는 현상은 아니라고 본다. 예컨대 일본이나 한국 사람들의 경우 미국인처럼 자신을 과대 포장하거나 자기를 높이려는 모습을 잘 보이지 않는다는 것이다. 실제로 많은 동양인들이 겸손해지려고 노력하고 또 미국인만큼 주변 사람들로부터 엄청나게 긍정적인 칭찬이나 피드백을 기대하지는 않는다.[43] 하지만 문화적 규범에 따라 자신을 낮추는 것이나 높이는 것 모두 결과적으로는 자신을 높이는 전략이 될 수 있다. 서양 문화권에서는 자신감, 개인주의, 자율성, 우월성 같은 특성을 중시하고 따라서 서구 사람들은 그런 사람이 되려고 애쓴다. 반대로 겸손, 집단주의, 의존성 등이 바람직하게 여겨지는 문화권에서는 이런 특성들을 가지려 노력한다. 겸손하려 애쓰는 동양인들도 어쩌면 자신을 과장해대는 미국인들과 비슷하게 자신을 높이고 있는 중일 수 있고, 나아가 그런 자신의 모습을 뿌듯하게 여기고 있을 수 있다. 결국 양쪽 다 긍정적인 자기지각을 사수할 수 있게끔 행동하고 있는 셈이다.

자신을 높이는 편향이 존재하는 이유

자기고양적인 편향들이 이렇게 많은 문제를 일으킨다면 왜 사람들은 아직도 이런 짓을 하고 있는 걸까? 진화적으로 생물학적, 정신적 장치들은 대체로 몸의 주인에게 자기 자신과 주변 환경에 대한 정확한 정보를 제공하도록 만들어졌다. 좋은 기회나 위험의 존재를 바로 알아채는 것이 생존에 필수적임을 고려하면, 자기고양처럼 현실 지각을 방해하는 장치가 진화의 산물이라고 보기는 어렵다. 심리학자 리언 페스팅어Leon Festinger에 따르면 "자신의 능력치에 대한 정확한 이해의 부재는 다양한 상황에서 치명적일 수 있다."[44] 일반적으로 위험을 과대평가하는 것보다 과소평가하는 것이 훨씬 치명적이고 위험을 정확하게 판단하는 동물들이 훨씬 높은 생존율을 보였다. 반대로 자신의 능력과 영향력을 과대평가하는 동물은 중요한 순간에도 심각한 계산 오류를 범하기 쉽다. 이게 바로 우리 자아가 하고 있는 짓이다.

불안과 슬픔 같은 부정적인 정서들도 다 쓸모가 있다. 부정적 정서들은 삶에 뭔가 문제가 있다는 신호를 주는 역할을 한다. 우리들에게 문제의 존재를 알리고, 부정적 정서로 인한 불편한 느낌을 지우기 위해서라도 문제 해결에 나서게 만든다.[45] 예컨대 두려움은 다가오는 위험에 바짝 주의를 기울이게 하고 위험을 피하거나 맞서 싸우게 만든다. 낮은 자존감과 그로 인한 감정들도 또한 나 자신을 더 긍정적으로 바라볼 수 있도록 뭔가를 해야 한다고 결심하는 동기가 될 수 있다.[46] 물론 부정적 정서들이 자아에 의해 아무 이유 없이 만들어질 때는 문제가 되곤 하지만, 대체로 생존에 있어 부정적 정서는 필수불가결한 역할을 한다. 따라서 기분이 나빠지는 것을 막는, 즉 부정적 정서의 긍정적 영향을 가로막는 자기고양적 편견이 진화의 산물이라고 보기는 어렵다. 그렇다면 자신을 높이는 경향은 도대체 왜 존재하는 걸까? 이 질문에 확실한 답은 아직 존재하지 않지만, 한 가지 가능성을 살펴보자.

다른 동물들과 마찬가지로 인간에게도 자신의 안팎에서 일어나는 일을 예의주시하는 장치들이 있다. 우선 많은 장치들이 혈당수치나 심장박동 등 생물학적 반응이 잘 돌아가고 있는지, 또 내 몸 주변과 바깥 환경에 큰 변화는 없는지 감시한다. 이들의 목적은 몸의 주인이 잘 생존하고 적절히 기능하며 번식하기에 알맞은 환경을 유지하는 것이다.

환경의 항상성을 유지하고 생존 가능성을 높이기 위해 위협을 감지하면 신체적 반응(근육에 더 많은 산소가 필요한 경우 심박 수가 올라간다)이나 행동적 반응(배고프면 음식을 찾아 나서고 공포를 느끼면 도망간다)을 일으킨다.[47]

이런 상태 이상 감시 장치들은 애초에 위험의 존재를 민감하게 알아차리도록 만들어진 탓에 위험한데 안 위험하다고 진단하는 경우보다 하나도 안 위험한데 위험하다고 잘못된 경보를 울리는 경우가 더 많다.[48] 위험을 면전에 두고 아무 느낌 없던 경험보다 지레 겁을 먹었지만 나중에 알고 보니 아무것도 아니었던 경험이 훨씬 많은 이유다. 엄청나게 수상한 소리에도 가만히 있는 사슴보다 작은 소리에도 깜짝 놀라 뛰어오르는 사슴이 더 많은 이유이기도 하다. 위험 신호를 무시해온 동물보다 위험에 과민했던 동물이 더 높은 확률로 살아남고 많은 자손을 남길 수 있었으므로, 진화 과정 내내 '화를 당하고 후회하느니 신중한 편이 낫다'는 기조가 지지를 받았다.

그런데 자아가 이러한 적응적인 장치들에 무슨 짓을 하고 있는지 살펴보자. 인류의 조상들이 처음으로 자기 자신에 대해 의식적으로 생각하기 시작했을 때, 인간은 더 이상 환경적 요소나 본능이 이끄는 대로만 행동하지 않게 되었다. 이 능력은 여러 면에서 유용했다. 처음으로 미래를 계획하며 좋은 기회나 위험 요소들을 신중하게 고려한 후 행동할 수 있게 된 것이다. 자기 자신에게 말을 걸기 시작하면서부터는 자동 반응 모드를 넘어 자신의 의지로 어떻게 반응할지를 선택할 수 있게 되었다.

자아의 눈으로 바라본 세상

그러나 자아의 이런 기능에는 부작용이 하나 있었다. 바로 어떤 일에 대한 생각을 의도적으로 바꿔서 그 일에 대한 느낌과 반응까지 바꿔버리는 능력이었다. 사람들은 행동을 바꾸기보다 생각을 바꿔서 부정적인 정서를 치워버리는 데 이러한 능력을 사용하기 시작했다. 토끼의 경우 늑대를 발견하면 몸을 안전하게 피해야만 공포를 덜어낼 수 있다. 하지만 인간은 위험한 상황에 직면했을 때 안전을 확보하는 것 말고도 어쩌면 별로 위험하지 않을지도 모른다고 합리화하고 머리를 굴림으로써 공포를 덜어낼 수 있게 된 것이다.

우리가 나 자신이나 세상을 자기고양적인 방식으로 바라보는 것은 결국 삶의 문제들에 대해 눈 가리고 아웅 하는 것과 같다. 단기적으로는 이런 환상들이 나 자신이나 내가 처한 위험한 상황에 대해 불안해하지 않도록 막아주겠지만, 장기적으로는 삶의 다양한 어려움에 효율적으로 대처하지 못하게 만들어버릴 수 있다.

자신을 의심해라

지금까지 사람들은 모두 삶을 자기고양 모드로 살아간다는 점에 대해 살펴보았다. 이런 사실을 알아버렸으니 이제부터는 자아에 대해 회의적인 태도를 취해야 한다. 다른 사람이나 나 자신에 대해 어떤 확신이 설 때면 이 또한 우리 좋을 대로 편향된 사고방식의 결과일 가능성을 따져봐야 한다. 물론 느낌상으로는 여전히 나는 전혀 치우치지 않았고 세상이 어떻게 돌아가는지 정확하게 아는 것만 같겠지만, 그 느낌과 상관없이 나는 여전히 나를 과대평가하고 있을 가능성이 크다는 사실을 기억하자. 일이 잘 풀리면 나의 공로를 과대평가하는 반면, 안 풀리면 내 책임을 과소평가하는 경향이 있다는 것도 알아버린 만큼 나와 남에게 잘잘못을 돌릴 때 더 객관적이고 공정해지려 애써야 한다.

내가 대학에서 심리학을 배우면서 얻은 가장 큰 교훈은 자신의 현실 인식을 신뢰하지 말라는 것이다. 우선 우리는 사건을 자기 마음대로 자유롭게 재구성하는 동물이기 때문이다. 절대적인 진실을 알고 있는 완벽히 객관적인 사람이란 없으며 대부분의 사람들은 자기 마음에 드는 방향으로 사건을 해석(오해)한다. 수많은 실험에서 그렇게나 많은 사람들이 편향된 판단을 내리는 것을 보면서 나는 내 판단력 또한 내가 생각했던 것보다 훨씬 오류가 많다는 사실을 깨달았다. 이런 오류를 피할 수도 없거니와, 내가 지금 내린 판단이 정확한지 아닌지도 알 수 없기 때문에 나의 현실 인식을 너무 진지하게 받아들이지 않기로 했다.

야키족 인디언 주술사 돈 후안의 가르침에 대한 책을 읽었을 때 얻은 깨달음 또한 스스로를 비판적으로 바라볼 수 있게 도왔다(이 책은 후에 날조되었다는 공격을 받았지만 감명 깊은 이야기들을 담고 있기도 하다). 돈 후안이 했다는 질문 하나가 특히 인상적이었다. "왜 세상이 당신이 생각하는 대로 굴러가야 하죠? 누가 당신에게 그런 권한을 주었나요?"[49] 그 질문은 마치 나를 향한 것처럼 느껴졌다. 세상이 내가 생각한 모습대로만 존재해야 할 어떤 이유도 없다는 사실과 내 안에 진실을 보는 눈 같은 것도 없다는 사실을 깨달았다. 내가 나 자신이나 이 세상에

자아의 눈으로 바라본 세상

대해 가지고 있었던 믿음은 대부분 내가 만들어냈으며, 불변의 진리 같은 것이 아니었다.

　지금까지의 경험들이 모두 내 자아가 나를 위주로 짜깁기한 결과물임을 한번 깨닫고 나면, 세상이 이전과는 전혀 다르게 보일 것이다. 보다 정확하게 말하자면 세상은 그대로인 것처럼 보이겠지만 내 판단력을 이전처럼 신용하지 않게 될 것이다. 나의 해석들이 얼마든지 틀릴 수 있음을 알면 그것에 이전처럼 매달릴 필요도 없어진다. 물론 일상생활을 유지하려면 나 자신이나 세상에 대한 믿음을 송두리째 버리지는 못하겠지만, 그 믿음을 확신하지 않고 조금이나마 비판적으로 바라보는 것은 매우 가치 있다.

04

스스로를
비참하게
만들지
않기

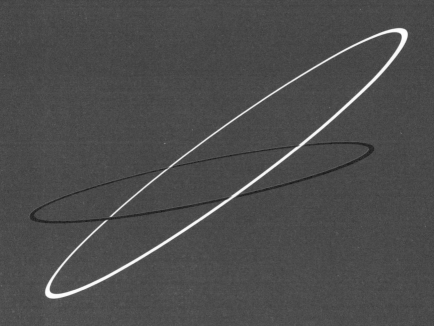

"내 삶에는 비극이 가득하다.
 다만 대부분 실제로는 일어나지 않은 것들이다."

_마크 트웨인Mark Twain

영화 〈오즈의 마법사〉(1939년)에서 주인공 도로시는 동료 세 명과 함께 오즈로 떠난다. 그곳에 가면 자신에게 없었던 무언가를 찾고 더 행복해질 수 있을 것이라 믿는다. 허수아비는 뇌가 없어서 불편하다고 하고 양철 나무꾼은 심장이 없다고 하소연한다. 겁쟁이 사자는 용기가 없다고 부끄러워한다. 이들은 도로시와 강아지 토토와 함께 '아무런 문제가 없는 아름다운 세상'을 찾아서 길을 떠난다.

도로시나 허수아비, 양철 나무꾼, 사자 모두 현재의 삶에 불만족스러운 상태다. 이들은 완전한 삶을 위해 꼭 필요한 요소가 자신의 삶에서 빠져 있다고 생각한다. 각자 자신은 나름의 이유로 부족한 상태라고

스스로를 비참하게 만들지 않기

하면서 자신들의 소원을 들어줄 수 있다는 마법사를 찾아 나선다. 다사다난한 여정 끝에 일행은 드디어 위대한 마법사 오즈를 만난다. 하지만 거기서 깨달은 것은 오즈가 별로 그렇게 대단한 마법사가 아니라는 사실과, 각자 자신에게 부족하다고 생각했던 요소들을 이미 가지고 있었다는 사실이다. 마법사는 허수아비에게 학위 증명서를 주고 양철 나무꾼에게는 심장 모양의 시계를, 사자에게는 무용훈장을 준다. 이들은 그 선물들 때문에 자신이 바라는 대로 변했다며 크게 기뻐하지만 실제로 변한 것은 아무것도 없다. 다만 그들이 자기 자신을 어떻게 바라보는지만 변했을 뿐이다. 이 사실을 깨달은 도로시는 영화 마지막에 이렇게 말한다. "언젠가 다시 내 마음이 원하는 것을 찾아 나서게 되더라도 우리 집 뒤뜰보다 멀리 가지는 않을 거야. 왜냐면 그건 멀리 있는 게 아니거든. 잃어버린 적도 없이, 항상 나와 함께 있었어!"

오즈의 마법사에 나오는 등장인물들처럼, 많은 사람들이 삶에서 불만족스럽고 고치고 싶은 부분들을 가지고 있다. 도로시와 그 친구들처럼 내가 생각하는 이상적인 삶과 내 삶이 부합하지 않는다며 불만족과 불안을 느끼고 다른 사람들을 시기하기도 한다. 영화에서처럼 부족한 내 삶을 올바르게 고쳐줄 특별한 사람이나 무엇을 위해 먼 길을 떠나기도 한다. 하지만 여전히 많은 사람들이 도로시가 얻은 깨달음을 얻지 못했다. 진짜 문제는 내 삶이 아니라 내 머릿속의 생각들이며, 내가 나 자신에 대해 가지고 있는 잘못된 믿음과 삶이 어떠해야 한다고 내린 협소한 정의가 바로 문제의 실체라는 사실 말이다.

물론 실제로 손봐야 하는 진짜 문제들도 존재한다. 부정적인 감정들은 때로 무언가 잘못되고 있음을 몸으로 알려주는 알람이다. 하지만 부정적인 감정을 느낄 때, 정말 나쁜 일이 생겼다고 단정하기 전에 우리 감정은 내가 스스로에게 하는 말에 영향을 받는다는 사실을 간과하지 말아야 한다. 내가 머릿속으로 쓸데없이 불행을 만들어내지는 않았는지 따져봐야 한다는 것이다. 도로시와 친구들이 그랬던 것처럼 우리가 겪는 자아의 저주는 종종 내가 진짜 사건이 아닌 스스로 만들어낸 생각에 호들갑을 떨고 있다는 사실을 모르기 때문에 생겨난다.

자아 없이도 감정을 느낀다

감정을 느끼기 위해서 꼭 자아가 필요하지는 않다. 동물들이 느끼는 바를 우리가 정확하게 알 수는 없지만 행동을 관찰해보면 동물들도 공포, 슬픔, 기쁨, 분노 등의 다양한 감정을 느끼는 듯 보인다.[1]

동물들은 주로 특정 자극이 있을 때 자동적이고 본능적인 수준의 감정을 느낀다. 예컨대 오리들은 매의 그림자를 보면 공포에 질리고 영장류는 서열이 높은 개체가 위협적인 자세를 취하면 겁을 먹는다. 인간도 특정 자극들에 대해서는 자동적으로 공포 반응을 보인다. 알 수 없는 무엇이 빠르게 다가오는 기척을 느낀다든지 계단에서 균형을 잃거나 엘리베이터가 덜컹 하는 등 넘어질 것 같은 느낌을 받으면 즉각적으로 공포를 느낀다. 이 외에도 뱀, 날카로운 송곳니, 어둠 같은 자극들은 인간을 포함한 많은 동물들에서 공포 반응을 일으킨다. 이런 자극들에도 무감각하거나 심지어는 즐거움을 느낀 동물들보다 공포를 느낀 동물이 더 많이 대대손손 살아남았을 것이므로 이러한 정서 반응은 진화의 산물로 추정된다.

여기에 더해 동물들은 조건형성을 통해 중성적인 자극에 특정 감정 반응을 보이도록 조건화될 수 있다. 고전적 조건형성에서는 특정 자극에 부정적인 감정을 일으키는 사건 또는 긍정적인 감정을 일으키는 보상을 함께 제시해, 원래는 별다른 감정 반응을 일으키지 않았던 자극에 부정적인 정서나 긍정적인 정서를 느끼게끔 만든다. 한 가지 예가 행동주의의 창시자 존 왓슨John Watson이 한 '어린 앨버트Little Albert' 실험이다.[2] 실험자들은 하얀 쥐 모형을 보여주고 생후 9개월 된 앨버트가 여기에 손을 댈 때마다 큰 소리를 냈다. 어린 앨버트는 원래 쥐를 무서워하지 않았지만, 이를 여러 번 겪은 후 쥐 모형만 봐도 겁을 먹기 시작했다. 이후에는 하얀 쥐 모형을 연상시키는 다른 물체들이나 솜, 토끼를 봐도 공포 반응을 보였다. 이를 '자극 일반화'라고 한다. 어린 앨버트뿐 아니라 우리도 어떤 사람이나 물건 또는 상황에 과거의 좋지 않았던 경험이 연합되면 그것들을 싫어하거나 두려워하게 된다.

이런 자동적인 반응이나 조건형성 같은 과정에는 자기인식이 필요 없다. 종소리를 들으면 저절로 침을 흘리는 파블로프의 개처럼, 조건형성을 거치면 아무런 노력 없이도 이런 반응이 튀어나오기 마련이다. 하지만 여기에 자기 자신과 관련된 생각들을 할 수 있는 능력이 더해지면서 인간의 감정 세계는 자아가 없는 동물들에 비해 훨씬 복잡해지고 말았다. 자아 덕분에 우리는 다가올 위험을 상상하거나 자아에 대한 위협을 감지하고, 소중한 사람들에 대한 생각에 빠지거나 다른 사람들이 나를 어떻게 생각할지 걱정하게 되었고, 이런 감정이 생겨나는 원인에 대해서도 생각할 수 있게 되었다. 복잡하게 생각할수록 함께 복잡해지는 감정들까지 짊어지게 되었다. 이번 장에서는 자기대화, 즉 내가 나에게 말을 거는 행동으로 인해 생겨나는 감정들을 살펴보자.

걱정을 만들어서 하는 동물

인간 외의 동물들도 과거에 있었던 일을 떠올리면서 감정을 느낄 가능성이 있다. 찰스 다윈이 이야기한 것처럼 "기억력도 좋고 상상력도 풍부한 나이 많은 사냥개가 예전에 먹이를 쫓던 즐거움을 떠올리는 일이 절대로 불가능한지는 알 수 없다."[3] 자아 없이도 옛날 일을 떠올리며 감정을 느끼는 일은 가능할지 모르지만, 미래에 어떤 일이 일어날지 생각해본다든가 별로 현실적이지 않은 상황을 가정하며 다양한 감정을 느끼는 일은 없을 것이다. 자아가 없는 동물들은 머릿속에 아날로그 자아를 가지고 있는 게 아니어서 가상의 상황에 자신을 놓고 간접체험을 하지는 못한다.

이와 달리 인간은 자아를 가진 덕에 이런저런 상황 속에 처한 자신의 모습을 잘 상상해내고 이런 상상만으로도 감정의 롤러코스터를 타곤 한다. 실제로는 아무런 일도 일어나지 않았지만 과거의 일을 기억 속에서 되살리거나 앞으로 어떤 일이 일어날지 생각하고, 또 일어난 적도

스스로를 비참하게 만들지 않기

없고 앞으로도 일어날 가능성도 적은 일을 상상하며 갖가지 감정 경험을 한다. 아날로그 자아를 통해 이미 지나간, 앞으로 예상되는, 내 상상에 불과한 일들을 간접 경험하면서 마치 실제로 그 일이 일어난 것마냥 다양한 감정을 느낀다. 내 머릿속 생각으로 인해 생겨나는 감정들은 여러 가지가 있지만 여기서는 가장 흔한 하나를 중점적으로 살펴보겠다.

걱정, 과거에도 미래에도 일어나지 않는 비극

만약 자아가 없어서 미래의 경험에 대해 구체적인 그림을 그릴 수 없었다면 인간은 걱정 따위를 할 일이 없었을 것이다. 인간 외의 동물들은 실제로 위험이 존재할 때나 과거의 안 좋았던 경험과 관련된 자극들을 마주할 때면 공포심을 느끼지만 내일이나 다음 주에 있을 일을 미리 걱정하지는 않는다. 미래에 대한 걱정의 근원은 자아가 만들어내는 자신과 관련된 생각들이다.

발생 가능한 위험을 예상하면서 미리 대비하는 전략이 유용할 때도 있다.[4] 낡은 타이어로 도로를 달리면 위험할 거라고 생각해야 길을 나서기 전에 타이어를 간다. 담배를 끊고 안전한 성생활을 위해 신경 쓰는 이유도 그러지 않았을 때의 위험을 예상하기 때문이다. 피할 수 있는 종류의 위험이 아니라고 해도 미리 예상해두면 위험이 닥쳤을 때 훨씬 잘 대처하게 되는 경우도 있다. 직장에서 발생한 문제 상황을 어떻게 처리할지, 아플 것 같은 치료를 앞두고 어떻게 해야 할지 미리 계획을 세울 수도 있다.

만약 사람들이 실제로 발생 가능한 일에 대해서만 걱정하고, 걱정함으로써 실제로 문제를 더 잘 해결하게 된다면 걱정은 축복이었을 것이다. 하지만 현실은 그렇지 않아서 우리가 하는 걱정들이란 대부분이 쓸데없다. 대다수가 발생 가능성이 낮고, 실제로 일어난다고 해도 미리 걱정하는 것이 도움되는 일은 드물다. '뭐야, 이렇게 걱정할 필요가 없었잖아!'라고 생각하게 되는 경우가 많지, '이런, 더 걱정했어야 했는데!' 싶은 경우는 별로 없는 이유다.

걱정이 위험을 예방할 만한 행동을 불러올 때는 전전긍긍한 보람이 있겠지만, 위험을 막거나 줄이기 위해 현재 할 수 있는 것이 없다면 아무런 득이 되지 않는다. 예컨대 비행기 안에서 내내 '추락하면 어떡하지' 하고 걱정한다고 해서 추락 가능성이 줄어들지는 않는다. 또 이제 막 운전면허를 딴 자녀가 혹시라도 사고를 낼까 조마조마해한다고 해서 안전 귀가할 가능성이 높아지는 것도 아니다. 악성 종양이 의심되어 검사 결과를 기다릴 때 역시 걱정한다고 해서 암이 아닐 가능성이 높아지지도 않는다. 물론 이런 걱정을 하는 것은 자연스럽고 대부분의 사람들이 그렇게 한다. 걱정하는 것이 비정상이라거나 약한 모습이라는 얘기가 아니라, 일반적으로 걱정은 별로 유용하지 않고 되레해를 끼치는 편이라는 얘기다. 그런데도 대부분의 사람들이 마치 걱정 기계라도 되는 것마냥 자기대화를 멈추지 못하고 계속해서 걱정을 찍어낸다.

걱정이 나쁜 일을 막아주진 않아도 마치 백신이라도 접종한 것처럼 실제로 나쁜 일이 닥쳤을 때 덜 당황하고 더 잘 대처하게 도와준다

스스로를 비참하게 만들지 않기

고 생각하는 사람들도 있다.[5] 미리 걱정하면 나중에 받을 충격에 대해 어느 정도 비용을 미리 지불할 수 있다고 보는 것이다. 하지만 안타깝게도 이렇게 미리 걱정한다고 나중의 충격이 줄어드는 현상은 잘 나타나지 않는다. 가족이 차 사고를 당할까 봐 걱정한다고 실제로 사고가 일어났을 때의 심리적 충격이 줄어들지 않는다는 것이다. 그렇다고 발생 가능한 일에 대해 현실적인 생각을 해보는 것이 나쁘다는 말은 아니다. 다만 미리 예상하고 걱정하는 행위가 정신을 무장시켜 충격을 감소시키지는 않는다는 의미다.

이번 장을 연 마크 트웨인의 말처럼, 내 삶을 일어난 적 없는 비극으로 가득 채우는 것은 바로 내 자아다. 그리고 내 자아가 만들어낸 상상 속의 비극들은 다른 어떤 비극보다도 우리에게 큰 악영향을 미친다. 걱정이 가득한 사람은 늘 불안하고 머리가 가득 차 정신이 없으며 주의가 산만하다. 일상생활에도 어려움을 겪거나 다른 사람들에게도 정신없고 짜증난 듯한 모습을 보이기도 하며, 수면장애를 겪기도 한다. 또한 걱정이 많을수록 우울증상을 많이 보이고 몸도 아픈 데가 많으며 혈압이 높은 편이다.

왜 그렇게 걱정이 많을까?

이렇게 걱정들이 보통 쓸데없거나 악영향만 주는데도 왜 우리 인간은 자꾸 걱정에 빠져드는 걸까? 물론 적당한 양의 근거 있는 걱정은 도움이 될 수 있겠지만, 왜 수많은 사람들이 아무런 이득이 없을 때도 걱정을 하며 불안에 떠는 걸까? 왜 우리 자아는 이렇게 불필요한 고통을 만들어내는 걸까?

사회심리학자 레너드 마틴Leonard Martin은 한 가지 흥미로운 가능성을 제시했다. 우리가 스스로 걱정을 만들어내기 시작한 것은 약 1만 년 전 농경이 시작되면서부터였다는 것이다. 첫 장에서 자기인식은 이보다 훨씬 전인 약 4~6만 년 전부터 등장했을 거라고 했다. 하지만 아직 수렵채집 생활을 할 때는 미래에 대해 크게 걱정할 필요가 없었다. 이때는 아직 재산을 축적하거나 대를 잇거나 삶의 질을 높이겠다며 장기적인 계획을 세우기보다 그냥 하루하루를 살아가는 식이었기 때문이다. 고민해야 할 먼 훗날의 일 자체가 별로 없었다. 오늘 할 일만 신경 쓰고 내일은 그때 가서 생각하면 되었다.

하지만 농경이 시작되면서부터 상황이 바뀌었다. 수렵채집 시절엔 행동하면 바로 결과가 나오는, 다시 말해 즉가적인 수확immediate-return 환경이었지만 농경 생활을 하게 되면서 결과가 좋든 나쁘든 몇 주나 몇 달이 지나서야 나오는 수확 지연delayed-return 환경이 되었다. 농사를 짓는 사람은 앞날에 대해 생각할 수밖에 없다. 언제 씨를 뿌릴지, 작물을 어떻게 돌보고 수확할 것인지 미리 계획해야 하기 때문이다. 한해 농사를 쫄딱 망칠 수도 있는 변수와 위험이 수없이 많기 때문에 날씨나 해충에 대해서도 걱정해야 할 뿐만 아니라 작물이 잘 자랄지, 도둑이 작물을 훔쳐가진 않을지, 쥐나 설치류가 작물을 갉아먹진 않을지 생각해야 한다. 모두를 먹일 만큼 충분한 양을 수확할 수 있을지도 예측하기 어렵다. 지금은 상황이 좋아 보이더라도 당장 내일 가뭄이나 태풍 등의

스스로를 비참하게 만들지 않기

자연재해가 닥쳐오면 한순간에 모든 것이 사라질 수 있다. 수렵채집인에서 농부가 된 순간 사람들은 당장 눈앞에 아무런 문제가 없는 상황에서도 미래에 대한 확신을 가질 수가 없게 되었고 여러 걱정을 떠안기 시작했다.

농업혁명이 시작되면서 생겨난 또 다른 변화는 정착생활을 시작했다는 것이다. 마을이 생기기 시작했고 집과 재산, 소유 개념이 생겨났다. 사람들은 이제 재산을 어떻게 지켜야 할지 걱정했고 소유물을 지키기 위해 주변을 경계했다. 농업혁명은 노동의 분업과 사회적 역할 분화도 함께 가져왔다. 사람들은 자신의 미래뿐 아니라 자신에게 영향을 미칠 수 있는 주변인들에 대해서도 걱정했다. 내가 심은 옥수수를 상대방이 키운 소와 바꾸기로 했다면 나는 내 옥수수도 신경 써야 하지만 상대방의 소들도 잘 지내는지 신경 써야 하는 것이다.

마틴의 말이 맞는다면 농업은 새롭게 심리적 스트레스를 받을 만한 거리를 우르르 불러온 셈이다. 행동의 결과를 바로 거둘 수 있고 오늘만 신경 쓰며 살던 수렵채집 생활에서 먼 미래의 불확실한 수확을 바라보며 장기 투자하는 쪽으로 삶의 방식을 완전히 바꿔버렸기 때문이다. 하지만 수백만 년의 세월을 하루하루 살아온 탓에 인간은 아직 미래를 걱정하는 데서 오는 불안을 짊어질 준비가 되어 있지 않았다.

현대 사회는 근본적으로 수확 지연 사회다. 사람들은 앞으로의 목표에 대해 계획하고 걱정하는 데 엄청난 시간을 쏟는다. 며칠 또는 몇 주를 내다봐야 하는 목표가 대부분이고 어떤 목표들(학위, 승진, 새 집 구하기, 은퇴)은 족히 수년은 내다봐야 한다. 수렵채집 생활을 하던 시절의 인간은 그날그날 생존에 중요한 목표를 성취했는지(배를 채웠는지, 위험을 피했는지) 바로 파악할 수 있었지만, 현재의 인간은 목표가 저 멀리 있기에 순조롭게 도달하고 있는지 아닌지 정확한 상태를 알 수 없다. 오늘 엄청나게 열심히 일했어도 이것으로 먼 미래의 성공에 조금이나마 가까워졌는지 확신할 수 없는 것이다. 그 결과 현대인들은 농업 혁명 이전의 인류보다 더 많이 조마조마해하며 불안을 안게 되었다.

한 가지 더 안타까운 소식은 위협을 감지하는 데 특화된 마음속 알람들에 원체 오경보가 많다는 것이다.[7] 대다수의 동물들은 살아남기 위해 위험 신호를 무시하기보다 위험하지 않은 것도 위험할지 모른다고 호들갑 떠는 쪽을 택했다. 인간 역시 실제보다 위험 신호를 더 많이 과장해서 읽어낸다.

자아가 없는 동물들에게 오경보는 큰 문제가 되지 않는다. 사슴이나 토끼, 고양이 같은 동물들은 낯선 소리를 듣고 깜짝 놀라지만 위험이 아닌 것으로 판명되었다면 다시 원래의 평온한 상태로 돌아온다. 하지만 인간은 나쁜 일이 생길지도 모른다며 상상력을 총동원해서 더 오랜 시간 벌벌 떨 수 있다. 최근에 본 한 광고에서도 이제 막 아기를 가진 부부들을 대상으로 지금부터 아이의 학자금과 부부의 노후 대비를 시작해야 한다는 이야기를 늘어놓았다. 지금 걱정하는 것들 대부분은 결국 오경보로 판명되겠지만 걱정을 하는 과정에서 치러야 하는 비용은 적지 않다. 끊임없이 찾아오는 불안과 강박 속에서 살게 되는 것이다.

가장 궁극적인 걱정

대부분의 사람들에게 죽음은 가장 두려운 무언가다. 사람들 앞에서 발표하는 상황을 죽음보다 더 두려워한다는 조사 결과가 있었지만 아마도 죽음을 지척에서 느꼈더라면 다른 결과가 나왔을 것이다. 내일 당장 죽을 것이라고 생각해보라. 내일 사람들 앞에서 발표를 해야 하는 상황보다 분명 더 무서울 것이다.

죽음을 상상하며 미리 불안을 느끼는 것 또한 자아의 또 다른 산물이요 인간만의 독특한 특성이다. 미래의 나를 상상할 줄 아는 능력의 연장선이기도 하다. 다른 동물들도 죽음이 닥쳐오는 순간에는 두려움을 느끼지만 위험이 존재하지 않는 상황에서도 죽음을 걱정하지는 않는다. 사후세계에 대한 고민은 더더욱 인간적이다. 사후세계에 대해 고민하는 동물은 없을 테지만 인간은 두려워하면서도 여기에 큰 흥미를 가진다.

많은 사람들이 죽음에 대해 생각하면서 감정을 소모하기도 한다. 흔들리는 비행기에서 주먹을 꽉 쥐고 있는 사람, 몸에 어떤 증상이 나타났을 때 심각한 병에 걸린 것은 아닌지 의심하는 사람, 안전하지 않은 주거 환경 때문에 불안감을 느끼는 사람 모두 죽음이라는 단어가 머리를 스쳐 지나가는 중이다. 때로는 생각만으로 공황상태에 빠지기도 한다. 셰익스피어의 책 《줄리어스 시저》에는 이런 대사가 나온다. "용감한 사람은 딱 한 번 죽지만 겁쟁이는 죽기 이전에도 여러 번 죽는다." 때로는 아날로그 자아를 통해 간접체험한 죽음이 실제 죽음 못지 않게 큰 트라우마를 가져다줄 수도 있다.

다른 걱정들과 마찬가지로 죽음에 대한 적당한 걱정은 도움이 된다. 죽음이 전혀 두렵지 않다면 나 자신이나 나에게 있어 소중한 사람들을 지키려 그렇게 애쓰지 않을 것이다. 죽음에 대해 걱정하기 때문에 안전벨트를 매고 상한 음식을 버리고 안전한 성생활을 영위하고 화재 감지기를 설치한다. 하지만 이번에도 역시 걱정이 아무 도움이 되지 않는 상황에서도 죽을까 봐 걱정한다는 게 문제다.

자아와 죽음에 대한 공포 사이에는 더 특이한 점이 하나 있다. 보통 미래를 걱정할 때의 관심사는 '내가 생각하는 나' 같은 심리적인 자아(이 책의 관심사)가 아니라 보고 만질 수 있는 물리적인 자신이다. 정신적 자아가 아닌 인생을 살아가는 한 인간으로서의 나에 대해 걱정하는 것이다. 예컨대 교통법규를 심하게 위반해서 당장 다음 주 법정에 출석해야 하는 상황에서는 정신적 자아보다 내 본체를 걱정하게 된다.

하지만 죽음에 대해 걱정할 때는 상황이 조금 다르다. 살아 움직이는 실체로서의 나뿐 아니라 나의 정신적 자아가 사라지는 것에 대해서도 걱정한다.[8] 첫 장에서 살펴본 것처럼 사람들은 자아를 머릿속에서 지식과 경험을 저장하고 다양한 생각을 하게 만드는 무엇, 의식의 주체(영화 〈인사이드 아웃〉에서처럼-옮긴이)라고 여긴다. 따라서 죽음에 대해 생각할 때면 내 몸만 사라지는 게 아니라(몸을 구성하던 원자들은 아마 영원히 남겠지만) 세상을 경험하는 통로이자 내 존재의 핵심이 되는 자아가 사라질 거라고 생각한다. 결국 죽음에 대한 공포는 나의 정신적 자아, 내 의식의 불꽃이 사그라지는 것에 대한 공포다.

지금을 온전히 받아들이기

지금까지 자아가 내 부정적 정서들의 원천이 되는 경우들에 대해 살펴보았다. 자아라는 타임머신을 타고 과거와 미래를 오가며 걱정하다 보면 금세 부정적인 감정에 사로잡히게 된다. 그래서 가급적 주의를 현재에 머물게 해야 한다는 조언들을 하기도 하는데, 사실 현재에 집중하고 있다고 해도 '나는 지금 이걸 하고 있지만 다른 곳에서 다른 걸 했으면 좋았을 텐데'라고 생각하며 얼마든지 불행해할 수 있다. 사람들이 얼마나 자주 자신이 지금과는 다른 곳에서 다른 일을 하고 있었으면 좋겠다고 느끼는지를 살펴본 연구는 아직 없지만 아마 많이들 그럴 것이다. 직장인들은 지금 여기가 직장이 아니길 바라고, 학생들은 지금이 수업시간이 아니길 빈다. 부모들은 다른 일 좀 하게 아이가 빨리 잠들길 바라고 주말 밤에 집에 홀로 있는 사람은 집 말고 갈 데가 있었으면 더 좋았을 거라고 생각한다. 이렇게 지금보다 더 나은 버전의 지금을 상상하면 금세 불행과 좌절감이 찾아온다.

더 나은 무언가가 있을 거라는 생각만으로도 행복했던 마음을 어둠에 빠트릴 수 있다. 지금 먹고 있는 스테이크가 정말 맛있지만 어쩌면 아까 메뉴에서 본 새우 요리가 더 맛있을지도 모른다고 생각하면 희미하게나마 불만족스러운 느낌이 든다. 또는 실은 내 직업이 꽤 마음에 들지만 더 나은 걸 찾을 수 있을지도 모른다든가, 산으로 휴가 와서 즐거운 시간을 보내고 있지만 바다로 가는 게 더 낫지 않았을까 같은 생각들도 마찬가지다. 자아가 더 나은 환경이라는 것을 상상하는 탓에 어쩌면 인생을 충분히 만족스럽게 살지 못하고 있는 건 아닌지 의심하게 되고 늘 어딘가 불만족스러운 느낌을 지우지 못한 채 살아간다.

이런 종류의 저주를 푸는 방법 하나는 지금 내가 처한 상황을 온전히 받아들이는 것이다. 그렇다고 불만족스러운 상황을 변화시키거나 떠나지 말라는 뜻이 아니다. 다만 그 상황이 적어도 지금 내가 바꿀 수 있거나 피할 수 있는 종류의 것이 아니라면, 이 상황이 얼마나 싫은지 끊임없이 생각하며 스스로 불행을 더 늘리지는 말자는 의미다. 물론 말이 쉽지, 실천하기는 어렵다. 자신에 대해 생각할 때면 종종 현재 자신의 상황과 그 대안들을 비교하게 되기 때문이다. 하지만 이렇게 나의 내적 대화가 불행으로 가는 고속열차라고 해도 거기에 올라탈지 결정하는 것은 나의 몫이다.

자아에 대한 위협

전해 내려오는 이야기에 의하면 당나라 시대 재상 중 스스로를 독실하고 겸손한 불자라고 생각했던 이가 있었다. 어느 날 재상은 스님에게 아집egotism이 무엇이냐고 물었다. 스님은 차가운 표정을 짓더니 이내 무시하는 듯한 말투로 "그게 무슨 멍청한 질문입니까?" 하고 물었다. 화가 난 재상은 "감히 내게 그런 말을 하다니!" 하고 외쳤다. 스님은 그제야 미소 지으며 "그것이 바로 아집입니다" 하고 답했다.

인간 외의 동물들은 크게 다음의 네 가지 상황에서 화를 낸다. 자기 자신이나 자신과 유전적으로 또는 사회적으로 관련 있는(특히 자손들) 동물들이 공격받을 때, 먹이를 차지하기 위해 경쟁할 때, 짝짓기 과정에서 경쟁해야 할 때, 영역 동물의 경우 다른 동물이 자기 영역에 침범할 때다. 동물들은 이런 위협적인 상황이 찾아오면 급격히 공격적인 모습을 보이지만 그 상황이 지나가면 이내 언제 그랬냐는 듯 평정을 되찾는다.

인간 또한 비슷한 상황에서 분노를 느낀다. 나 또는 내가 사랑하는 사람들이 공격받을 때, 누군가 내 것을 훔쳐갔을 때, 원하는 짝을 얻기 위해 경쟁해야 할 때, 영역을 침범당했을 때 분노하고 공격성을 보인다. 하지만 인간은 특이하게도 생존에 별로 해가 되지 않는 상황에서도 자주 화를 낸다. 화가 났던 수많은 경우들을 다 떠올려보자. 신체적으로 공격받거나 음식을 빼앗기는 등의 일로 화냈던 적이 몇 번이나 되는가?

사람들은 자신의 생각이나 의견, 특히 자신의 자아같이 좀 더 추상적인 것들이 위협받는다고 느낄 때에도 화를 낸다. 대부분의 사람들이 자기가 생각하는 자신의 이미지에 금이 가는 사건이 발생할 때, 예컨대 실패했을 때나 비판받았을 때, 자신이 멍청하고 비호감인 존재로 여겨진다고 느낄 때 좌절의 구렁텅이로 빠지거나 분노에 눈이 먼다.[9]

한 발짝 떨어져 객관적으로 생각해보면 참 이상하다. 우리는 내 정신세계에서만 존재하는 나의 이미지를 지키는 데 실제 물리적 위협으로부터 내 몸을 지키는 것과 같은 수준의 열정을 보인다. 내가 지키고 싶은 자아상이 유지된다면 만사 오케이다. 나의 에고를 한껏 띄워주는 일을 겪으면 자부심, 행복, 만족감 등을 느끼지만 내 에고를 위협하는 일들, 특히 다른 사람들이 내 자질을 의심하는 등의 일이 발생하면 불안이나 무기력감, 좌절, 부끄러움과 분노 같은 감정을 느낀다. 이 와중에도 '어떻게 나한테 이럴 수 있나' 같은 자기 생각에 흠뻑 빠져서, 지금 이 분노가 진짜 위협에 대항하기 위해 일어난 것이 아니라 '내가 나에 대해 가지고 있는 생각' 같은 걸 지키겠다고 난리라는 사실을 눈치 채지 못한다. 인간은 실패, 비판, 조롱같이 자아를 위협하는 일만으로 분노에 떨 수 있는 슬픈 동물이다.

사람들은 지금의 자신이 어떠하다는 인식에 더해 미래에 어떤 사람이 되고 싶다는 목표도 가지고 있다. 심리학자들은 이를 미래 자아future selves라고 부른다.[10] 예컨대 미래의 나는 매력적이고 성공적이면서 행복한 결혼 생활도 하고 있는 사업가였으면 좋겠고, 건강을 잃거나 직업이 없거나 독수공방을 하지는 않았으면 좋겠다고 생각할 수 있다. 이렇게 미래에 어떤 사람이 되고 싶거나 되고 싶지 않다는 생각들이 사람들의 선택과 행동에 큰 영향을 미친다.

이러한 미래의 자아 상상도와 지금의 자신을 비교하면서 진척도에 따라 다양한 감정이 생겨난다. 이상적인 내 모습에 가까워졌다면 긍정적 정서를 느끼고 진전이 없거나 오히려 되고 싶지 않은 내 모습에 가까워지고 있다면 부정적 정서를 느낀다. 우리의 감정 상태는 지금의 내 모습 뿐 아니라 이상적인 미래 속 내 모습과의 간극에 의해서도 영향을 받는 것이다.[11] 한 학생이 내게 이런 메일을 쓴 적이 있다. "저는 지금 대학원 진학을 준비하고 있는데요. 원했던 학교에 합격하게 되어 날아갈 듯한 상황을 상상하기도 하지만 아무데도 합격하지 못한 실패자가

스스로를 비참하게 만들지 않기

된 상황을 상상하기도 합니다. 이런 상상을 하면 걱정되고 우울감이 밀려와요. 아직 일어나지 않은 일이고 상상일 뿐이라는 건 알지만 그래도 여전히 저런 감정들을 느낍니다. 부정적인 생각을 하고 싶지 않지만 자꾸 생각하게 돼서 어찌할 바를 모르겠어요." 우리의 자아는 이렇게 아무 일이 없을 때에도 나의 미래에 안 좋은 일이 일어날지도 모른다는 상상들을 머릿속에 꾸역꾸역 집어넣어 불행을 만들고 만다.

또한 '혹시 결과가 이럴 수도 있지 않았을까'라며 상상 속의 결과와 실제 결과를 비교하기도 한다.[12] 상상 속 대타인 아날로그 자아를 가지고 일이 다르게 풀렸으면 결과가 어땠을지 상상해보면서 가상의 결과가 실제보다 더 좋은지 나쁜지에 따라 기뻐하기도 하고 마음이 상하기도 한다. 상상 속 결과에도 실제로 얻은 결과 못지않게 큰 반응을 보이는 것이다.

이런 점에서 올림픽에서 금메달이 아닌 은메달이나 동메달을 따도 엄청 행복할 것 같지만 심리학자 메드벡Victoria Medvec, 메이디Scott Madey와 길로비치Thomas Gilovich의 연구에 의하면 그렇지 않다. 더 좋은 결과를 얻을 수 있었을지도 모른다고 생각하기 때문이다. 실제로 올림픽에서 은메달과 동메달을 딴 선수들을 조사해보니 동메달을 딴 사람들이 은메달을 딴 사람들보다 더 행복하다는 결과가 나왔다.[13] 동메달을 딴 사람은 메달을 아예 따지 못했을 수도 있었다는 상황과 현재를 비교하지만 은메달을 딴 사람들은 조금만 더 운이 좋았더라면 금메달을 딸 수 있었을 것이라고 생각하기 때문이다. 그러다 보니 어떤 경우에는 2등을 했을 때('1등을 못 했어…')가 3등을 했을 때('메달을 땄어!')보다 더 자아

나는 왜 내가 힘들까

에 위협이 되고, 2등을 하고도 더 우울해하는 기이한 일이 생긴다.

정체감의 연장선

자아에 대해 많은 글을 남긴 심리학자 윌리엄 제임스William James 는 한 사람의 정체감이 그 자신에 대한 요소뿐 아니라 그 사람의 집, 연인, 자녀, 친구, 소중한 물건들, 성취까지 다 포함한다고 보았다.[14] 자아가 없는 동물들은 어떤 일이 자신과 무리에 직접적인 영향을 미칠 때에 한해 감정적인 반응을 보인다. 예컨대 출타 중 내 둥지나 굴이 안전한지 걱정하거나 다른 동물 친구들을 떠올리며 행복을 느끼거나 자식들이 독립할 때 안위를 걱정하는 동물은 상상하기 어렵다. 인간만이 자신과 심리적으로 연결되어 있는 것들을 떠올리며 다양한 감정을 느낀다. 다른 사람이나 물건을 나의 정체성의 일부로 여기기 때문이다.

상상인 걸 알아도 질투는 난다

질투는 내가 마음을 많이 쏟고 있는 사람을 향해 생기는 강력한 감정이다. 관계가 휘청거린다는 확실한 증거가 있을 때는 충분히 납득할 수 있는 감정이지만 아무런 증거 없이, 예컨대 사랑하는 이가 다른 사람에게 관심을 보이는 상상을 하면서 질투에 빠져드는 사람도 많다.[15] 자기대화가 어떻게 질투를 유발하는지에 대한 어느 여성의 이야

스스로를 비참하게 만들지 않기

기를 들어보자.

"제이(남자친구)가 어떤 여성과 함께 운동을 했다거나 즐거운 시간을 보냈다는 얘기를 하면 제 머릿속에는 제이 옆에 완벽한 몸매에 성격도 좋은 아름다운 여성이 함께 있는 모습이 그려져요. 제이는 나보다 그 여성과 함께 있는 게 훨씬 즐거울 거고 나보다 그 여성에게 훨씬 더 끌리고 있을 거라고 자꾸 생각하게 돼요. 나는 제이에게 어울리지 않고 제이에게는 나보다 더 예쁜 여자친구가 더 잘 어울린다고 얘기하기도 하고요. 이런 불안정한 느낌이 현실로 벌어지지 않는다는 건 알지만, 내 마음이 자꾸 떠드는 바람에 제이가 오늘 어떤 하루를 보냈는지 질투심 없이 마냥 즐거운 마음으로 들을 수가 없어요."

질투심은 확실한 증거 없이도 자아에 의해 쭉 유지될 수 있기 때문에 오랜 시간 마음에 남기도 한다. 자아가 모처럼 창의성을 발휘해서 사랑하는 이가 어디에서 무엇을 하는지 선명하게 그려내기 때문에 질투가 쌓이다 보면 어느새 의심이 현실같이 느껴지기도 한다. 다른 동물들도 질투를 하는 듯한 반응을 보이곤 하지만 눈앞에 라이벌이 존재할 때에 한해서다. 연인이 바람피우는 장면을 혼자 상상하면서 길길이 날뛰는 동물이 있다는 얘기는 아직 들어보지 못했다.

타인의 부끄러움은 나의 몫

나와 관련된 사람들이 잘되었을 때에도 그로 인해 기분이 좋아지거나 나빠지곤 한다. 나와 깊은 연을 맺은 사람이 잘되면 기뻐하지만 이들이 실패하거나 망신을 당하면 안됐다고 느낀다. 우리는 내가 사랑하는 사람들은 탄탄대로를 걷고 행복하길 바라며 내 친구나 자식, 가족이 잘 되면 공감성 기쁨을 느끼고 이들이 어려움에 처하면 슬픔을 느낀다. 관계가 연결되면 감정도 연결되는 셈이다.

하지만 실상은 이보다 더 복잡하다. 딱히 나와 관계가 없고 내가 책임감을 느낄 필요가 없는 대상의 성공과 실패에 대해서도 복잡한 심경을 느낄 때가 있다. 내가 응원하는 스포츠 팀이 이기거나 질 때 크게 기뻐하거나 좌절하는 것이 한 예다.[16] 고등학교나 대학 동창이나 같은 고향 출신 사람이 유명해지거나 큰 성취로 이름을 날리면 개인적 친분이 없더라도 기쁨을 느끼기도 한다. 반대로 나와 관련된 누군가가 살인범이거나 아동성폭행범, 테러리스트라는 등 불명예스러운 행적을 보이면 찝찝함을 느낀다. 텍사스주 댈러스에 사는 많은 사람들이 케네디 암살에 아무런 책임이 없음에도(암살자 리 하비 오즈월드Lee Harvey Oswald는 뉴올리언스 출신이다), 암살이 거기에서 일어났다는 이유만으로 모종의 부끄러움을 느끼는 것도 이런 이유에서다.[17]

이렇게 사람이나 조직, 팀, 도시 등 무언가를 자신의 정체성 안에 포함시켜 자아의 연장선으로 만들고 나면 이들과 관련해서 생기는 일에 대해서도 감정을 느끼게 된다. 자기가 응원하는 팀을 자기 정체성에 융합한 팬들은 팀의 흥망성쇠가 곧 자신의 흥망성쇠가 된다. 특정 도시에 사는 것이 내 자아를 구성하는 중요한 부분이라면 이 도시에서 일어나는 일에 따라 긍정적이거나 부정적인 감정들을 느끼게 된다. 자아가 없다면 다른 사람의 성공이나 실패를 내 것처럼 느끼는 일은 일어나

스스로를 비참하게 만들지 않기

지 않을 것이다.

뒤에서 더 자세히 살펴보겠지만, 우리 마음을 복잡하게 하는 사실 하나가 있다. 나와 관련된 사람이 잘되는 게 항상 기쁘지만은 않다는 것이다. 심리학자 에이브러햄 테서Abraham Tesser에 의하면 사람들은 자신과 가까운 사람이 좋은 결과를 냈을 때 그 분야가 자신이 잘 해서 돋보이고 싶은 영역이 아니라면 기쁨을 느끼지만 그렇지 않다면 얘기가 달라진다. 이 경우에는 가까운 사람의 성공에 위협을 느끼고 여기에 자아가 쪼그라들지 않게 애쓴다.[18] 이럴 때면 사실 나한테는 그 일을 잘 해내는 게 별로 중요하지 않다고 말을 바꾸거나[19] 아예 그 사람과 거리를 두기도 한다. 잘난 사람이 친한 사람일 때보다 별로 친하지 않은 사람일 때 자존감에 위협을 덜 받기 때문이다.[20] 이렇게 상대가 내 자아를 빛나게 만드는지 어둡게 만드는지에 따라 그 사람에 대한 감정 반응이 달라진다.

다른 사람 눈에 내가 어떻게 비춰질까

공포, 기쁨, 역겨움, 놀람 등은 태어난 지 몇 주, 몇 달밖에 안 된 아기들에게서도 나타나지만 사람들 앞에 서는 불안, 당황스러움, 부끄러움, 부러움, 자부심, 죄책감 등은 조금 시간이 지나야 나타난다. 자기의식적 감정self-conscious emotion이라고 불리는 이런 감정은 다른 사람들이 어떤 생각을 갖고 있는지, 특히 나를 어떻게 생각하는지에 대해 살피는

나는 왜 내가 힘들까

능력이 갖춰져야 생겨난다.

앞서 살펴본 것처럼 다른 사람들의 입장에 나를 대입해서 생각해보는 능력은 자아의 산물이다. 두 살쯤 되어 나라는 존재에 대해 인식하기 시작하면 자연스럽게 다른 사람들은 나를 어떻게 보는지에 대해서도 생각하게 된다.[21] 처음에는 내 부모님이나 보호자의 생각에 큰 관심을 갖지만 점점 선생님, 친구가, 그 밖의 다른 사람들이 나를 어떻게 생각하는지가 더 중요해진다. 이때부터 타인이 나를 어떻게 판단하는지에 따라 긍정적이거나 부정적인 정서를 느끼게 된다. 타인의 시선과 그에 대한 걱정이 내 삶의 행복과 불행에 큰 영향을 미치게 되는 것이다.

타인의 눈에 내가 어떻게 비춰질지를 걱정하면서 생겨나는 가장 흔한 정서적 반응 중 하나는 '사회 불안social anxiety'이다. 사회 불안은 사람들과 만날 때 긴장되거나 어색함을 느끼는 형태로 나타난다.[22] 면접을 보는 상황, 첫 번째 데이트를 하는 상황, 많은 사람들 앞에서 말해야 하는 상황, 낯선 사람과 간단히 대화를 주고받는 상황 등 다양한 사회적 상황에서 불안감을 느낄 수 있다. 흔히 다른 사람에게 내가 원하는 방향으로 인상을 남길 수 없을 것 같을 때 이런 불안감을 느끼곤 한다.[23] 좋아하는 사람과 데이트를 시작한 어떤 사람이나, 무대 위에 선 배우, 면접관 앞에 앉은 구직자가 긴장하는 이유는 사람들에게 잘 보이는 데 실패할까 걱정하기 때문이다. 자아가 없는 동물은 이런 사회 불안을 느끼지 않는다. 자신이 다른 사람들에게 어떻게 보일지 상상하는 능력이 없고 애초에 자신이 어떤 인상을 가지고 있는지 걱정하지

스스로를 비참하게 만들지 않기

않기 때문이다.

비슷하게 부끄러움embarrassment을 느끼는 것 또한 자아가 있어야 가능하다. 사람들이 이미 자신에 대해 그다지 바람직하지 않은 인상을 받았을 거라는 생각이 들 때 생기는 감정이기 때문이다.[24] 즉 부끄러움을 느끼는 데에도 다른 사람의 입장이 되어 그들이 자신에 대해 어떤 인상을 가지고 있는지 상상하는 능력이 필수적이다. 따라서 부끄러움 또한 사회 불안처럼 자기인식이 나타나는 시기가 되어야 나타난다.

다른 부정적 정서들처럼 부끄러움도 유용한 기능을 가지고 있다. 바로 우리에게 '나의 사회적 이미지가 훼손되었으니 어떻게 좀 이미지를 개선해봐'라고 경고하는 것이다.[25] 하지만 다른 사람의 눈에 내가 어떻게 비칠지 상상하는 능력은 필요 이상으로 심한 부끄러움을 느끼게 하고 자신의 사회적 이미지를 더욱 걱정하게 만드는 부작용도 있다. 당혹감 또한 쉽게 오경보를 울려대기 때문에 이미 부끄러운 일이 지나갔는데도 계속해서 당혹감을 느끼는 경우도 있다. 어떤 사람이 내게 이야기했던 것처럼 이런 일이 발생한다. "일이 다 지나고 나면 이제 내가 나를 고문하기 시작합니다. 내가 얼마나 바보 같았는지 생각하면서요. 좀 더 쿨하고 똑똑하게 행동했어야 했는데, 이렇게 얘기했어야 했는데 하고 말이죠. 다른 사람들은 이미 다 잊었을 텐데도 다들 나처럼 나를 바보라고 생각하고 있을 거라고 되뇌며 나를 괴롭힙니다." 내 자아가 부끄러웠던 기억들을 내 안에 되살리면서 당시 느꼈던 불쾌한 기분을 고스란히 다시 경험하게 만든다.

내 주위와 세상을 인식할 때 자아상의 영향을 받는 것처럼, 다른 사람들이 나를 어떻게 바라볼지에 대한 인식 또한 내가 나를 어떻게 바라보느냐에 영향 받는다. 자신을 호의적으로 바라보지 않는 사람들은 다른 사람도 자신을 호감 가는 사람이라고 여기지 않을 것이라고 생각한다. 긍정적인 자기 이미지를 가지고 있는 경우 특별한 일이 없다면 사람들은 당연히 나를 좋아하고 받아들여 줄 것이라고 여긴다. 이렇게 타인이 자신의 존재를 달가워하지 않을 거라고 단정 지어 버리는 습성 때문에 자존감이 낮은 사람들은 그렇지 않은 사람들에 비해 사회 불안이나 부끄러움 같은 감정을 더 자주 느끼는 편이다.[26] 실제 만남에서 발생한 일뿐만이 아니라 내가 나를 바라보는 방식 때문에 이런 감정을 겪는 것이다.

귀인 찾기가 감정에 미치는 영향

지금까지 수많은 나의 감정들이 실제로 어떤 일이 발생해서가 아니라 내가 머릿속에 만들어낸 생각들 때문에 생겨난다는 사실에 대해 살펴보았다. 하루에도 몇 번씩 나한테 이런저런 일들이 생길 거라고 상상하고 평범한 사건들을 자아에 대한 위협으로 해석하고, 또 다른 사람들과의 관계에 대해 생각해보고, 사람들이 나를 어떻게 바라볼지 걱정하면서 내 자아가 나를 들었다 놨다 한다. 이런 자아의 활동으로 어떤 감정이 떠오르면 자아는 이번엔 다른 방식으로 자신의 감정 경험에 기여한다.

예를 들어 우리는 종종 내가 지금 왜 화가 났는지, 새로운 일자리에 지원하는 게 왜 두려운지 등 내가 왜 특정 감정을 느끼는지를 분석한다. 또 한편으로는 이런 감정을 일으키는 상황이 애초에 왜 발생했는지에 대해서도 따져본다('왜 이렇게 시험을 못 봤을까?', '왜 연인이 나를 떠나갔을까?'). 1970년대 가장 중요한 심리학적 발견에 의하면 특정 감정을 불러일으키는 사건의 원인에 대한 나의 이런 해석이 다시 이 사건에 대한 나의 감정 반응에 영향을 미친다고 한다.[27] 감정은 실재하는 외부 환경이나 자극들에 직접적인 영향을 받아 생겨난다는 믿음과 다르게, 우리의 해석과 원인 찾기 놀이가 우리가 느낄 감정에 큰 영향을 미친다는 것이다. 똑같은 상황도 어떻게 해석하느냐에 따라 전혀 다른 감정을 느끼게 되는 이유다. 면접에서 떨어진 이유를 내가 무능하기 때문이라고 생각한다면 좌절감을 느끼겠지만 반대로 내가 너무 유능하고 카리스마가 넘치는 위협적인 존재이기 때문이라고 생각한다면 오히려 우쭐한 기분을 느낄 수도 있다. 이렇듯 우리에게 일어난 일들을 자아가 어떻게 해석하느냐에 따라 감정 세계의 색깔은 완전히 달라진다.

우울증 유발

나의 귀인 방식이 감정 상태에 영향을 미친다는 사실은 우울증 관련 연구에서 잘 나타난다. 우울증에는 생물학적 요소를 포함해 다양한 원인이 존재하지만 자아 또한 그 원인에 한몫한다. 내가 나와 내 삶을 바라보는 방식이 내가 우울증을 겪게 될 것인지, 또 우울증에서 얼마나 잘 빠져나올 것인지에 영향을 준다.

학자들은 사람들을 우울증에 걸리기 쉽게 만드는 '우울증 유발 사고방식'을 밝혀냈다.[28] 나에게 일어나는 나쁜 일들은 보통 다 내 잘못이며, 나 자신이 삶의 문제들을 초래하는 방식으로 행동한다고 믿는 사고방식이다. 우울증 유발 사고의 흔한 예가 뭔가 일이 잘 안 풀렸을 때 "난 항상 모든 걸 다 망쳐" 같은 반응을 보이며, 나쁜 일들을 내 책임으로 돌리고 미래를 비관적으로 바라보는 것이다.

이런 사고방식을 보이는 사람들은 그렇지 않은 사람들에 비해 나쁜 일이 발생할 때마다 더 쉽게 우울해지고 우울 증상에서 벗어나는 데에도 더 오래 걸리는 편이다. 또한 우울이 재발하기도 쉽다. 예컨대 나쁜 일은 다 자기 탓이라고 생각하는 경향이 있는 학생들은 그렇지 않은 학생들에 비해 시험을 망쳤을 때에도 더 심한 우울 증상을 보인다.[29] 아이들, 수감자들, 막 출산을 한 여성들을 대상으로 한 연구에서도 평소 부정적인 사건들에 대해 어떤 설명을 붙이는 경향이 있는지가 이후에 일어나는 일들에 얼마나 잘 대처하는지와 관련을 보이는 것으로 나타났다.[30]

평소 만성적인 우울증 유발 사고방식을 가지고 있지 않더라도 어떤 특정한 사건의 원인을 나에게로 돌리는 행위 또한 그 상황에서 우울증을 불러올 수 있다. 실패나 트라우마, 원치 않던 일들을 겪은 후 자신의 행동에 초점을 맞춘 '행동적 자기비난behavioral self-blame'에 돌입하는 사람들이 있다. 자신이 어떤 실수를 저질렀거나 신중하지 않게 행동한 탓이라고 생각하는 것이다. 또는 성격 특성같이 잘 바뀌지 않는 자신의

스스로를 비참하게 만들지 않기

내적 특성을 비난하는 '특성적 자기비난^{characterological self-blame}'에 빠지는 경우도 있다. 반면에 다른 사람이나 사회 전반같이 외부로 비난을 돌리는 사람들도 있다. 예컨대 데이트에서 성폭력을 겪은 여성의 경우 이런 사람과 사귀기로 한 자신의 결정이 어리석었다든가(내 행동에 대한 비난), 자신은 항상 잘못된 선택을 하는 어리석은 인간이라거나(내 특성에 대한 비난), 남성과 사회 일반에 근본적인 문제가 있다고(외적 귀인) 생각할 수 있다.

한 연구에 의하면 내적 특성에 대한 자기비난을 주로 하는 사람들이 행동에 대한 자기비난을 하는 사람들보다 더 우울에 빠지기 쉽다.[31] 어쩌다 한 번 실수한 것뿐이라고 생각할 때보다 안정적이고 변치 않는 나의 특성, 즉 나 자체가 문제라고 생각할 때 더 문제가 심각하게 느껴지는 법이다. 또 다른 연구에서는 행동에 대해서든 특성에 대해서든 자기 자신에 대해 비난하는 것은 우울증을 불러올 수 있지만 사회를 비난하는 것은 그렇지 않다고 나타났다.[32] 삶의 문제들이 발생했을 때 내 역할을 어떻게 해석하느냐에 따라 같은 문제가 더 극복할 만해지기도, 심각해지기도 하는 것이다.

죄책감과 수치심 유발

귀인 방식은 비도덕적인 행동을 저질렀을 때의 반응에도 영향을 준다. 만약 내가 차를 몰고 가다가 사고로 강아지를 쳤는데, 강아지가 너무 빨리 뛰어들어서 차를 멈출 수가 없었다고 생각한다면 미안함을 느끼긴 하겠지만 심한 자기비난에 빠지지는 않을 것이다. 반대로 내가 부주의했거나 너무 빠른 속도로 달리고 있었거나 아니면 그냥 무능한 운전자라서 사고를 냈다고 생각하면 큰 죄책감을 느낄 것이다. 내가 저지른 일에 대해 스스로에게 이야기하는 방식에 따라 이후의 감정 반응이 크게 달라진다.

죄책감과 수치심이라는 감정은 오랫동안 심리학자들 사이에서 논쟁의 대상이었다. 죄책감과 수치심이 서로 어떻게 다른지를 놓고 많은 논쟁이 오갔고 어떤 학자들은 이름만 다를 뿐 같은 감정이라고 주장하기도 했다. 하지만 심리학자 준 탱니June Tangney의 연구에 의하면 사람들이 어떤 잘못을 저지르고 난 뒤 자신의 행동이 잘못이라고 생각하는지 혹은 나라는 사람 전체가 잘못이라고 생각하는지에 따라 죄책감 또는 수치심을 느낀다고 한다.[33] 죄책감을 느끼는 사람은 자신의 특정 행동을 잘못된 것으로 판단하고 자신이 끼친 해에 대해 미안한 마음을 가지며 후회를 한다. 이와 달리 수치심을 느끼는 사람은 잘못된 행동을 한 나라는 사람 전반을 부정적으로 인식한다. 또한 잘못에 대한 뉘우침보다는 부끄러움을 더 크게 느낀다. 즉 잘못에 대한 행동적 자기비난은 죄책감을 가져오지만 특성적 자기비난은 수치심을 가져온다. 같은 잘못도 잘못된 행동에 초점을 두는지('그건 잘못된 행동이었어') 아니면 나라는 사람에 초점을 두는지('나는 나쁜 사람이야')에 따라 서로 다른 반응을 불러오는 것이다.

어쩌면 이런 차이가 사소하게 보일 수도 있지만, 죄책감과 수치심이 이후 우리의 감정과 행동에 미치는 영향이 아주 다르기 때문에 결코 사소하다고 볼 수 없다. 탱니의 연구에 의하면 죄책감을 느낄 때 사람들은 후회하며 잘못을 뉘우치고 사과나 보상을 통해 잘못을 바로잡으려 노력한다.[34] 이때는 자신이 해를 입힌 사람들에게로 관심이 향하고 좋은 해결 방법이 없을지 고민한다. 하지만 수치심을 느낄 때는 좌절감과 자신이 가치 없는 인간이라는 감정에 초점이 맞춰진다. 자신이 초래한 문제보다는 힘든 감정들과 내가 처한 곤경에 더 마음을 많이 쏟게 된다. 주의가 지나치게 자신을 향해 흐르기 때문에 자신이 상처 준 사람의 아픔에 공감할 겨를이 없고, 문제 해결보다는 이대로 사라지거나 이 더러운 기분에서 빨리 벗어나는 것이 주된 목적이 된다. 내 잘못을 해결하는 방식 역시 내가 나에게 어떤 이야기를 늘어놓느냐에 따라 결정된다.

원인을 돌리면서 감정이 증폭된다

사람들은 왜 이런 일이 생겼는지뿐 아니라 이 일에 대해 내가 왜 이런 감정을 느끼는지에 대해서도 설명을 지어낸다. 똑같은 충격적인 사건에 대해 똑같은 정서적 반응을 보이는 사람이 두 명 있다고 해보자. 한 사람은 사건이 충격적이었던 만큼 자신의 반응이 자연스럽다고 생각한다. 반대로 다른 한 명은 자신이 스트레스에 대처하는 능력이 부족한 탓에 이런 감정을 느낀다고 생각한다. 내 감정을 두 번째 사람처럼 해석하면 좌절감과('난 도대체 뭐가 문제기에 이렇게 대처 능력이 부족한 걸까?'), 수치심을('나는 제대로 대처할 능력이 없는 패배자야') 증폭시킬 수 있다. 순전히 내 자아가 내 감정 상태를 어떻게 귀인하느냐에 따라 이런 부차적인 괴로움이 따라붙는다.

불안을 자주 느끼는 사람들이 내가 예민하고 정서적으로 불안정한 사람이라서 자꾸 불안해지는 거라고 자기특성적 귀인을 하는 경우도 마찬가지다. 나한테는 불안을 과하게 지각하는 문제가 있다며 계속해서 걱정하면 그 결과 더 많은 불안을 느끼게 된다. 이와 같은 방식으로 내가 우울하다는 사실에 대해 더 우울해지고 화가 났다는 사실에 대해 더 화가 날 수 있으며, 반대로 나는 행복한 사람이라는 생각에 더 행복해질 수 있다. 이들은 특정 사건에 의해 촉발된 자동적인 반응이 아니라 나 자신과 내 감정의 원인에 대해 생각하면서 나타나는 부차적 반응이다.

한편 내가 어떤 문제의 원인을 어떻게 생각하느냐에 따라 그 문제가 더 나아지거나 나빠질 수 있다. 내가 문제를 설명하는 방식이 감정을 증폭시키고 그로 인해 문제가 더 악화될 수 있다는 것이다.[35] 한 예가 불면증이다. 2장에서 멈추지 않는 자아의 곱씹기 때문에 불면증이 발생하는 경우가 있다고 이야기했다. 불면증의 정확한 원인이 무엇이든 간에 잠들지 못할 것에 대한 끊임없는 걱정이 각성 수준을 높여 불면증을 심화시킬 수도 있다. 혹은 불면증의 원인에 대해 "나는 예민 덩어리라서 그래. 불면증 때문에 삶이 너무 괴로워. 도대체 나한테 무슨 문제가 있는 거야. 내가 미쳐가는 걸까?"라며 자신에게 끊임없이 원인을 돌릴수록 더 큰 불안을 느끼게 되고 이 불안이 잠을 더 날려버리기도 한다.

스스로를 비참하게 만들지 않기

잠에 들지 못하는 이유를 나 자신의 문제나 약점으로 돌려 버릇하는 행위가 불면증을 심화시킨다면 이런 괴로운 생각들을 줄여보는 것은 어떨까? 연구자들은 만성적인 불면증을 겪는 사람들을 세 집단으로 나누었다.[36] 한 집단의 사람들에게는 각성 수준을 높여 잠을 못 자게 만든다는 약(실제로는 가짜였다)을 주었다. 내가 잠들지 못하는 이유가 내 탓이 아니라 이 약 때문이라는, 내 자아에 위협적이지 않은 설명을 제공해 불면증 때문에 또 잠을 못 잘까 봐 잔뜩 긴장해서 더 잠을 못 자게 되는 현상을 막아보려는 시도였다. 두 번째 집단 사람들에게는 각성 수준이 평균보다 높은 편이긴 하지만 여전히 정상 범위 안이므로 걱정할 필요 없다는 이야기를 들려주었다. 이렇게 하면 역시 내가 자지 못하는 이유에 대해 곱씹다가 밤을 지새우는 현상을 막을 수 있을 거라고 생각했다. 마지막으로 세 번째 집단 사람들은 별다른 이야기 없이 자러 가도록 했다. 그 결과 연구자들의 예상대로 첫 번째와 두 번째 집단 사람들이 세 번째 집단 사람들에 비해 더 빨리 잠에 든 것으로 나타났다. 문제의 원인을 자아에 위협이 덜 되는 것(약)으로 돌리게 하거나 자신은 정상이고 문제가 없다고 생각하게 하면, 불면증의 원인을 자신에게 돌리며 계속 불안해하지 않아도 되기 때문에 각성 수준이 낮아져 잠을 잘 수 있게 되는 것이다.

각성 수준이 높아지면 악화되는 종류의 문제들은 불안이 가중될수록 더 심해진다. 예를 들어 말을 더듬을까 봐 걱정이 많은 사람의 경우 그 불안 때문에 말을 더 더듬고, 말을 더 더듬으니까 다시 더 불안해하는 악순환을 보일 수 있다. 평소에 말을 유창하게 잘 하던 사람도 오늘따라 말이 여러 번 꼬였다는 지적을 받으면 이전에 비해 유창한 정도가 떨어진다.[37] 말을 더듬는 실수를 하게 될까 봐 걱정하는 순간 예언이 현실이 되어 실제로 말을 더듬는 문제가 생겨나는 것이다.

마찬가지로 발기부전도 잠자리를 잘 해내지 못할 거란 불안 때문에 생겨나곤 한다. 한번 실패한 후 자신의 성기능을 의심하며 이런 일이 또 생길까 걱정하면 실제로 그렇게 될 확률이 높아진다.[38] 이것 또한 스스로 내 문제가 어떻다고 이런저런 생각을 하기 때문에 진짜 그런 문제가 탄생한 케이스다.

자아를 잠재우면 감정도 변한다

자아가 불행을 만들어내고 유지하고 악화시킨다는 말이 그렇게 새롭지는 않다. 인도와 중국 등지에서 나타난 도교 사상가들이나 불교 스승들은 2,000년 전에도 인생에서 겪는 고통의 상당수가 자아로부터 비롯된다는 사실을 알고 있었다.[39] 달라진 것이라면 지금은 자기대화와 감정 사이의 관계에 대해 더 자세히 알게 되었다는 점이다. 지난 수십 년간 많은 과학적 연구들이 자아의 목소리가 감정에 미치는 영향에 대해 밝혀냈다.

이런 성과로 인해 사람들이 자기 자신에 대해 하는 생각을 바꿔서 괴로움을 덜 수 있게 돕는 심리 치료들이 생겨났다. 지난 40년간 많은 심리학자들이 효과적인 치료법을 만드는 데 매달렸고 그 결과 지금은 사람들의 귀인 방식을 적응적인 방향으로 돌리는 데 도움이 되는 치료법들이 많이 만들어졌다.[40] 우리가 겪는 대부분의 감정이 자기대화에 의해서 생겨난다는 깨달음으로 인해 생겨난 변화인 것이다. 전문적인 심리 치료를 받지 않는다고 하더라도 내가 경험하는 부정적인 감정들(화, 우울, 불안, 질투, 수치심 등)이 결국 내가 나에게 하는 말들 때문이라는 사실을 알면 삶에 큰 도움이 된다.

물론 감정을 누그러트리는 방향으로 생각을 바꾼다는 것이 항상 좋거나 가능하지는 않다. 사랑하는 이의 죽음으로 인해 자연스럽게 슬픔을 느끼고 있을 때 애써 이 사람의 죽음을 크게 신경 쓰지 않아도 된다고 생각하려는 사람은 없을 것이다. 하지만 내가 느끼는 감정이 오류가 많고 과장해서 해석하는 사고방식 때문에 생겨났다면, 또 이 감정들이 나를 심히 괴롭히고 지나치게 오래 지속된다면, 우리가 할 수 있는 가장 좋은 대처법은 그 감정들을 만들어낸 자신의 생각에 의문을 던져보는 것이다.

자아와
자아가
충돌할 때

"이웃을 내 몸같이 사랑해야 한다는 계명이 있다.
수백 년이 지나면, 그 계명은 인간에게 있어
숨 쉬기나 똑바로 걷기만큼 자연스러워질 것이다.
그 계명을 터득하지 못하는 자가 있다면
이 땅에 남아나질 못할 것이다."

_알프레드 아들러 Alfred Adler

이 장을 쓰기 시작할 무렵, 아일랜드 벨파스트Belfast에서 가톨릭교도들과 개신교도들 사이에 폭력 사태가 일어나 경찰관 55명이 부상을 입은 사건이 일어났다. 그중에는 곡괭이로 공격을 당한 사람도 있다고 한다. 그 지역 사람들은 이런 폭력 사태들을 "그 난리"라고 부른다지만 단순한 난리라고 하기엔 피해와 역사가 깊다.

1960년 중반부터 2000년대 초반까지만 해도 비슷한 일로 약 4,000명의 사람이 죽고 3만 6,000명이 부상을 입었다. 이렇게 아일랜드의 평화를 뒤흔드는 폭력 사건은 가톨릭 국가인 아일랜드가 개신교 국가인 영국(당시 국왕 헨리 8세)의 지배를 받으면서부터 시작되었다. 가톨릭교

자아와 자아가 충돌할 때

도인 평민들은 개신교도 영주들에게 대항하기 시작했고, 1600년경 많은 개신교도가 아일랜드 북부에 정착하면서 본격적인 유혈사태가 시작되었다. 가톨릭교도들이 들고 일어나 수천 명에 달하는 개신교도를 살해하거나 추방했는데, 한 소도시에서 80명의 남성과 여성, 아이들이 학살당했던 포터다운Portadown 사건도 이때 일어났다. 이후 다시 가톨릭교인인 제임스 2세가 영국 왕이 되면서 조금 잠잠해지나 싶었지만, 개신교인 윌리엄 3세가 왕위 다툼에서 승리함으로써 개신교도 왕이 집권하는 일이 일어났다. 결과는 불 보듯 뻔했다. 이때부터 개신교도가 다시 아일랜드를 주름잡기 시작했고, 개신교도에게는 유리하고 가톨릭교도에게 차별적인 법이 등장했다. 1920년 아일랜드는 정치적으로 아일랜드 공화국과 북아일랜드의 두 집단으로 갈라져 서로 다른 의회와 내각을 수립했다. 이러한 분단 뒤에도 종교 갈등은 지속되었고 가톨릭교도와 개신교도는 거주구역뿐 아니라 직장, 학교를 포함한 대부분의 사회적 활동에서 서로 유리된 채 생활해왔다.[1] 수백 년 전부터 지속되어 온 폭력이 지금도 계속해서 고개를 내밀고 있는 것이다.

사회적 갈등에는 보통 역사적, 정치적, 경제적, 심리적 원인이 섞여 있다. 북아일랜드의 가톨릭과 개신교 사이의 갈등뿐 아니라 이스라엘과 팔레스타인 간 갈등, 미국 로스앤젤레스 갱단들의 분쟁, 흑인과 백인의 갈등, 테러집단과의 전쟁 등에서 불신과 적대심을 불러일으키는 원인을 하나로 콕 집어서 설명하기는 어렵다. 하지만 자신 있게 말할 수 있는 사실 하나는 집단 간 갈등을 증폭시키는 데에도 자아가 한몫한다는 것이다. 많은 분쟁들이 생존에 필수적이어서라기보다 자존심과 정체성 문제로 인해 생겨난다. 서로 아무런 원한이 없어도 단지 적대적 집단의 구성원이라는 이유로 다투는 일도 많다. 정작 싸움의 원인은 기억도 나지 않는 과거의 일인데도 단지 서로를 적이라고 여기기 때문에 계속해서 부딪히는 것이다.

이전 장에서는 자아가 나 자신에게 어떤 괴로움을 선사하는지에 대해 살펴보았다. 여기서부터는 자아가 어떻게 다른 사람과의 관계를 망치는지, 어떻게 사람들 사이에 불신과 갈등, 공격성을 불어넣는지에 대해 살펴보도록 하자.

서로 다른 사람들

자기인식이 등장하기 시작하면서 대인관계도 변화했다. 그 이전에는 나는 누구고 다른 사람과 어떻게 비슷하거나 다른지 생각하는 능력이 없었기 때문에 자신과 타인이라는 구분 자체가 분명하지 않았다. 따라서 내가 속한 집단이나, 내가 속한 집단과 다른 집단들 사이의 관계에 대해 생각하는 것은 아예 능력 밖의 일이었다.

물론 신체적 감각이 있고 주변 환경에 대한 정보를 인식할 수 있는 생명체라면 자기고찰 능력 없이도 자신의 몸과 주변 환경을 구분할 수 있다.[2] 주로 감각을 통해 자신의 몸과 몸이 아닌 것들을 구분할 수 있기 때문에 자신의 발이나 꼬리를 먹이로 착각하는 일은 잘 일어나지 않는다. 물론 강아지가 자기 꼬리를 쫓아 빙글빙글 돌거나 새가 거울에 비친 자기 모습 앞에서 몸을 부풀려 과시하는 등 자신과 환경을 잘 구분하지 못하는 경우도 있긴 하다. 사실 인간도 이런 실수를 할 때가 있다. 태어난 지 18개월 미만의 아기들은 자기 자신이라는 존재를 환경과 구분해 인식하지 못한다.[3] 또 뇌 손상을 입었거나 조현병을 앓는 사람들 중 일부도 자신과 타인을 잘 구분하지 못하는 모습을 보인다.[4]

물론 대부분의 사람들이 자기가 타인과는 다른 별개의 존재라는 사실을 안다. 나는 나고 너는 너라고 구분 짓는 데서 멈추지 않고 더 나아가 추상적이고 개념화된 사고를 하며 자신이 타인과 어떤 점에서 비슷하고 다른지 생각한다. 자기 자신이 어떤 사람인가에 대해서도 복잡한 생각들을 가지고 있어서 자신의 외적 생김새(성별, 인종, 키, 머리카락 색깔)나 내적 특성(성실한, 지적인, 참을성이 없는), 사회적 역할이나 관계(학생, 부모, 아내, 가톨릭 신자) 등 다양한 특성들로 자신을 정의한다. 이렇게 자신을 특징짓는 요소들을 합쳐 자기개념self-concept이라고 한다.

앞서 언급했듯 자기개념은 한번 형성되고 나면 계속해서 행동에 영향을 준다.[5] 내가 나의 능력치와 지식 수준, 성격, 외모, 취향이나 그 밖의 다른 특성들에 대해 어떤 믿음을 가지고 있느냐에 따라 직업, 대인관계 등에 있어 적합한 선택지가 달라지기 때문이다. 예를 들어 '나는 수영 좀 하는 사람이야'라고 생각하는 사람이 그렇지 않은 사람에 비해 더 높은 곳에서 다이빙할 가능성이 높고, '나는 매력적이야'라고 생각하는 사람일수록 매력적인 사람에게 적극적으로 다가간다. 정확성과 별개로 자신에 대한 믿음은 판단과 행동에 영향을 미친다.

자기개념에는 자신이 속해 있는 집단과 사회계층 또한 포함되어 있다. 성별, 국적, 민족, 종교, 직업, 소속집단 등을 통해서 자신이 다른 사람들과 어떤 관계에 있고, 어떤 집단에서 어떤 위치에 있는지를 파악한다. 어떤 사람들이 나와 비슷한지 다른지 판단할 때도 이런 정보들을 근거로 사용한다.[6]

자신과 타인을 이런 사회적 카테고리로 분류하는 작업이 끝나면 새로운 사람들을 만날 때에도 이 분류법을 사용한다. 인간관계를 맺을 때 타인을 개개인으로 인식하기보다 특정 부류에 속하는 사람으로 인식하는 것이다. 자신을 북부 아일랜드 출신 가톨릭 신자로 정의한 사람은 낯선 사람을 만났을 때 상대가 개신교 신자인지, 가톨릭 신자인지에 따라 다른 반응을 보일 것이다. 그가 실제로 어떤 사람인지보다는 머릿속에서 정의한 카테고리를 우선하기 때문이다. 백인과 흑인, 남성과 여성도 이런 식으로 서로 다르게 대하게 된다. 다른 사람을 대할 때 상대방과의 교류를 통해 얻은 정보보다 내 안의 분류 정보에 더 큰 영향을 받는 것이다. 만약 피부색, 생물학적 성별 같은 것들로 사람을 분류하지 않았더라면 집단 갈등이 지금처럼 심하지 않았을지도 모른다.

우리와 너희로 구분 짓는 마음

많은 집단 갈등들이 인종, 민족, 종교, 국가 사이에서 발생하기 때문에 집단 간 갈등은 사상적, 정치적 차이와 이권 다툼이 있어야만 발생할 거라고 생각하기 쉽다. 하지만 아일랜드의 종교 분쟁(뿐만 아니라 다른 대부분의 갈등에도 해당된다)에 대해 누군가는 이렇게 말했다. "북아일랜드에서 일어난 분쟁을 집단 간 이익의 충돌만으로는 설명할 수 없다. 오직 이권 방어가 목적이었다면 이렇게까지 갈등이 격화될 필요는 없었다." 대부분의 경우 서로 다른 집단끼리 싸우는 이유는 서로 집단 내 개개인을 싫어하기 때문이 아니다. 사실 상대가 어떤 사람인지도 잘 모른다. 우리 인간은 단지 '내가 속한 집단과 저 사람이 속한 집단은 적대적'이라고 생각하는 것만으로도 싸움을 만들 수 있다.

연구들을 살펴보면 집단 간 갈등은 놀라울 정도로 쉽게 형성된다. 사람들을 두 집단으로 나눠놓기만 해도 아무 이유 없이 자기 집단을 선호하고 타 집단을 향해 적대감을 갖는 현상이 나타난다. 1970년 헨리 타이펠Henri Tajfel과 동료들은 최소 집단 패러다임Minimal Group Paradigm이라는 방법을 고안해, 어떤 조건이 주어질 때 한 집단이 다른 집단을 차별하게 되는지 살펴보고자 했다.[7] 연구자들의 가설은 아무 의미 없는 기준으로 인위적으로 집단을 나눌 때는 내집단 편향과 타 집단을 적대하는 현상이 나타나지 않는다는 것이었다. 이런 중립적인 상태에서 시작해서 어떤 요인들을 추가해야 비로소 갈등이 발생하는지 확인하는 것이 연구 목적이었다.

하지만 시작부터 난관에 부딪쳤다. 단지 집단을 나누는 것만으로도 계속해서 내집단 편향이 나타난 것이다. 화가 파울 클레Paul Klee의 그림을 좋아하는지 아니면 바실리 칸딘스키Wassily Kandinsky의 그림을 좋아하는지, 또는 점이 몇 개 찍혀 있는지 세어보라고 했을 때 점을 적게 말했는지 아니면 많게 말했는지, 또는 동전을 던져 앞면이 나왔는지 뒷면

이 나왔는지같이 사소하고 말도 안 되는 이유로 나눠도 집단이 나뉘는 순간 사람들은 자기 집단을 선호하고 타 집단을 차별하기 시작했다.

파울 클레를 좋아하는지 칸딘스키를 좋아하는지 같은 기준으로 사람의 우열을 가릴 수는 없음에도 '우리'와 '그들'을 구분하는 실마리가 작게나마 존재한다면 자기 집단 사람들이 타 집단 사람들보다 더 우월하다고 생각하는 현상이 나타났다.[8] 개인적으로 만나본 적도 없는 사람도 소속 집단이라는 이유로 타 집단에 비해 더 우호적으로 평가했다. 외집단 사람들보다 내집단 사람들이 더 신뢰할 만하다는 반응을 보였고 돈 같은 보상을 배분해야 하는 상황이면 타 집단보다 자기 집단에 더 많은 양을 배분했다.[9]

적어도 사람을 직접 만나봐야 이런 구분을 내릴 것 같지만, 만나본 적도 없고 누가 우리 집단 사람인지조차 몰라도 내집단과 외집단을 구별하는 아무 기준만 있다면 사람들은 내집단 편향을 보인다는 것이다. 물론 현실 세계에서는 집단 간 갈등이 북아일랜드나 이스라엘에서 벌어지는 갈등처럼 오랜 역사적, 경제적, 정치적, 종교적 문제들로 뒤범벅되어 있다. 하지만 이런 중대한 이유가 없더라도 얼마든지 차별이나 불신, 적개심이 생겨날 수 있으며, 이 때문에 인위적이고 억지스러워 보이는 싸움이 많은 것도 사실이다.

사회심리학의 사회 정체성 이론은 사람들이 자신의 정체성을 규정할 때 소속 집단을 포함시키는 현상과 이렇게 형성한 정체성에 따라 다른 행동을 보이는 현상에 주목한다. 이 이론에 의하면 사람들이 자신이나 타인을 특정 카테고리로 분류하는 근본적인 이유는 자신이 속한 사

자아와 자아가 충돌할 때

회를 손쉽게 이해하기 위해서다.[10] 예컨대 흑인과 백인, 이성애자와 동성애자, 기독교와 불교, 학생과 퇴학생 등 다양한 기준을 사용해서 일단 어떤 사람을 '이성애자 기독교인이 아닌 동성애자 불교 신도' 같은 카테고리에 집어넣고 나면 그 사람에 대해 조금이나마 알 것 같고 어떻게 대해야 하는지에 대해서도 조금 감이 잡힌다.

이렇게 사람들을 분류하는 행위는 우리가 세상을 이해하는 데 기본적으로 필요하다. 이 사람이 어떤 부류라는 윤곽이 나오면 대충 거기에 맞는 규칙에 따라 움직이면 되지만 이런 정보가 하나도 없다면 낯선 사람을 만날 때마다 백지에서 시작해야 한다. 이 사람이 어떤 사람인지 하나하나 정보를 수집해서 판단한 다음에 행동해야 하는 것이다. 사람들은 다들 고유한 존재이므로 타인을 이렇게 대하는 편이 바람직하고 평등해 보이지만, 사람을 만날 때마다 매번 백지에서 시작하기에는 시간도 정신적 자원도 부족하다. 그러다 보니 방금 만난 사람이 학생인지 은행장인지 아니면 KKK 회원인지에 대한 정보들은 적어도 처음 만났을 때 꽤 유용한 단서가 된다.

사실 진짜 문제는 사람들을 분류하는 데 있는 게 아니라, 내가 속해 있는 집단이 다른 집단보다 더 우월하다고 믿는 데 있다.[11] 3장에서 살펴보았듯 사람들은 나와 내 주변 사람들이 대체로 남들보다 더 낫다고 믿는 자기고양적 편향을 갖고 있다. 이런 편향은 소속 집단에까지 확대되어 자기가 속한 집단 역시 평균 이상이라고 생각한다. 이렇게 내 집단을 과대평가하는 경향 때문에 사람들은 자신의 인종, 종교, 국가 등의 집단이 다른 인종, 종교, 국가 등보다 더 우월하다고 생각한다.

나는 왜 내가 힘들까

내집단에 대한 환상은 유지하기도 쉽다. 힘들게 자기기만을 할 필요 없이 비교 대상을 잘 고르기만 하면 되기 때문이다. 사람들은 집단을 비교할 때 그 대상 범위를 상당히 유연하게 정한다. 예컨대 대학생들의 경우 자기 학교의 비교 대상을 전국의 모든 학교가 아니라 특정 지역의 특정 크기인 학교들로만 한정짓는 식이다. 이런 선택적 비교를 통해 내가 속한 집단이 다른 모든 집단보다 낫지는 않더라도 특정 집단들보다는 더 낫다는 믿음을 쉽게 유지할 수 있다.

심지어 타 집단이 여러모로 확연하게 우월한 상황에서도 우리 집단이 조금이나마 더 나은 점을 찾아내서 내집단을 긍정적으로 평가할 수도 있다. 예컨대 우리나라가 다른 나라보다 경제력이나 기술력은 떨어질지 몰라도 시민의식은 더 우수하다든가, 바로 옆 학교가 더 유명하고 교수진도 더 우수하고 스포츠 팀도 더 잘나가지만 우리 학교는 분위기가 친근하고 수업이 소규모라서 옆 학교보다 더 낫다고 생각할 수 있다. 내집단이 타 집단보다 우수하다고 여길 수 있는 방법은 언제나 존재하는 것이다.

이렇게 내집단에 대한 우월감을 형성하고 나면 그것만으로도 편애와 차별이 일어난다. 자신의 소속 집단이 어디인지에 따라 같은 사건도 전혀 다르게 해석하는 것이 한 가지 예다. 프린스턴 대학과 다트머스 대학 연구자들은 한 실험에서 유난히 거칠었던 풋볼 경기 영상을 실험 참가자들에게 보여주었다. 그러자 분명 같은 경기 영상을 본 사람들이 각자 자기가 응원하는 팀은 정당하게 대응했으며 상대팀이 먼저 거칠게 나왔다고 주장했다.[12] 유권자들을 대상으로 한 또 다른 연구에서는 미디어가 편향되어 있다고 느낀 사람들의 경우 각자 자기가 지지하는 후보가 불이익을 받고 있다고 주장한 것으로 나타났다.[13] 이스라엘을 지지하는 학생들과 아랍권을 지지하는 학생들에게 중동의 정치 문제를 다룬 기사들을 보여줬더니 이스라엘을 지지하는 학생들은 기사들이 아랍권에 유리하게 작성되었다고 하고 아랍권을 지지하는 학생들은 반대로 이스라엘에 유리하게 작성되었다고 응답했다는 발견도 있었다.[14] 이렇게 한번 특정 집단과 자신을 동일시하고 나면 같은 증거를 놓고서도 서로 자기 집단에 유리한 해석을 내놓는다.

자신은 타 집단보다 내집단 사람들과 더 많이 닮았다고 생각하는 현상도 나타난다. 유유상종이라는 말처럼 실제로 같은 집단 사람들 사이에 발견되는 공통점들이 있을 것이다. 하지만 연구에 의하면 사람들은 내집단 사람들과의 유사성은 실제보다 과대평가하는 반면, 외집단 사람들과의 유사성은 과소평가하고 또 차이점은 과대평가하는 경향을 보인다.[15] 바꿔 말하면 우리는 우리가 생각하는 것보다 같은 집단 사람들과 비슷한 점이 적은 반면 다른 집단 사람들과 비슷한 점은 더 많다는 이야기다. 이렇게 차이를 과대평가하면 불신과 차별, 갈등을 부추길 수 있다.

사회 정체성 이론의 관점에서 바라보면 많은 편견과 차별, 갈등은 사람들이 자신의 사회적 정체성을 정립하는 과정에서 나타난다.[16] 내가 누구인지 정의를 내릴 때, 그 정의의 일부에는 내가 속한 사회적 집단이 포함된다. 이렇게 사회적 분류를 내 정체성에 포함하고 나면 내 소속집단을 다른 집단보다 더 편애하지 않기란 어려운 일이다.

유명한 고전적 심리학 실험을 하나 살펴보자. 심리학자 무자퍼 셰리프Muzafer Sherif와 연구 팀은 나이와 교육수준, 배경이 비슷한 남자 아이들을 대상으로 미국 오클라호마주에서 열리는 여름 캠프 참가자들을 모집했다.[17] 연구팀은 아이들을 무작위로 방울뱀 팀과 독수리 팀으로 나누고 일주일 동안 같은 팀 아이들끼리만 지내게 했다. 그러다가 아이들에게 우리 팀이 아닌 또 다른 팀이 캠프에 있다는 사실을 알려주자, 아이들은 이내 다른 팀에 대한 경쟁심을 품기 시작했다. 자기 팀 아이들이 다른 팀 아이들보다 더 낫다고 생각하고 같은 농담도 다른 팀 아이가 하면 단순한 장난이 아니라 공격이라고 생각하는 등, 상대가 내 팀이냐 아니냐에 따라 같은 일에도 서로 다른 기준을 적용하는 모습을 보였다. 다른 팀과 경쟁할 기회가 주어지면 처음에는 점잖게 행동하다가도 곧 상대를 깎아내리고 공격성을 보이기도 했다. 아이들이 다치지 않도록 캠프 직원들이 끼어들어 말려야 했을 정도였다.

　서로를 미워하고 차별할 이유가 전혀 없는 상황에서도 단지 자신을 방울뱀 팀과 독수리 팀 중 어느 집단으로 인식하는지에 따라 이런 갈등이 일어났다. 별다른 차이점이 없는 사람들 사이에서도 팀이 갈린다는 이유만으로 이렇게 쉽게 갈등이 폭발하는 걸 보면 서로 다른 인종, 민족, 국가 사이에서 발생하는 갈등이 그렇게 놀랍지는 않다.

　어떤 학자들은 이렇게 내집단과 외집단을 구분하는 경향이 진화적인 측면에서 적응에 도움이 되었을 것이라고 설명한다.[18] 선사시대에는 아직 인간의 개체수가 그렇게 많지 않았기 때문에 아무 이유 없이 낯선 무리의 사람들을 만날 일은 별로 없었을 것이다. 따라서 낯선 이들

자아와 자아가 충돌할 때

을 만났을 때 이들의 의도가 무엇일지 의심하는 행동이 더 적응적이었을 것이고 이렇게 의심할 줄 알았던 사람들이 그렇지 않았던 사람들에 비해 더 많이 살아남았을 것이다.

하지만 다양한 배경의 사람들과 어울리며 살아야 하는 현대 사회에서 이는 부적응적인 습성으로 전락하고 말았다. 현대인들은 서로 다른 인종, 민족, 종교, 국적의 사람들과 일상적으로 교류하면서 살아가므로 협력적이고 원만한 관계를 유지하는 것이 모두에게 득이 될 때가 많다. 우리와 그들 사이의 차이를 강조하고 자기 집단이 다른 집단보다 우월하다고 여기는 행위는 쓸데없는 의심과 편견, 갈등을 불러와 협력을 방해한다.

'우리'와 '그들'을 구분 짓는 기준은 수도 없이 많지만 그중에 특히 더 만연해 있고 더 문제될 만한 기준들이 있다. 어떤 구분 짓기가 특히 성행하는지는 법을 보면 힌트를 얻을 수 있는데, 현재 미국의 기회균등 법equal opportunity law에서는 국적(태어난 지역, 조상, 문화, 언어 포함), 인종, 피부색, 종교, 장애, 성별, 혼인 여부(미혼, 기혼, 이혼 등) 등에 근거해 사람을 차별하는 것을 금지하고 있다. 가만 보면 이들은 우리가 흔히 나와 남을 구분할 때, 또 사람에 대한 대우를 달리할 때 쓰는 기준들이다. 눈 색깔, 음식 취향, 신발 사이즈와 관련된 차별금지법이 없는 것을 보면 이들은 잘 쓰이는 기준이 아닌 것이다.

안타깝게도 사람들은 타인과 자신을 구분할 때 사용하는 이런 기준이 딱히 적절하지도 않고 자의적이라는 사실을 간과한다. 국적, 인종, 성별이 다르면 반사적으로 상대를 다르게 대하지만, 이는 어디까지나 실제 차이보다 '나와 그들은 이렇게 다르지'라고 하는 머릿속 생각에 반응하는 것이다. 만약 아일랜드인 가톨릭 신자와 개신교 신자가 종교나 정치 이야기를 일체 하지 않았더라면 아마 서로 비슷한 가치관이나 관심사 등 상당히 많은 공통점을 찾아냈을 것이다. 아무리 편협한 시각을 가진 백인 우월주의자라도 자신이 싫어하는 흑인과 같은 인간으로서 많은 공통점을 가지고 있다. 또한 모든 인간은 평화와 자유, 안전을 갈구하는 등 어느 정도 비슷비슷한 소망을 가지고 있다. 우리는 서로 다른 집단의 구성원이기 이전에 같은 인간으로서 훨씬 많은 공통점을 가지고 있는 것이다. 하지만 자아는 이 세상을 '우리'와 '그들'로 쉽게 구분 지어 버리고, 내집단과 외집단을 다르게 인식하도록 한다. 종국에는 내 자아가 만들어낸 차이를 실재하는 본질적 차이라고 착각하게 된다. 객관적으로 사소한 차이마저 자아를 한번 거치면 깊은 골짜기로 둔갑하는 셈이다.

세상의 많은 불신과 편견, 차별이 결국 사람들이 자신을 어떻게 정의하는지에 의해 생긴다면 이를 변화시켜 문제를 해결할 수 있을지 않을까? 상대방이 나와는 다른 집단에 속한다고 생각하기 때문에 적대한다면, 사실은 둘 다 더 큰 상위의 집단에 함께 속한다고 양쪽 모두에게 알려주는 것이다. '우리'와 '그들' 대신에 그들도 '우리'에 속한다고 인식하게 만드는 것이다. 실제로 앞서 등장한 방울뱀 팀과 독수리 팀에게 두 팀이 함께 협력해야 하는 과제를 주고 공통된 하나의 정체성을 주었더니 갈등은 눈 녹듯 사라졌다.[19]

편견에 대한 연구들로 유명한 심리학자 샘 가트너 Sam Gaertner와 존도비디오John Dovidio는 이 아이디어를 공통적 집단 정체성 모델Common Ingroup Identity Model로 발전시켰다.[20] 이 모델은 서로 다른 집단 사람들에게 포괄적인 공통적 정체성을 부여해, 이전에는 타 집단이라고 생각하던 사람들을 내집단 구성원으로 여기게 만드는 것이다. 다년간의 연구를 통해 연구자들은 이 모델이 잘 들어맞는다는 사실을 확인했다. 예컨대 흑인과 백인 참가자들에게 같은 학교 소속이라거나 둘 다 같은 미국인임을 강조한 후 서로를 평가하게 했더니 그러지 않았을 때에 비해 서로를 더 긍정적으로 평가했다. 나와는 다른 부류인 것 같아 보이는 사람과 내가 실은 더 큰 집단의 구성원임을 깨닫게 하면 서로에게 더 우호적인 태도를 보이고 이전보다 더 신뢰하며 서로를 더 공정하고 평등하게 대하는 현상이 나타난다.[21] 물론 연구자들도 스스로 인정하듯 공통적인 집단 정체성을 부여하는 것이 갈등을 해소하는 만병통치약은 아니다. 하지만 내집단을 편애하는 자아의 기본적 성질을 이용하는 만큼 다른 방법들보다 더 효과적일 수 있다.

나와 친한 사람들도 나를 이루는 일부

자아에 대한 심리학적 논의를 처음 시작한 심리학자 윌리엄 제임스는 사람들의 정체성은 자신의 몸이나 정신상태같이 명백하게 자신의 일부인 것뿐 아니라 가족, 친구, 조상, 소유물들, 직업, 각종 성취, 평판, 은행 계좌 같은 삶의 외부적인 요소들까지도 모두 포함한다고 보

았다.[22]

나에게 소중한 사람이 부당한 대우를 받거나, 소중한 물건을 잃어버리거나, 누군가가 우리 집안이나 나의 직업, 사회적 지위를 모욕한다면 우리는 마치 내가 직접 공격당했을 때와 같은 분노를 느낀다. 이들 요소도 자신의 일부로 여기기 때문에 이들에 대한 위협은 곧 나에 대한 위협이 된다. 내가 사랑하는 사람이 성공하면 내가 다 자랑스럽고, 잃어버렸던 소중한 물건을 찾으면 행복해지고, 누군가가 내 자동차나 옷을 칭찬해주면 마치 내가 성공하고 내가 칭찬받은 것처럼 기분이 좋아지기도 한다. 엄밀히 말하면 이것들은 사실 내가 아니다. 그럼에도 우리는 이들이 진짜 나의 일부인 것처럼 인식하고 행동한다. 이렇게 삶을 둘러싸고 있는 외적 요소들 또한 내 몸과 생각, 감정 못지않게 나의 정체성에 큰 영향을 준다.

사회적 관계들 역시 사람들의 자기개념을 구성하는 중요한 요소다.[23] 주로 가족, 절친한 친구, 연인이 가장 큰 부분을 차지하고 직장 동료나 팀원, 이웃은 이보다 덜 중요하게 여겨진다. 얼굴만 아는 지인이나 낯선 사람들은 이보다도 영향력이 적다. 이렇게 내 자아에서 얼마나 중요한 부분을 차지하는지에 따라 우리는 사람들을 다르게 대한다.

심리학자 아서 애런Arthur Aron은 타인을 자아에 포함하는 행위가 사회적, 심리적으로 어떤 기능을 하는지에 대해 연구했다. 사람들이 다른 사람들을 얼마나 자신의 일부로 여기는지 측정하기 위해 연구자들은 두 원이 겹쳐진 모양의 벤다이어그램들을 고안했다. 다양하게 겹쳐진 벤다이어그램을 보여주고 사람들에게 특정 인물과 자신의 관계를 가장 잘 표현하는 모양을 고르게 했다.[24] 연인이나 친구, 가족 중 한 명을 떠올려보고 아래의 그림 중 그 사람과 나의 관계를 가장 잘 설명하는 그림을 하나 골라보자.

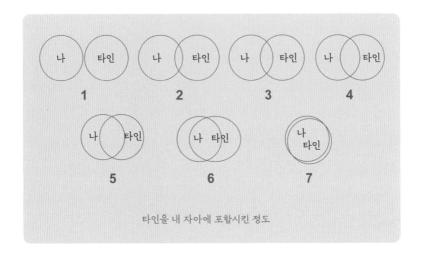

타인을 내 자아에 포함시킨 정도

일곱 개의 그림 중 자신과 타인을 나타내는 원이 하나도 겹쳐지지 않은 1번을 선택했다면 그 사람을 전혀 신경 쓰지 않고 있는 것이다. 즉 상대는 나의 자아관에 영향을 미치지 않는, 나와 별 상관없는 사람이다. 다른 쪽 끝의 7번을 선택했다면 나는 그 사람을 내 자아에 필수불가결한 핵심적인 존재로 여기고 있다고 볼 수 있다.

어떤 사람과 조금이나마 연결되어 있다는 느낌을 가질 때 비로소 우리는 그 사람에 대해 염려하는 마음을 갖게 된다. 그 사람과 내가 아무런 상관이 없다면 그 사람이 어떻게 살고 있는지는 내 관심사가 아니다. 하지만 굶주린 아이나 끔찍한 일의 피해자같이 힘들어하는 낯선 사람을 보고도 동정심을 느끼는 것을 보면 우리는 잘 알지 못하는 타인마저 조금이나마 자아의 일부로 여기는 모양이다. 그러나 여전히 이들은 내 가족이나 친구처럼 나의 큰 부분을 차지하고 있지 않기 때문에 내 자식이 굶주리거나 내 가족이 살해당한 것만큼 마음 아파하지는 않는다.

연구들에 의하면, 어떤 사람을 내 자아에 포함시킨 정도를 보면 그 사람과의 관계가 어떠한지 알 수 있다. 예를 들어 상대와 나를 나타내는 원이 많이 겹쳐 있을수록 그 사람과의 관계만족도가 높고, 내가 이 관계에 헌신하고 투자하는 정도가 높다. 즉 어떤 사람을 내 자아에 더욱 포함시킬수록 관계가 더 깊어지는 현상이 나타난다.[25] 원이 많이 겹쳐 있을수록 그 사람과의 관계에 대해 이야기할 때 '나'보다 '우리' 같은 1인칭 복수대명사를 더 많이 사용하기도 한다.[26] 어떤 사람을 내 자아의 일부로 여길 때 그 사람과 나를 독립된 두 개체로 인식하기보다 하나로 합쳐진 존재처럼 인식한다는 것이다. 원이 많이 겹쳐질수록 그 사람을 위해 희생하는 현상이 나타나기도 한다. 그래서일까, 많이 겹쳐진 원으로 표현된 관계는 그렇지 않은 관계보다 더 오래 지속되는 편이다.[27] 우리 연구에서는 사람들이 원이 겹쳐진 정도가 큰 사람에게 더 친절하고 관대한 모습을 보이는 것으로 나타났다.[28]

이런 발견들만 보면 타인을 내 자아의 일부로 편입시키는 행위는 행복한 관계를 늘리는 좋은 일인 것만 같다. 하지만 실상은 이보다 복잡해서 타인을 자신의 일부로 여기는 정도가 지나칠 경우 문제가 발생할 수 있다. 예컨대 6번과 7번 그림처럼 타인에 대한 의존도가 높으면

자아와 자아가 충돌할 때

자아가 거의 전적으로 그 사람에 의해 좌우될 위험이 있다. 나의 정체성을 다른 사람의 존재에 통째로 기대버리면, 그 사람 없이는 살 수 없고 그 사람이 없으면 자기는 아무것도 아니라고 느끼기도 한다. 실제로 정체성의 관점에서 보면 맞는 말이므로 이런 상황이 계속되면 다른 사람에게 평생 자아를 의탁한 채로 살 수밖에 없다. 다소 극단적이긴 하지만 스토킹같이 어떤 관계에 지나친 강박을 보이는 경우가 하나의 예다.[29] 스토킹까지 가지는 않더라도 자아의 큰 부분을 타인에게 맡겨버리면 건강하지 않은 방식으로 의존하게 될 가능성이 높다.

다른 사람을 내 자아에 포함시키는 것은 곧 타인이 나의 자아상에 큰 영향을 미치게끔 만드는 일이기도 하다. 한번 깊이 연결되고 나면 그 사람이 하는 행동이나 그 사람에게 일어나는 일들이 나와도 크게 상관있는 일이 되기 때문이다.[30] 특히 이들이 잘못된 행동을 하면 나도 함께 그 일에 연루되는 듯한 경험을 하게 된다. 공공장소에서 아이가 떼를 써 부모가 난처해하는 경우나, 부모가 범죄를 저질러서 체포되는 걸 바라보고 있는 아이, 모임에 갔는데 배우자가 술에 취한 나머지 실례를 저지른 상황 등에서는 자신의 분신 같은 사람들이 눈살을 찌푸리는 행동을 한 탓에 자신의 에고와 사회적 이미지가 함께 타격을 받는다. 즉 내 자아에 연합된 사람들에게 일어나는 일을 마치 내게 일어난 것처럼 경험한다. 만약 이들이 자신과는 상관없는 다른 사람의 아이, 부모, 배우자라면 그 사람들이 어떤 짓을 하든 크게 타격받지 않을 것이다.

나와 관련되어 있는 사람들에게 안 좋은 일이 생겼을 때 함께 괴로워지는 것도 자연스럽다. 안타까운 사실은 이들에게 좋은 일이 생겼을 때에도 내 자아가 위협받을 수 있다는 것이다. 심리학자 에이브러햄 테서는 20년간 사람들이 주변 사람들의 성공에 어떻게 반응하는지에 대해 연구했다. 테서의 자기평가 유지 이론Self-Evaluation Maintenance Theory 에 의하면 사람들은 자신의 정체성을 구성하는 중요한 영역에서 가까운 사람이 자신보다 더 좋은 성과를 보이면 큰 위협을 느낀다.[31] 그래서 우리는 내 친구나 연인, 배우자가 잘되길 원하지만 내가 잘하고 싶은 분야에서 나보다 더 잘되는 것은 원하지 않는다. 예를 들어 자신의 형제가 중요한 테니스 시합에서 이겼다고 하자. 평소에 테니스를 치지 않는 사람이라면 기쁨을 느끼겠지만 테니스를 잘 치는 것을 중요하게 여기는 사람이라면 형제의 성취를 보고 양가적이거나 미워하는 마음을 가질 수 있다. 형제 앞에서는 번지르르한 칭찬을 늘어놓고 시기하지 않으려 노력해도 속마음은 편치 않을 가능성이 높다.

이렇게 가까운 사람으로부터 위협받는 일을 피하기 위해 사람들은 다양한 전략을 펼친다. 첫 번째는 자신에게 있어 중요하지 않은 다른 분야에서 성공한 사람들과 어울리는 것이다.[32] 즉, 친구나 연인을 선택할 때에도 자신에 대한 긍정적인 생각을 계속 유지시켜 줄 수 있는 사람들을 고른다. 관심사가 같은 것은 좋지만 그 관심사가 자기 정체성의 핵심적인 부분이라면 자신보다 이를 더 잘하는 사람과 친구나 연인이 되는 일은 피하려 할 수 있다.

두 번째로, 연인의 경우 서로 잘하는 분야가 겹치지 않도록 암묵적인 합의를 볼 수 있다.[33] 만약 같은 분야에서 일하고 있다면 서로 다른 하위 분야에 집중해서 직접적인 비교가 어렵도록 만들 수 있다. 아니면 모든 일을 같이 해서 정확히 누가 얼마나 기여했는지 명확하게 나눌 수 없게 하는 방법도 있다. 경쟁을 피하기 위해 한 명이 아예 해당 분야를 떠나는 경우도 있다. 방식이야 어찌됐든 각자 목표를 추구하면서 서로의 자존감을 보호하고 관계도 지키는 방법을 찾아낸다.

세 번째는 친한 사람이라도 내 자존감에 위협이 된다면 그 사람의 성공을 깎아내리는 것이다. 한 실험에서 사람들은 자아와 관련 없는 일에 있어서는 낯선 사람보다 친구를 더 잘 돕는 편이었지만 자신과 깊이 관련된 일에서는 낯선 사람보다 친구를 되레 '덜' 돕는 모습을 보였다.[34] 친구가 좋은 성과를 내서 자아에 위협을 느낄 때에는 친구를 미묘하게 방해하는 모습을 보이기도 했다.

네 번째로는 자신에게 중요한 분야에서 잘나가는 사람들을 멀리하는 현상도 나타난다. 한 실험에서는 사람들에게 다른 실험 참가자가 자신에게 개인적으로 중요하거나 중요하지 않은 분야의 일을 자신보다 더 잘했거나 잘하지 못했다는 정보를 주었다. 그 결과 사람들은 자신에게 중요한 일을 자신보다 더 잘한 사람에게서 더 멀리 떨어져 앉았고 그 사람과 함께 일할 의향 또한 낮았다.[35]

테서의 생각이 맞는다면(연구에 의하면 그렇다), 사람들은 관계를 맺을 때에도 스스로를 호의적으로 평가하는 데 도움이 되는 방향으로 행동한다. 친구나 연인을 선택하고, 이들의 성취에 대해 반응하는 것도 자기고양적인 욕구로부터 자유롭지 않다.

자기고양과 갈등

앞서 사람들은 자신에게 일어난 일들을 스스로에게 유리한 방향으로 해석한다는 사실을 살펴보았다. 우리는 잘된 일은 내 덕이라며 자신의 공로를 과장하는 한편, 잘 안 풀리는 일은 내 탓이 아니라며 자신의 역할을 부정하거나 축소한다. 그나마 이런 자기고양적 귀인을 속으로 혼자 조용히 해서 다행이다. 계속 혼자서 이렇게 생각할 수 있으면 삶이 꽤 괜찮은 것 같고 자기보다 더 잘난 사람도 별로 없다며 만족스러워할 수 있다.

하지만 현실은 녹록지 않다. 이런 생각들을 마음속에만 담아두기 어려운 상황에 처하기 때문이다. 어떤 일이 왜 생겼는지를 사람들 앞에서 설명해야 할 때가 그렇다. 선생이 학생에게 시험을 왜 이렇게 못 봤냐고 물어볼 수도 있고, 부인이 화가 난 남편에게 아까 왜 나한테 소리 질렀냐고 따질 수 있다. 같은 팀 구성원이 나한테 왜 우리가 시합에서 진 것 같으냐고 물을 수 있다. 이럴 때 자기고양적인 설명을 풀어내면서 자신은 책임이 없다고 하거나 다른 사람들을 비난하기 시작하면 이내 관계에 금이 간다.[36] 특히 학생이 선생에게 선생님이 잘못 가르쳐서 성적이 나쁜 거라고 답하거나, 부인에게 당신이 그럴 만한 행동을 했으니까 소리를 지른 거라고 하거나, 네가 못해서 우리 팀이 졌다고 하는 등 눈앞의 상대방을 비난한다면 사태는 더 심각해진다.

자기고양적 해석은 연인 사이에서도 많은 문제를 일으킨다. 함께 사는 커플들을 대상으로 각각 집안일을 얼마나 많이 했냐고 물어보면,

양쪽 다 상대방이 평가한 것보다 자신이 더 집안일을 많이 했다고 응답하는 경향을 보인다. 한 연구에서는 기혼자들에게 스무 가지의 집안일 목록(청소, 쓰레기 버리기, 아이 보기 등)을 보여주고 자신과 배우자가 각각 얼마나 기여했는지 물었더니, 적어도 배우자 중 한 명은 자신의 기여도를 과대평가한 것으로 나타났다.[37] 서로가 보고한 기여도를 합치면 100퍼센트가 넘은 커플이 대부분이었다. 누구의 말이 진짜인지는 알 수 없지만 적어도 둘 중 한 명 또는 둘 다 자신이 하는 집안일의 양을 과대평가한 것이다.

연인들 사이에서도 상대가 너무 많은 공을 독차지하고 있다는 느낌이 들면 갈등이 시작된다. 둘 다 자신이 기여한 것을 인정받고 싶어 하고, 그러지 못하면 뭔가 억울한 기분이 들기 때문이다. 여기에 상대방이 내 몫까지 다 자신의 공으로 돌리고 있다고 생각하면 속이 부글부글 끓는다. 이런 갈등을 피하기 위해서라도 나나 상대방 모두 사실은 자기고양적 편향을 보이고 있다는 사실을 아는 것이 중요하다. 내가 그러하듯 상대방 역시 많은 것들을 자신에 유리한 방식으로 해석하기 때문에 나의 헌신과 노력을 상대가 있는 그대로 알아주기란 좀처럼 쉽지 않다.

반대로 관계가 잘 안 풀릴 때에도 비슷한 일이 일어난다. 누구 때문에 어젯밤에 싸움이 시작됐는지, 누가 더 상대방에 무관심했고 왜 그랬는지, 누구 때문에 성관계가 불만족스러운지 등의 문제로 충돌할 때 역시 자기고양이 문제를 일으킨다. 물론 자신이 잘못했다고 인정할 때도 있지만 대부분의 경우 그래도 자신이 상대방보다 책임이 작다고 느긴다. 결국에는 문제 자체보다도 누가 더 잘못했는가를 가지고 더 크게 다투게 되고, 각자 자기 책임이 아니라고 주장하는 통에 누구도 이길 수 없는 싸움이 되고 만다. "그래. 내가 다 잘못했어"라고 말하긴 했지만 말하면서도 자신이 진짜로 잘못했다고 생각하지 않고 상대도 그걸 아는 상황도 흔히 펼쳐진다.

위원회나 팀 프로젝트, 조별 과제 등 여러 사람들이 함께 모여 일을 할 때도 자기고양적 귀인으로 인해 갈등이 발생한다. 3장에서 살펴봤듯 성과가 좋을 때 사람들은 팀에서 다른 구성원들보다 자신의 공이 더 크다고 생각한다.[38] 그러다 보니 적정 수준보다 더 많이 인정받길 바라고 다른 구성원들이 자신을 좀 더 추켜세워주길 바란다. 반대로 실적이 나쁠 때는 다들 자기보다 남들의 잘못이 더 크다며 자신의 책임을 과소평가한다. 각자가 속으로 품고 있던 이런 해석들이 밖으로 튀어나오면 싸움이 시작되고 감정이 상하기 마련이다.

고백하자면 물론 나 같은 심리학자들이나 교수들도 자기고양적 귀인을 보인다. 심리상담 전문가들의 경우 내담자의 상태가 좋아지면 이건 다 내 실력이 좋기 때문이라 하고 치료가 효과가 없을 때면 내담자에게 뭔가 문제가 있다고 생각한다. 비슷하게 교사도 학생의 성적이 나쁠 때보다 좋을 때 자신의 기여도를 더 높게 평가한다. 학생의 성적이 좋은 것은 내가 잘 가르쳤기 때문이지만 성적이 나쁜 것은 학생이 부족하거나 공부를 열심히 하지 않았기 때문이라고 본다. 만약 학생이 선생으로부터 성적이 나쁜 게 다 네 탓이라는 말을 듣는다면 선생님 책임도 있는 것 아니냐고 따지려 들 것이다.

자아와 자아가 충돌할 때

정리하면 자기고양적 귀인은 사실 자신이 더 공이 큰데 상대방도 비슷한 대우를 받아서 억울하다고 느끼게 할 뿐 아니라, 자신은 지금 받는 것보다 더 좋은 대접과 보상을 받을 자격이 있다고 생각하게 만들고 그로 인해 많은 갈등을 일으킨다.[39] 직장이나 팀, 업무 지향적인 집단의 구성원들은 각자 자신이 집단의 성공에 기여한 정도에 비례해 보상을 가져간다. 만약 이런 자기고양적 해석으로 인해 모두가 자신의 공을 과대평가한다면, 보상 또한 자기가 더 많이 가져야 한다고 생각할 것이다. 보상이 객관적으로 공정하게 주어지더라도 불공정하다고 느끼게 되는 것이다. 이렇듯 자기고양적 경향으로 인해 세상 모든 것이 억울한 나머지 여기저기 싸움을 걸고 다니는 경우가 적지 않다.

거만하면 무엇이 문제일까

자기고양성은 그 자체로 다른 사람들을 불편하게 만든다는 점에서도 관계에 악영향을 미친다. 자기고양적인 사람들을 나타내는 말들만 생각해봐도 그렇다. 젠체하고, 허영심이 강하고, 거만하고, 건방지고, 자기 잘난 맛에 살고, 거드름 피우고, 허세를 부린다는 수많은 수식어들이 있고 허풍쟁이, 속물, 나르시시스트 등 다양한 별명이 있다. 사람들에게 다른 사람의 특성을 묘사하는 300개의 수식어들을 평가해보라고 했을 때 거만한, 거들먹거리는, 젠체하는, 뽐내는 등의 특성들이 가장 비호감인 축에 속했다.[40]

나는 왜 내가 힘들까

사람들은 지식, 능력, 자신의 가치, 외모, 유머 등 다양한 특성에서 자신을 과대평가하는 사람을 좋아하지 않을 뿐 아니라 피해 다닌다.[41] 스스로를 과대평가하면 기분은 좋겠지만 관계에 있어서는 부정적인 반응을 불러오기 쉽다.

그런데 스스로를 높이는 행위는 왜 이렇게나 불편하고 싫은 걸까? 잘난 척이 심한 사람이 실제보다 자기가 더 잘났다고 생각하든 말든 신경 쓰지 않으면 그만일 텐데 타인의 자기고양성은 왜 이렇게 참기 어려운 걸까?

우선 스스로를 높이는 사람들은 자신이 남들보다 더 많은 인정과 존경, 보상을 받을 자격이 있다고 믿고 주변에 특별대우를 요구하기 때문이다. 어떤 사람이 자기가 실제보다 더 잘났다고 우기긴 하지만 그렇다고 뭔가 특별대우를 바라지만 않는다면, 여전히 싫긴 하겠지만 그 사람이 그렇게까지 불편하진 않을 것이다.

우리가 거만한 사람들을 싫어하는 또 다른 이유는 이들이 자신을 뽐내는 과정에서 우리의 자아상을 위협하기 때문이다. 자신이 남달리 뛰어나다고 주장하는 것은 자연스럽게 다른 사람들이 열등하다는 의미를 내포한다. 이런 점에서 자기고양성은 그 자체로 사람들에게 모욕감을 주기도 한다.[42] 실제로 나보다 나은 사람 때문에 위축되는 것도 힘든데, 나보다 나을 게 없는 사람이 설치는 바람에 모욕감을 느낀다면 당연히 더더욱 짜증이 난다.

거만한 행동은 거짓된 정보를 전달한다는 점에서도 눈엣가시가 될 수 있다. 사람들이 말하는 자신의 성격이나 성취에 대한 이야기가 전부

자아와 자아가 충돌할 때

거짓이고 믿을 수 없다면 많은 관계가 파탄에 빠질 것이다. 일반적인 사회적 규범에 따르면 자신이 어떤 사람이라고 주장하는 내용과 실제 그 사람의 모습이 일치해야 한다. 그런데 자신의 공로와 성공을 과장하고 장점을 부풀리면 자신을 현실에 맞게 드러내 보여야 한다는 규범을 어긴 셈이 된다. 물론 누구나 때로 자신을 좋게 포장하고 허세를 부리기도 하기 때문에 다른 사람들의 허세를 묵인할 때도 있다. 하지만 자신을 과대포장하는 정도가 선을 넘으면 자기기만적이고 못 믿을 사람이라는 꼬리표를 달게 된다.

마지막으로, 자존감은 노력을 통해 얻어야 한다는 인식 또한 오만한 사람들을 견디기 힘들게 만든다. 사람들은 실제로 뛰어나고 성공한 이들은 자기 자신에 대해 좋게 생각하거나 자신의 성취에 대해 기뻐할 권리가 있지만, 성취한 것이 없는 사람은 그런 기쁨을 누릴 자격이 없다고 생각한다. 자만심이 높은 사람은 아무것도 하지 않고도 성취감과 공적을 부당하게 훔친다고 보는 것이다.

그런데 이렇게 대부분의 사람들이 과대포장과 잘난 척을 싫어하는데도 계속해서 이런 행동이 나타나는 이유는 무엇일까? 왜 굳이 거만하다는 인상을 줘서 비호감으로 남는 걸까? 일단 진심으로 자신이 잘났다고 믿기 때문에 자신이 오만하게 비춰질 가능성을 상상조차 하지 않는 것도 한몫할 것이다. 〈캘빈과 홉스Calvin and Hobbes〉라는 만화에서 주인공 캘빈이 잘난 척하고 재수 없는 인간이라는 평을 듣고 나서 이렇게 답하는 장면이 나온다. "사람들은 잘난 사람의 정직함을 잘난척으로 오해하곤 하지." 대다수의 사람들은 실제보다 자기가 더 대단한 인물이라고 생각한다. 즉 우리 모두 이따금씩 타인에게 거만한 인간으로 비춰질 수밖에 없다는 얘기다.

이유가 무엇이든 자기고양적 경향성이 관계에서 많은 문제를 일으 키다는 점을 기억하자. 스스로를 높여 버릇하는 습성이 고치기 수월했 더라면 우리는 서로를 좀 더 좋아하고, 또 더 많이 사랑받았을 것이다.

자아를 향한 위협을 받으면
왜 난폭하게 반응할까

자아에 대한 위협을 받으면 난폭하게 행동하는 사람들이 있다. 최 근 기사에 실렸던 보복 운전을 예로 들어보자. 한 남성이 꽉 막힌 고속 도로에서 길게 늘어 선 차선으로 끼어 들어가려 했다. 기어가는 차들 옆에 차를 바짝 댔지만 몇몇 차들이 차선을 양보해주지 않았다. 곧 다 른 운전자가 양보해주었지만 이미 남성은 잔뜩 분노한 상태였다. 정체 가 심해져 차들이 완전히 멈춰 서자 남성은 비켜주지 않았던 차량 한 대에 다가가 의도적으로 차를 치고 트렁크를 힘껏 내려쳤다. 봉변을 당 한 차 주인이 내리자 달려들어 그를 바닥에 내동댕이치고 함께 타고 있 던 아내와 아이들에게 욕을 쏟아부었다. 그러고는 U턴해서 반대 방향 으로 달아났다. 체포되고 나서 남성은 해당 운전자가 먼저 자신을 무시 했기 때문에 그렇게 하면 큰코다친다는 사실을 알려줄 필요가 있었다 고 항변했다.

많은 보복운전들이 이런 식으로 한 운전자가 다른 운전자의 행동을 보고 배려심 없거나 자신을 모욕했다고 해석하면서 일어나는 듯하다. 상대의 그런 행동이 내게 실제로 아무런 손해를 끼치지 않더라도 말이다. 앞서 예로 든 운전자도 다른 사람들이 자신을 원하는 대로 대접해주지 않았다고 해서 이런 일을 벌였다. 어차피 길이 꽉 막혀 있었기 때문에 다른 차들이 자신이 원하는 대로 양보해주었어도 실질적으로는 아무것도 달라지지 않았을 텐데도, 원하는 대접을 받지 못했다는 이유로 폭력을 썼다. 자신은 이러이러한 사람이고 사람들은 그런 자신을 이렇게 저렇게 대접해야 한다는 확고한 생각을 가지고 있었는데 다른 사람들이 여기에 따라주지 않으니 격노한 것이다.

아마 많은 사람들이 '나는 이 정도 대접을 받아야 한다'는 생각에 반하는 경험을 했을 때 공격적인 행동을 하거나 적어도 화를 낼 것이다. 그 당시 운전대를 잡고 있지는 않았더라도(대체로 운전할 때 이런 경험을 하는 것 같기는 하다) 연인이나 직장 상사로부터 비난을 받거나 약속 시간에 나타나지 않는 사람을 계속해서 기다리거나 공공장소에서 망신을 당하는 경우 당시에는 아무 말도 하지 않았을지 모르지만 속에서는 에고가 들고 일어나 '감히 나에게 이런 행동을 하다니!'라며 부들부들 외치고 있었을 것이다.

심리학자 로이 바우마이스터Roy Baumeister는 매우 흥미롭고 그만큼 많은 논란을 불러온 논문에서, 폭력은 개인이 자신에 대해 가지고 있는 과도하게 긍정적인 시각에 반하는 사건을 접했을 때 나타나는 반응이라고 주장했다. "자신에 대해 가지고 있는 긍정적 이미지가 진짜 그런지 의문시되고 반박당하고 흔들릴 때 또는 통째로 무너질 것 같을 때 사람들은 그런 위협을 불러오는 대상을 공격한다."[43] 타인의 무례한 행동을 "나를 대단한 사람으로 바라보고 있다면 저런 행동은 보이지 않았을 것"이라며 자신의 긍정적 자아상에 대한 도전으로 받아들이는 사람들이 있다는 말이다.

타인의 행동을 손쉽게 자신에 대한 도전으로 받아들이는 데에는 크게 두 가지 오류가 있다. 첫 번째는 다른 사람의 세심하지 않은 행동이 자신과는 아무런 상관이 없는 별개의 행동일 수 있다는 것이다. 차선을 양보해주지 않은 운전자들의 경우 단순히 정신이 딴 데 팔려 있어서 그를 보지 못했을 수 있다. 또는 방금 전에 다른 차를 먼저 보내줘서 이제는 자기가 양보를 받을 차례라고 생각했을 수도 있다. 길을 비켜주면 뒤에 있는 다른 차들을 기다리게 만드는 상황이 될까 봐 그러지 않기로 했을지도 모른다. 솔직히 말해서 '차가 막혀 있는데 끼어들려 하다니. 바보 자식, 절대 끼어들지 못하게 해야지'라고 생각했을 가능성은 적다. 하지만 안타깝게도 우리의 자아는 다른 사람들의 행동이 마치 나를 염두에 두고 만들어진 것처럼 개인적으로 받아들이는 경향이 있어, 세심함이 조금 떨어지는 행동들을 맞닥뜨리면 자신을 향한 무례나 악의로 오해하곤 한다.

두 번째로는 타인이 내가 생각하는 나의 이미지를 반박하고 흔드는 행위가 나에게 어떤 실질적인 해를 미치지 않는다면 상대방에게 화를 내 봤자 별다른 이점이 없다는 것이다. 일반적으로 모욕이나 무례에 폭력적으로 대응하는 사람들이 물리적으로 위험한 상황에 처해 있는 경우는 드물다. 오히려 자신을 업신여긴 사람을 가만두지 않겠다며 달려들어 스스로를 위험에 빠뜨린다. 이들은 실재하는 위협이 아니라 내가 가지고 있는 나의 이미지나 나는 좋은 대접을 받아야 한다는 환상에 대한 위협에 반응한다. 마치 내 정신 세계 속 나의 이미지가 실제로 존재하는 무엇이라서 다른 사람들의 무례한 행동에 물리적으로 훼손될 수 있고 따라서 방어가 필요하다고 여기는 듯하다. 얼마나 많은 사람들이 무시당했다는 생각만으로 폭력을 휘둘러왔을지 생각하면 몸서리쳐진다. 폭력집단 간의 다툼이나 가정폭력도 대부분 여기에 속한다.

이렇게 자기 이미지에 대한 위협에 공격적으로 대응하는 사람들은 자존감이 낮은 사람들일 것만 같다. 자존감이 낮은 사람들이 자신에 대해 긍정적으로 느끼기 위해 다른 사람들을 괴롭히고 상처 입힌다는 이미지가 대중적으로 퍼져 있기 때문이다. 다른 사람들을 다치게 하는 게 왜 자존감을 높이는 일이 되는지 나는 잘 이해되지 않지만, 그럴 것이라는 공감대가 있는 듯하다. 하지만 바우마이스터와 동료들의 연구에 의하면 자존감이 낮은 사람보다 높은 사람들이 자신의 에고가 공격받았을 때 더 폭력적인 성향을 보일 가능성이 높다.[44] 공격성은 자신의 이미지와 다른 사람들이 나에 대해 갖는 이미지 사이에 큰 차이가 생길 때 나타난다. 자존감이 낮은 사람들보다 높은 사람들이 더 타인에게 안 좋은 소리를 들었을 때 내가 생각하는 나와 사람들이 생각하는 나 사이의 격차를 크게 느끼기 때문에 위협 또한 더 크게 느끼고 따라서 더 공격적으로 행동한다. 자존감이 지나치게 높을수록 자기지각과 타인이 생각하는 자신의 모습이 상이할 가능성도 더 크다.

이렇게 무시당했다고 폭력을 휘두르는 사건들에 대해 심리학자 리처드 니스벳Richard Nisbett 과 도브 코언Dov Cohen 연구팀은 또 다른 가능성을 제시했다. 이들은 '명예 문화', 특히 남성들 사이에서 자신의 명예를 실추시키는 일이 일어나면 싸워서 명예를 지켜내야 한다는 풍조에 관심을 가졌다. 이런 문화적 특성은 전 세계적으로 발견되지만 지역차가 있어서 미국의 경우 북부보다 남부에서 이런 특성이 더 크게 나타난다. 역사적으로 남부에서는 모욕적인 일을 겪으면 반드시 그에 상응하는 행동을 취해야 한다는 인식이 두드러졌다. 남부 사람들이 북부 사람들보다 일반적인 폭력성이 높지는 않지만 지금도 모욕적인 일에는 폭력으로 대응하는 경우가 많다. 그렇게 하지 않으면 평판이 실추되기도 한다. 이런 관습 때문에 북부보다 남부에서 갈등이나 언쟁, 모욕으로 인한 살인이 더 많이 발생한다. 실험 연구에서도 남부의 백인 남성들은 모욕적인 일을 겪었을 때 북부의 백인 남성들보다 스트레스 호르몬인 코르티솔과 공격성과 관련된 테스토스테론 수치가 더 높게 나타났다.

이런 지역 차는 남부와 북부 사이의 사회적, 경제적 지위 차이 때문에 발생했을 수도 있다. 사람들이 드문드문 떨어져 사는 시골 지역에서는 경찰같이 법을 집행하는 사람들이 보통 먼 곳에 있기 때문에 각자가 스스로를 지켜낼 의향과 능력이 있다는 걸 똑똑히 보여야 했던 것일지도 모른다. 물론 지금은 상황이 다르지만 사람들의 인식과 태도는 그리 빨리 바뀌지 않는다. 인간에게 있어 자아가 모욕당하는 일은 다칠 것을 감수하고서라도 해결해야 하는 중대한 문제인 셈이다.

06

목숨조차
내걸게 하는
자아

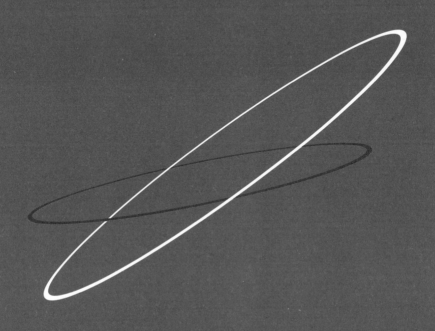

"우리는 스스로의 평판과 명성을 남들의 판단에 맡긴다.
(…) 단지 남들이 우리를 좋게 보아야 한다는 생각 때문에
우리는 수도 없이 많은 방식으로 마음의 평화와
삶의 방식을 위태롭게 만든다."

_드 라 로슈푸코 De la Rochefoucauld

1836년 2월 미국, 텍사스 의용군은 텍사스주 샌안토니오에 있던 알라모 선교원을 최후의 보루로 삼고 멕시코 장군 산타 아나 ^{Santa Ana}가 이끄는 군대에 대항했다. 결과는 텍사스 군대의 전멸이라는 참패였지만 이 알라모 전투는 미국인들이 미국 역사에서 가장 좋아하는 사건으로 남았다. 이 이야기에서 가장 매력적인 부분은 바로 알라모를 사수하던 텍사스 군대가 산타 아나의 군대를 격퇴하지 못할 것이라는 사실을 이미 알고 있었다는 점이다. 열흘 동안 포위당해 공격받는 동안, 텍사스 군대는 지원군이 오지 않는다는 사실과 멕시코 군대가 20대 1의 비율로 수적 우세에 있다는 사실을 알고 있었다. 산타 아나 장군이 죽음을

목숨조차 내걸게 하는 자아

각오하고 싸움에 임하겠다고 선언한 것도 알고 있었다. 그럼에도 텍사스 군대는 알라모에 남기로 결심했다. 전투의 막바지에 빠져나갈 수도 있었을 테지만 죽음을 선택했다.

전해 내려오는 이야기에서는 윌리엄 트래비스^{William Travis} 대령이 부하들에게 떠날 기회를 주었다고 한다. 역사학자들의 생각은 조금 다르지만, 이 이야기에 따르면 트래비스 대령은 검으로 땅에 선을 그은 후 죽을 때까지 요새를 지킬 사람들만 이 선을 넘어오라고 얘기했다고 한다. 이에 단 한 명을 제외하고, 심지어 심한 폐렴으로 거동이 불편해서 들것에 실려 다녀야 했던 제임스 보위^{James Bowie}를 비롯한 모든 병사들이 그 선을 넘어왔다고 한다. 이 이야기가 사실이든 아니든 요점은 군인들이 실제로 알라모에 남는 선택을 했다는 것이다. 다른 부대가 안전하게 군을 재정비할 수 있도록 멕시코 군대의 발목을 잡아 시간을 끈다는 목적을 이미 달성했고 대다수가 자원한 사람들이라 남을 의무가 없었으며, 또 여기서 도망쳐 살아남아 다음을 기약했을 수 있었을 텐데도 그런 선택을 했다.

알라모의 텍사스 군대는 자신들이 중요하다고 여긴 가치를 위해 죽을 각오가 되어 있었던 듯하다. 그렇지만 딱히 더 얻을 것이 없는데도 왜 군이 계속해서 남겠다는 선택을 했는지에 대해서는 여전히 의문이 남는다. 의미 없는 전투에서 거의 200명 가까이 되는 군인이 죽으면 그야말로 멕시코의 승리 가능성을 높여주는 악재가 될 수도 있었다. 그럼에도 이들은 왜 남은 것일까?[1]

1800년대 미국 남부와 서부의 개척문화에서는 터프함과 강인함,

용기 같은 특성들을 높이 샀다.[2] 이런 문화에서는 자신이 약하고 겁이 많다는 인상을 주지 않도록 체면을 잘 관리해야 했다. 알라모 전투에서 싸운 군인들 또한 주변 사람들이 자신에게 죽음을 불사하고 싸우기를 기대하고 있다는 암묵적인 압력을 느꼈을지 모른다. 전투에서 도망치면 자신의 평판이 땅에 떨어질 뿐 아니라 시간이 지나도 스스로 부끄러워 견디기 어려울 것이다. 아마도 남아야 한다는 압력이 노골적이지는 않았을 테다. 군인들이 "데이비, 이 겁쟁이 자식. 어서 선을 넘어 오라고"라며 서로 목숨을 걸라고 재촉하는 장면은 상상하기 어렵다. 그럼에도 남아야 한다는 압박은 심했을 것이다. 특히 트래비스 대령이 땅에 선을 긋는 장면이 실제로 존재했다면 더더욱.

여기서 주목해야 할 부분은 사람들이 때로 중요한 원칙이나 목표를 사수하기 위해 목숨을 바치기도 한다는 사실이 아니다. 상황에 따라 평소보다 더 용감한 행동을 하게 된다는 사실도 아니다. 혹은 알라모의 군인들이 정당한 이유 없이 전투에 임했다고 얘기하려는 건 더더욱 아니다. 이들은 산타 아나의 폭정에 저항하고자 했던 신념을 가지고 있었다. 내가 강조하고 싶은 사실은, 이들이 멕시코 군대가 코앞까지 들이닥쳐서 자신들의 저항을 무력화시키는 장면을 굳이 보고 싶어서 남은 것이 아니라면, 자신이 용감한 사람이라고 여겨지고 싶은 욕구 아니면 적어도 겁쟁이로 보이고 싶지는 않은 욕구 때문에 남겠다는 결정을 내렸을 거라는 점이다.

1장에서 살펴본 것처럼 자아의 중요한 기능 중 하나는 다른 사람들의 머릿속에 들어가서 이들이 무슨 생각을 하고 특히 나를 어떻게 생각하는지를 추론하는 것이다. 윌리엄 제임스, 찰스 호턴 쿨리 Charles Horton Cooley, 조지 허버트 미드 George Herbert Mead 등 일찍이 자아에 대한 분석을 시도한 학자들은 자아의 이러한 기능을 강조했으며 현대의 몇몇 심리학자들도 타인의 생각을 추론하는 것이 바로 자아의 주된 역할이라고 여긴다.[3] 앞서 살펴본 것처럼 자기고찰 능력이 생기면 타인의 입장을 떠올리는 능력도 덤으로 딸려온다. 우리는 자아 덕분에 타인이 보는 내 모습을 상상하고 혹시 사람들에게 나쁜 인상을 주지는 않았는지 걱정하게 되었다. 사람들에게 특정한 인상을 남기기 위해 의식적으로 노력할 수도 있게 되었다. 때로는 이 노력이 진실을 보지 못하게 두 눈을 가리거나 안 좋은 결과를 낳는다고 해도 말이다.

알라모의 군인들 역시 전투에서 도망친다면 다른 사람들이 자신을 어떻게 생각할지 상상할 수 있는 능력을 가진 탓에 끝까지 남기로 선택했을 수도 있다. 내 자아와 대외적 이미지가 망가질 거란 걱정이 지나치다 보면 실제 자기 자신보다도 자신의 머릿속 이미지를 보호하는 것을 우선시할 수 있다. 군인들의 자아가 그들이 도망치지 못하도록 발목을 잡았을 수 있다는 것이다.

이렇게 생각하면 알라모 요새에서 군인들의 행동이 충분히 있을 수 있는 일이라며 납득되기 시작한다. 모두가 한 번쯤은 사람들에게 좋은 인상을 남기고 내 자아를 드높이겠다며 무모한 행동을 한 경험이 있을 것이다.[4] 또 대부분 그런 무모한 행동을 하게 된 이유들은 텍사스 군인들의 이유보다 훨씬 볼품없는 편이다. 이번 장에서는 자아가 어떻게 우리로 하여금 자신의 건강과 행복, 심지어 목숨까지 위험에 빠트리는 행동을 하게 만드는지 살펴보자.

거친 인상을 심기 위해 거칠게 행동한다

2004년 기준 미국에서 세 번째로 흔한 사망은 각종 사고로 인한 사망이다. 특히 45세 이하에서는 사고가 사망 원인 1위를 차지한다.[5] 이외에도 수천 명의 사람들이 매년 크고 작은 사고로 부상을 당한다. 흔히 사고는 그 본질 자체가 사람이 피할 수 없는 종류라고 생각하지만 (사람들이 일부러 사고를 내지는 않으니까), 알고 보면 사람들이 일부러 위험한 행동을 하는 탓에 다치거나 심지어 사망하는 일이 적지 않다.

인간의 역사 속에서도 계속 그래왔지만 현대 사회에서도 대담함은 바람직한 덕목으로 여겨진다. 대부분의 사람들은 조심성이 지나친 사람으로 보이기보다는 가급적 용감하고 위험을 무릅쓸 줄 아는 사람으로 보이고 싶어한다. 그러다 보니 단지 용감해 보이고 싶다는 이유로 자신의 용기를 증명하기 위해 위험한 행동을 한다.

몇 년 전 심리학자 캐슬린 마틴Kathleen Martin과 나는 미국과 아일랜드의 청소년 약 300명을 대상으로 얼마나 많은 청소년들이 단지 다른 사람들에게 용감하다는 인상을 주고 싶다는 이유로 위험한 행동을 하는지 살펴보았다.[6] 우리도 어렸을 때 무모한 행동을 해본 전과가 있었기에 청소년들의 대답이 아주 놀랍지는 않았지만 그래도 정신이 번쩍 들었다. 예컨대 미국의 경우 남녀 청소년의 약 25퍼센트가 다른 사람들

목숨조차 내걸게 하는 자아

에게 깊은 인상을 남기기 위해 일부러 위험 운전을 한 적이 있다고 응답했다. 한 청소년은 이렇게 말했다. "친구들을 태우고 운전하면서 과속을 한 적이 있어요. 친구 한 명이 제가 겁이 많아서 운전을 너무 소심하게 한다고 했거든요. 보통 때 같으면 과속하지 않았겠지만 친구들에게 멋지게 보이고 싶어서 엄청 빨리 달렸어요." 슬슬 이런 이유로 생긴 교통사고와 부상, 사망이 얼마나 많을지 궁금할 것이다. 실제로 10대들의 경우 차에 탄 사람 수가 많을수록 교통사고를 낼 확률이 높아진다.[7] 차에 많은 사람이 타고 있을수록 용감하고 쿨하고 삶을 멋지게 즐기는 사람으로 보여야 한다는 압박도 심해지기 때문이다. 그러니까 사람들이 많을수록 위험하게 행동하면 더 많은 사람이 다치게 되므로 더 조심해야 하는데도, 반대로 과시욕이 커져서 더 위험한 행동을 하게 되는 안타까운 일이 발생한다.

또한 남학생의 3분의 1이 멋져 보이기 위해 위험하고 어리석은 행동을 한 적이 있다고 응답했다.[8] 그중에는 높은 곳(다리, 절벽, 2층 창문, 건물 지붕)에서 뛰어내리기, 달리는 차 지붕 위에서 움직이기, 칼 가지고 저글링하기, 불꽃을 입에 넣어보기, 방귀에 불붙이기, 차나 자전거 너머로 점프하기, 고속도로에서 스케이트보드 타다가 경찰한테 걸리기 등등는 사람까지 심장 떨리는 행동들이 한가득했다. 이런 무모한 행동들이 늘어난 데에는 위험한 스턴트 액션이 가득한 영화 〈잭애스Jackass〉가 한몫했을지도 모르겠다. 참고로 이 영화에는 내리막길에서 쇼핑 카트 타고 경주하기, 경찰이 쓰는 진압용 고무총을 서로에게 쏴대기, 고속도로 출구에서 골프 카트 타기, 병으로 만든 로켓을 항문에 꽂고 쏘기(물론 바깥 방향으로) 등의 장면이 나온다.

남학생의 10퍼센트가 단지 쿨해 보이기 위해 주먹을 날리며 싸운 적이 있다고 응답하기도 했다. 이들 중 다수가 원래는 싸우고 싶지 않았지만 여기서 그냥 도망치면 자신의 평판이 떨어질 것 같았다고 이야기했다. 흥미롭게도 여성의 경우 2~3퍼센트 정도만이 이런 행동을 한 적이 있다고 응답했다.[9] 남성과 달리 이런 무모한 행동이 여성의 자아와 사회적 이미지에 크게 도움이 되지 않기 때문인 듯하다.

〈파 사이드Far Side〉라는 한 컷 만화에서 이런 장면을 본 기억이 난다. 겁에 질린 강아지 한 마리가 길 건너편에 있는 친구들을 만나기 위해 고속도로에서 쌩쌩 달리는 차 사이를 위험천만하게 지그재그로 달려온다. 기다리던 강아지 하나가 "좋았어! 너도 이제 우리들 사이에 낄 자격이 있어!"라고 외친다. 이 만화가 귀여운 데서 그치는 이유는 현실 속 강아지들은 다른 강아지들에게 멋져 보이기 위해 위험한 행동을 하거나 위험한 신고식을 치러야 하는 무리에 끼려고 하지도 않기 때문이다. 하지만 안타깝게도 우리 인간은 그렇게 똑똑하지 않다. 수천 명의 사람들이 매년 정확히 이 만화에서 강아지들이 하는 행동, 즉 다른 사람들에게 자신을 증명하기 위해 위험을 자처하다가 다치거나 사망한다. 미국의 경우 학내 남학생들 사이의 친목 모임들이 이런 종류의 신고식으로 악명이 높지만, 실은 군대나 스포츠 팀, 행군 악대, 종교 집단, 심지어 전문가 모임을 비롯한 다양한 집단에서도 위험한 통과의례가 행해진다. 찬물에 샤워하는 것이나 나무 작대기로 맞는 것, 며칠씩 자지 않고 깨어 있는 것, 많은 양의 술을 마시는 것 등 말이다. 이런 신고

목숨조차 내걸게 하는 자아

식을 하다 수많은 끔찍한 사건들이 발생한다. 미드웨스턴 대학 학생이 선배들의 명령에 따라 진흙 구덩이로 점프했다가 하반신이 마비된 사건이나 술을 지나치게 들이붓다가 급성 알코올중독으로 사망한 사건들이 그 예다.[10]

도대체 왜 이렇게까지 위험을 무릅쓰면서 어떤 집단에 소속되려고 하는 건지 이해하지 못하는 사람들이 많겠지만, 이런 상황에는 보통 단순한 소속감만이 아닌 사람들의 자아와 대외적 이미지가 걸려 있다. 이집단에 딱히 가입하고 싶지 않더라도 단지 겁쟁이로 보이기 싫어서 위험을 무릅쓰는 경우도 많다.

특히 군대는 집단들 중에서도 용감함을 매우 중시하는 곳이다. 군의 리더들 역시 자신이 용감한 사람임을 내세우고 싶어한다. 그러다 보니 군대에서도 용감한 이미지를 보여주고자 불필요한 위험을 자초하는 일이 생긴다. 예컨대 미국 남북 전쟁의 유명한 일화 중 칼 슐츠[Carl Schurz] 장군이 총탄이 쏟아지는 게티즈버그 전장에서 시가를 피우며 최전선을 여유롭게 거닐었다는 얘기가 있다.[11] 이를 따라하다가 걸음을 떼는 순간 죽음을 맞이한 장군들이 적지 않았다고 전해진다. 엽기적인 방법으로 대담함을 연출한 또 다른 케이스로 검은 수염으로 유명한 해적 에드워드 티치[Edward Teach]를 들 수 있다. 그는 악마 같은 모습으로 적에게 겁을 주기 위해 자신의 수염에 심지를 꽂아 불을 붙였다고 한다.[12] 무서워 보이기 위해서라면 불붙은 수염까지도 감수할 수 있었던 것이다.

검은 수염 같은 극단적인 행동은 잘 나타나지 않지만 대부분의 사람들이 때로 겁이 없고, 쿨하고, 운동 신경이 좋다는 이미지를 얻거나 특정 집단의 일원임을 증명하기 위해 위험을 무릅쓴다. 다른 사람들이 주변에 없었다면 절대 하지 않았을 어리석은 일들을 저지르고 마는 것이다.

자아가 없는 다른 동물들은 필요한 경우 자동적으로 자신의 흉포함과 멋짐을 과시하도록 하는 장치들을 가지고 있다. 예를 들어 늑대나 고양이는 털을 곤두세워서 몸집을 부풀리고 공작은 화려한 꼬리로 매력을 발산한다. 하지만 동물들은 인간처럼 관중의 반응을 계산해서 자신의 이미지를 관리하지는 않는다. 음식을 구하거나 짝짓기를 하는 것같이 엄청 중요한 일이 아니라면 단지 남에게 잘 보이기 위해 목숨을 거는 행동은 더더욱 하지 않는다. 우리 인간같이 자기인식이 가능한 동물만 '다윈 상(생존에 있어 적응적이지 않은 어리석은 행동을 하는 개체는 도태되고 만다는 자연선택의 법칙을 몸소 증명한 이들에게 주어지는 상-옮긴이)' 후보라도 되는 것처럼 자기가 얼마나 용감한지 보여주겠다며 입에 총구를 넣고 친구들 앞에서 친히 자신의 머리를 날려버린다.[13] 이 사람의 용기에 그 친구들이 얼마나 탄복했는지는 알려지지 않았다.

다행스럽게도 이런 위험한 행동들은 나이가 들수록 줄어든다. 아마도 열여덟 살짜리에게 쿨하게만 보였던 행동들이 직장과 가정이 있는 마흔다섯 살 하기엔 어떻게 봐도 무책임하고 미성숙한 행동으로 보이기 때문일 것이다. 하지만 그렇다고 해서 나이가 많은 사람들이 주변 사람들의 시선을 완전히 신경 쓰지 않는 것은 아니다. 젊었을 때만큼 자신의 대범함을 과시하고 싶지는 않겠지만 슬슬 나이 들어 보이거나 병약해 보이지 않을지 걱정한다. 그러다 보니 안전을 위해 필요한 지팡이나 보행 기구를 사용하지 않는 경우도 있다.[14] 나중에 엉덩방아라도 찧어서 엉덩이뼈가 부러진다면 이 부상의 주범은 명백히 자아다.

안전 따위는 던져버려

자신의 자아나 대외적 이미지를 드높이기 위해 일부러 무모한 행동을 할 뿐 아니라 안전 수칙을 무시하는 경우도 있다. 대부분의 사람들이 자전거나 오토바이를 탈 때 헬멧을 써야 하고, 전동 공구를 사용할 때는 보호 안경을 써야 하며, 격렬한 몸싸움이 일어나는 운동을 할 때는 마우스 가드를 껴야 한다는 사실을 알고 있지만 겁이 많거나 소심하다는 인상을 주기 싫어서 안전장치를 거부한다.

이런 현상은 어렸을 때부터 나타난다. 예를 들어 어린 하키 선수들이 자신은 안전 따위 신경 쓰는 소심한 인간이 아니라며 보호 기능이 거의 없는 개조된 (하지만 청소년 하키 규정은 준수하는) 목 보호대를 찬다는 보도들이 있었다. 내 아들도 일곱 살 때 겁쟁이 같아 보인다는 이유로 무릎 보호대 없이 스케이트를 타곤 했다. 팬데믹 상황에서 마스크 쓰기를 거부하는 데에도 이런 이미지 관리나 자기 과시가 한몫할지도 모르겠다.

내가 아는 화학과 교수가 자기 학생들이 남들에게 소심하거나 지질해 보일 수 있다는 이유로 연구실에서 보호 안경 같은 안전 장비를 착용하지 않으려 한다고 이야기한 적이 있다. 우리는 실제로 그런지, 사람들이 정말 타인의 눈에 자신이 어떻게 보일지 신경 쓰느라 위험을 자초하는지 실험을 통해 확인해보기로 했다. 실험실에 모인 참가자들에게 지금부터 유해할 수 있는 화학물질을 다루게 될 것이라고 알렸다(산업 현장에서 집단 간의 커뮤니케이션을 보겠다는 것이 겉으로 내세운 연구 목적이었다). 화학물질을 건드리기 전에 보호 안경, 라텍스 장갑, 마스크, 신발 커버, 앞치마, 헐렁한 옷 등의 안전장비들을 보여주고 미리 착용할 수 있게 했다. 원하는 장비는 아무거나 착용할 수 있게 했고 원하지 않는다면 착용하지 않아도 된다고 일렀다. 이때 한 무리의 사람들에게는 다른 참가자들이 당신을 매우 조심스러운 사람이라고 생각한다는 정보를 주었고 또 다른 무리의 사람들에게는 당신이 적당히 조심스러운 사람으로 인식되고 있다는 정보를 주었다.

그 결과 남성들의 경우, 자신이 매우 조심스러운 사람으로 비춰지고 있다고 생각한 사람들은 자신이 보통으로 여겨지고 있다고 생각한 사람들보다 보호 장구를 훨씬 적게 착용했다. 즉 자신이 지나치게 조심스러운 사람으로 보일까 걱정한 남성들은 자신의 안전과 건강을 저버리면서까지 자신의 이미지를 개선하려 했다. 또한 평소에 위험을 무릅쓰는 특성을 높이 산 남성들은 그런 이미지가 별로 중요하지 않다고 응답한 남성들에 비해 보호 장구를 덜 착용했다. 잘 보여야만 한다는 특별한 압력이 없는 상황에서, 그것도 난생 처음 보는 낯선 사람에게 대범하다는 인상을 남기기 위해 자기 무덤을 파기도 한다는 것이다. 별다른 압력이 없는 상황에서도 이러는 걸 보면 멋져 보여야 한다는 사회적

목숨조차 내걸게 하는 자아

압력이 더 큰 실제 생활 속에서는 어느 정도까지 과감한 행동들을 할지, 자세한 건 상상에 맡긴다.

한편 여성 참가자들은 다른 사람들이 자신을 지나치게 조심스럽다고 보든 말든 개의치 않고 안전 장비를 착용하는 모습을 보였다. 이 또한 위험을 무릅쓰는 사람이라는 인상이 여성보다 남성의 사회적 이미지에 더 중요하다고 여겨지기 때문일 것이다. 즉 사람들은 어떤 이미지가 사회적으로 가치 있게 받아들여진다고 느낄 때에 한해서만 그 이미지를 얻기 위해 각종 위험을 무릅쓴다. 뒤에서 더 자세히 살펴보겠지만 여성의 경우 역시 사회적으로 여성에게 있어 중요하다고 여겨지는 이미지를 전달하기 위해 위험을 무릅쓰는 모습을 보인다. 비현실적으로 낮은 체중을 유지하기 위해 쫄쫄 굶는 행위가 한 예다.

콘돔 따위 쓰지 않아

지난 20년간 에이즈 교육을 하고 여기저기서 안전한 성관계에 대해 충분히 강조했음에도 불구하고, 여전히 많은 미국인들이 콘돔을 잘 사용하지 않는다. 콘돔을 잘 쓰고 있다면 매년 100만 명에 달하는 여성 청소년들이 임신하는 일은 없을 것이다. 성병도 지금처럼 흔하지 않을 것이다. 어떤 보건 교육 전문가들은 교육이 부족해서 문제라고 이야기한다. 안전하지 않은 성관계의 위험성이나 안전한 성관계의 해로움을 잘 모르기 때문에 계속해서 예방적 조치 없이 성관계를 한다는 입장이다. 하지만 현실은 조금 다르다. 콘돔을 사용하지 않는 사람들 중 많은 이들이 콘돔을 사용해야 안전하다는 사실을 잘 알면서도 사용하지 않는다. 알면서도 안 하는 이유는 뭘까?

다양한 이유가 있겠지만 한 가지 이유는 콘돔을 준비해두거나 콘돔 사용을 요구했을 때 상대방이 자신을 이상하게 볼까 봐 걱정하기 때문이다. 우리 연구팀에서 학부 1학년 학생들을 대상으로 콘돔 사용 경험을 조사한 적이 있었다. 그 결과 약 8퍼센트의 학생들이 쿨하고, 느긋하고, 위험을 무릅쓰고, 재미있고, 성숙한 사람으로 보이고 싶어서 콘돔 없이 성관계를 했다고 응답했다.[16] 한 여학생은 다음과 같이 말했다. "지난 세 달 중 두 번을 콘돔 없이 관계했어요. 내가 피임약을 복용하고 있다고 하자 상대가 바로 그러면 콘돔 없이 해도 괜찮겠다고 하더라고요. 나는 콘돔 없이 했다가 이상한 병에 걸리고 싶지 않다고 말했지만 그 사람은 그런 걱정하지 말라고 했어요. 콘돔을 착용하라고 다시 말하면 그 사람이 나에게 실망하거나 귀찮다고 여길까 봐 결국 그 사람 말에 따랐죠."

몇몇 학생들은 당시 콘돔을 가지고 있었는데도 사용하지 못했다고 이야기했다. 여학생들의 경우 남자가 자신을 문란하다고 여길까 봐 콘돔을 가지고 있다는 얘기를 꺼내지 않았다고 했다. 남학생들은 지갑에 콘돔이 있었지만 성관계를 바라고 온 것처럼 보일까 봐 얘기하지 않았다고 했다. 무서운 사실은 에이즈를 유발하는 HIV 바이러스에 양성 반응을 보인 사람들도 때때로 파트너에게 콘돔을 사용하자고 고집하길 주저한다는 연구 결과들이 있었다는 것이다. 너무 고집하면 자신의 파트너가 다른 파트너에게 가버릴까 봐 두려웠다는 게 주된 이유였다고 한다.

우리는 사람들이 이렇게나 조심스럽다거나 혼자 점잖은 척한다는 소리를 들을까 봐 건강에 해로운 행동을 하는 현상이 너무 흥미로운 나머지 직접 실험해보기로 했다. 안전하지 않은 성관계가 연구 주제이지만 참가자들로 하여금 실험실에서 이를 직접 하도록 요구하는 것은 연구 윤리 위원회에서 절대로 허가받지 못할 것이므로 비슷하지만 좀 더 윤리적인 상황을 고안했다. 비위생적이고 건강하지 않지만 자기 이미지를 위해서라면 할 수 있는 행동에 뭐가 있을까 고민한 끝에, 낯선 사람이 마신 물병에 입을 대고 마시는 행동을 살펴보기로 결정했다. 낯선 사람이 입을 대고 마신 음료를 그대로 마시는 행동은 흔히 비위생적이거나 혹은 역겹다고도 여겨진다. 그 사람한테 전염병(예를 들어 뇌수막염)이 있을 수도 있고 낯선 이의 입에 있던 내용물이 물에 들어갔다가 내 입으로 다시 흘러오는 것이 유쾌하지 않기 때문에 대부분 가급적 이런 상황을 피하려고 한다. 하지만 지나치게 깐깐하고 조심스럽다거나 혼자 깨끗한 척하는 사람으로 보이기 싫다면 눈 딱 감고 할지도 모르는 일이다.

실험은 다음과 같았다. 한 번에 두 명이 함께 실험에 참가하도록 했는데 그중 한 명은 연구자와 공모한 사람이었다.[17] 참가자들에게는 실험의 목적이 성격과 미각의 관계를 살펴보는 것이라고 말해주었고, 참가자가 본 실험에 앞서 작성한 성격검사 결과를 참가자와 공모자에게 함께 보여주었다. 물론 연구자들이 멋대로 만든 가짜 결과였다. 자기 이미지를 걱정하게 만들기 위해 참가자들 중 한 조건의 사람들에게는 다른 성격 특성은 평균이지만 "조심성, 예민성, 강박성 항목에서는 점수가 높다"는 피드백을 주었다. 성격검사 결과지에 이 특성이 높은 사람들은 "위험한 결정을 내리는 것이나 위험한 상황 자체를 회피하고 작은 일로도 심하게 걱정하는 편"이라고 써두었다. 다른 조건의 사람들에게는 반대로 자기 이미지에 대한 걱정을 하지 않도록 조심성을 비롯한 모든 성격 특성에서 중간 정도의 점수를 기록했다고 알려주었다. 위험한 화학물질을 다룰 때 안전장비를 착용하는지 살펴본 앞선 실험에서처럼, 일부 참가자들로 하여금 자신이 매우 조심스럽고 예민하다는 인상을 준다고 믿게 만든 것이다.

가짜 성격 프로필을 보고 나서 참가자들에게 다양한 액체들을 주고 다른 참가자(연구자가 심어둔 공모자)가 보는 상황에서 맛 평가를 부탁했다. 맛 테스트의 목적은 사람들이 물을 마시고 싶게 만드는 것이었다. 그래서 간장, 머스터드, 탄산음료 농축액 같은 것들을 섞어 이상한 물질을 만들었다. 험난한 맛 평가를 끝내고, 연구자들은 사람들에게 입을 헹굴 물이 없어 미안하다고 말했다. 바로 이때, 공모자가 가방에서 반 정도 빈 물병을 꺼내 들며 참가자에게 내밀었다. 참가자들 중 반에게는 "맛이 끔찍했을 거 같은데 내 물이라도 마시겠어요?"라고 물었고 나머지 반에게는 똑같이 말한 후 "내가 이미 입 댄 물을 마시는 게 걱정되지 않는다면"하고 시험에 들게 하는 말을 덧붙였다. 그러니까 이렇게 말하면 참가자들은 소심해 보일까 봐 더 걱정하게 되고, 결국 자신이 소심하지 않다는 것을 보여주기 위해 낯선 사람이 마신 물도 기꺼이 마실 것이라고 생각했다.

목숨조차 내걸게 하는 자아

결과는 예상대로였다. 참가자들은 공모자가 자신을 조심스러운 사람이라고 여긴다고 생각하는 경우와 "내가 이미 입을 댄 물을 마시는 게 걱정되지 않는다면 물을 마시라"는 말을 들은 경우 더 높은 확률로 물을 마셨으며 마신 양 또한 더 많았다(참고로 실험에서 사용된 물은 깨끗한 물이었으므로 위생에 대해서는 걱정하지 않아도 된다).

물론 이 실험에서 만든 상황이 안전하지 않은 성관계를 하는 상황과 딱 맞아떨어지는 것은 아니다. 우선 낯선 사람이 마신 물을 마셔서 발생할 수 있는 위험이 안전하지 않은 성관계에서 오는 위험보다 훨씬 작다. 이미지 개선을 위해 물을 마시는 것 정도야 쉽게 할 수 있는 행동일지도 모른다. 하지만 이 연구의 참가자들은 다른 참가자에게 좋은 인상을 남겨야 할 이유가 아무것도 없었다는 사실에 주목해보자. 다른 참가자가 자신의 삶에 큰 영향을 미칠 수 있는 사람인 것도 아니었고 이 사람과 다시 볼 일이 있는 것도 아니었다. 그러나 성관계 같은 많은 현실 속 상황에서는 상대방에게 호감을 얻고 싶고 앞으로도 관계를 잘 유지하고 싶은 욕구가 있기 때문에 상대방에게 잘 보여야 할 이유가 한가득이다. 통제된 실험실 안에서 별다른 이유 없이도 이미지를 지키기 위해 위험한 행동을 했다면 이유가 충분한 현실에서는 더 큰 위험을 감수할지도 모른다. 실험실에서 나온 결과를 일반화하는 것이 가능한지는 별개로, 이런 결과를 보면 많은 사람들이 자신의 이미지를 위해서라면 비위생적이고 건강에 해로운 행동도 감수한다는 사실이 여실히 드러난다.

오늘부터 철저히 혼자서 담배를 배워볼까?

어느 날 갑자기 아침에 눈을 뜨자마자 "테킬라는 어떤 맛일까?", "오늘부터 담배를 배워볼까?", "그래 대마초를 시작해보자" 같은 식으로 술이나 담배 또는 이런저런 약물들을 시작하는 일은 별로 없다. 혼자서 어느 날 시작하기보다 대부분 사회적 상황에서 첫 술, 첫 담배를 경험하게 된다. 특히 10대들의 경우 '또래 집단의 압력' 때문에 어쩔 수 없이 시작하는 경우가 많다. 하지만 많은 경우 이런 압력은 겉으로 명확하게 드러나기보다 암묵적으로 작용한다. 굳이 노골적으로 압박하지 않아도 함께 담배를 피우거나 술을 마시면 관계에 이득을 주고, 반대로 이를 거부하면 관계가 어색해지는 상황에서는 손쉽게 여기에 동참하게 된다. 만약 술, 담배, 마약 등을 했을 때 주변의 모든 사람들이 나를 싫어하고 거부한다면 이런 행동을 쉽게 하지는 않을 것이다.

많은 사람들이 첫 담배나 술, 마약을 자발적으로 하는 편이지만 사실 이런 행동들의 바탕에는 사람들과 잘 어울릴 줄 아는, 소위 '인싸who fits in'가 되고 싶다는 소망이 깔려 있다. 우리 연구에서도 많은 대학생들이 술, 담배, 마약을 하게 된 이유가 함께하기 편안하고 재미있는 사람으로 보이고 싶었기 때문이라고 응답했다. 소위 '놀 줄 아는' 사람이나 어른스러운 사람으로 보이고 싶어서 했다고 응답한 학생들도 있었다. 전체 학생 중 남성과 여성의 반 이상이 단지 다른 사람들에게 잘 보이고 싶다는 이유로 술을 마신 적이 있다고 응답했고 25퍼센트가 비슷한 이유로 담배를 경험했으며, 또 10퍼센트가 역시 비슷한 이유로 마약을

목숨조차 내걸게 하는 자아

해봤다고 응답했다(여성이 남성보다 더 많이 그런 편이었다).[18] 이 수치들은 술, 담배를 한 번이라도 해본 적이 있는 학생들의 비율이 아니라 단지 다른 '사람들에게 좋은 인상을 남기고 싶다는 이유'로 술, 담배를 한 학생들의 비율이라는 점을 기억하자.

이렇게 타인이 자신을 어떻게 볼지에 대한 걱정이 사람들로 하여금 담배를 시작하게 할 뿐 아니라 담배를 끊지 못하게 만들기도 한다. 물론 담배를 끊는 것은 그 자체로 어려운 일이고 많은 사람들이 다양한 이유로 금연에 실패한다. 하지만 어떤 사람들은 살이 찌는 것이 두렵다는 이유로 담배를 끊을 생각조차 안 한다.[19] 이런 걱정이 완전히 근거 없지는 않다. 담배를 끊으면 평균적으로 2~3.5킬로그램 정도 몸무게가 늘어난다는 연구 결과들이 있었다. 다행히도 대부분 시간이 지나면 원래의 체중으로 돌아온다.[20] 그럼에도 많은 사람들이 체중이 늘어날까 봐 담배를 끊지 못하는데, 여기서도 사람들이 자신의 이미지와 건강 중 무엇을 더 중시하는지가 잘 나타난다. 결과적으로는 금연하느라 체중이 좀 늘어서 이미지가 깎이느니 심장병, 폐기종, 폐암을 감수하는 선택을 내리는 것이다. 물론 흡연의 결과를 이렇게까지 구체적으로 생각하고 내린 결정은 아니겠지만 어쨌든 그들의 선택이 그렇다.

건강보다 외모

사람들은 다들 자신의 외모에 많은 신경을 쓴다. 다른 사람들에게

나는 왜 내가 힘들까

매력적으로 보이려고 애쓰거나 최소한 매력적이지 않게 보이는 것은 피하려고 한다. 매일매일 사람들 앞에 자신을 내보일 수 있게끔 외모를 치장하는 데 많은 시간을 쓰고 외모를 가꾸는 데 도움이 된다는 상품, 서비스 등에도 많은 돈을 쓴다. "외적 아름다움은 피상적일 뿐, 중요한 것은 내면"이라는 말을 지겹게 듣지만, 안타깝게도 내 외모가 나를 향한 타인의 평가와 태도에 영향을 미치고 나아가 각종 사회적 결과들이나 연애, 직업적 성과 등에도 영향을 미칠 수 있는 것이 현실이다. 이 때문에 많은 이들이 자신의 외모에 관심을 쏟는다고 해도 이상한 일은 아니다(아름다움의 기준은 사회적 집단마다 다를 테지만). 조금 놀라운 사실은 때론 아름다워 보이기 위해 건강과 행복을 멀리 내던져 버리기도 한다는 점이다.[21]

완벽한 태닝을 찾아서

1960년대 이후로 미국의 피부암 발병률은 세 배 이상 늘었다. 이보다 더 많은 네 배 이상 늘었다고 보는 전문가들도 있다. 그 원인으로는 20세기 중반보다 더 많은 사람들이 위도가 낮은 남부 지역에서 살거나 남쪽으로 휴가를 가고, 피부 태닝 숍도 더 많아졌고, 더 노출이 심한 옷을 입게 되었으며, 오존층의 파괴로 인해 자외선 양이 더 많아졌다는 점 등이 꼽힌다.[22] 이렇게 피부암의 원인은 다양하지만 사실 가장 큰 원인 중 하나는 구릿빛 피부를 뽐내려고 하는 태닝이다.

19세기 서양에서는 하얀 피부가 선망의 대상이었다. 주로 실내에서

목숨조차 내걸게 하는 자아

생활하는 귀족이나 전문직 종사자들은 창백한 피부를 유지한 반면 농부들이나 야외에서 몸을 움직이며 일하는 사람들은 피부색이 짙었기 때문이다. 이후 산업혁명이 시작되면서 노동계층이 볕이 들지 않는 공장으로 이동하게 되었고 이제는 돈과 시간적 여유가 많은 사람들만 화창한 햇볕 아래에서 노닐게 되었다. 서구 사회에서는 이때부터 하얀 피부가 아니라 그을린 피부가 부와 지위의 상징이 되었다.[23] 옛날에야 의학이 발달하지 않아서 자외선과 피부암의 상관관계를 몰랐지만, 지금은 태닝이 암을 유발할 수 있다는 사실이 널리 알려져 있다. 하지만 안타깝게도 이런 경고에도 불구하고 태닝을 하는 사람들의 수는 별로 줄어들지 않았다.

다른 무모한 행동들처럼 과도한 태닝 역시 타인의 눈을 통해 자신의 모습을 상상하는 것이 가능하기에 나타나는 현상이다. 타인에게 내가 어떻게 보일지를 전혀 상상할 수 없다면 내 피부가 창백하든 구릿빛이든 크게 신경 쓰지 않을 것이다. 우리 연구에서도 외모를 중시하고 태닝이 자신의 매력도를 높여줄 거라는 믿음이 큰 사람들이 그렇지 않은 사람들에 비해 태닝을 더 열심히 했다. 다른 사람들 눈에 매력적이고 싶다는 이유로 손수 피부암에 걸릴 확률을 높이는 셈이다.

우리 연구 팀은 태닝이 매력적으로 보이고자 하는 욕구와 관련이 있다는 점에 착안해서 만약 태닝이 외모에 악영향을 미칠 수 있다고 경고하면 사람들의 마음을 돌릴 수 있을지도 모른다고 생각했다. 실제로 그런지 알아보기 위해 조디 존스Jody Jones와 나는 학생들에게 태닝에 대한 세 가지 글을 읽도록 했다.[24] 하나는 장시간 햇빛에 과하게 노출될 경우 피부암에 걸릴 확률이 높아진다는 등 햇빛이 건강에 해로울 수 있다는 글이었고, 다른 하나는 햇볕이 외모에 미칠 수 있는 악영향(주름, 빠른 노화, 흉터 등)에 대한 글이었다. 마지막 하나는 태닝이 미치는 악영향에 대한 언급 없이 무미건조하게 태닝을 하는 과정에 대해 이야기하는 글이었다. 참가자들은 이 세 가지 중 하나의 글을 읽은 후 태닝에 대한 태도와 다가오는 여름 태닝 계획이 있느냐는 질문에 답했다.

이번에도 역시나 태닝이 외모에 미치는 악영향에 대한 글을 읽은 사람들이 그냥 태닝이 건강에 해로울 수 있다는 글이나 태닝 과정에 대한 글을 읽은 사람들에 비해 이후 태닝에 대해 가장 부정적인 태도를 보였으며, 선크림을 쓸 의향도 더 컸다. 즉 사람들은 태양이 암보다 외모에 미칠 악영향을 더 크게 걱정했다는 것이다. 한 가지 흥미로운 사실은 태닝이 외모에 악영향을 줄 수 있다는 글이 외모에 가장 많은 신경을 쓰는 사람들에게는 별로 효과가 없었다는 것이다. 외모 가꾸기에 열심인 사람들은 태닝이 언젠가는 외모에 마이너스가 될 거라는 사실을 무시했다.

심한 경우 강박적으로 태닝을 하는 사람들도 어렵지 않게 찾아볼 수 있다. 이미 더 이상 그을릴 수 없을 정도로 피부색이 진해졌는데도 계속해서 태닝을 하는 '태닝 불만족속'들이다. 이렇게 태닝에 만족하지 못하는 이유를 알아보기 위해, 공원이나 수영장에 앉아 있는 사람들을 대상으로 태닝에 대한 태도와 태닝 여부, 선크림 사용 여부, 외모가 중요하다고 생각하는 정도, 강박적 경향성에 대해 조사한 연구자들이 있었다.[25] 그 결과 태닝을 하면 외모가 향상된다는 믿음이 강하고 강박증

목숨조차 내걸게 하는 자아

이 심할수록 태닝을 해도 해도 만족하지 못하는 모습을 보였다. 태닝이 좋은 인상을 남기는 데 도움이 된다고 믿고 다른 사람들의 시선을 강박적으로 의식하는 사람들이 태닝을 과하게 하는 편이라는 것이다. 강박적인 사람들은 강박의 대상(이 경우에는 태닝)에 대해 머릿속으로 끊임없이 되뇌는 경향을 보인다는 점에서 이번에도 역시 자아의 죄가 크다.

말라야 한다는 압박

보통 보기 좋게 늘씬한 몸매를 가진 사람을 매력적으로 여긴다. 사람들은 이런 매력적인 모습이 되기 위해 체중을 줄이고 몸매를 가꾸기도 한다. 체중 조절에 관심을 가지면 어느 정도 이점이 있다. 만약 미국인들이 어느 날 갑자기 자신이 남들에게 어떻게 보일지 전혀 신경 쓰지 않게 되었다고 해보자. 아마 지금보다도 더 과체중과 그로 인한 건강 문제가 심각해질 것이다. 이제야 드디어 자기고찰 능력이 건강과 행복을 증진시키는 사례를 하나 찾은 것 같다. 하지만 꼭 그렇지만도 않다.

건강상의 이유로 체중을 감량해야 하는 경우도 많지만 연구에 의하면 다이어트 중인 사람들의 반 이상이 건강과 상관없이 단지 예쁘고 멋져 보이기 위해 살을 뺀다고 한다. 즉 대부분의 다이어트는 건강해지겠다는 목적보다는 아름다워 보이고 싶다는 목적으로 행해진다.[26] 이런 목적의 다이어트는 건강에 많은 악영향을 초래할 수 있다. 비교적 작은 문제로는 가벼운 영양실조가 있다. 필요 없는데도 다이어트를 하면 몸이 적절하게 기능하는 데 필요한 에너지를 충분히 섭취하지 못하

게 된다. 그러다 보니 기력이 떨어지거나 면역력이 떨어져 질병에 취약
해진다.

물론 이보다 더 큰 문제들도 있다. 다이어트를 심하게 하느라 필요
한 영양소를 섭취하지 않으면 신체 균형이 깨질 수 있다. 그 밖에 안전
성이 검증되지 않은 다이어트 보조제나 식욕 억제제를 먹거나 몸무게
가 확 줄었다가 다시 확 늘어나기를 반복하는 요요 현상을 겪는 등 많
은 사람들이 다이어트를 하느라 자신의 건강을 위험에 빠뜨린다.[27]

섭식 장애의 경우처럼 과도한 체중 감량은 목숨을 위협하기도 한
다. 연구에 의하면 섭식장애를 가지고 있는 여성의 상당수가 타인의 눈
에 비칠 자신의 모습에 대해 강박적인 수준으로 걱정한다.[28] 이들은 체
중이나 외모, 음식을 주제로 한 자기대화를 멈추지 못하는 경향이 있
다. 이와 달리 동물들의 경우 주변 동물들에게 잘 보이겠다는 이유로
스스로 굶주림을 선택하지는 않는다. 동물들은 자신의 체중이나 다른
사람들이 바라보는 자신의 이미지를 걱정하지 않기 때문이다. 물론 동
물의 세계에서는 날씬한 몸매를 유지하라며 압박하는 존재들도 없다.

지나치게 무리하거나 안 하거나

외모를 가꾸기 위한 목적으로 운동을 하는 경우도 많다. 물론 적
절한 운동은 건강에 이롭지만 안타깝게도 긍정적인 사회적 이미지를
갖고야 말겠다는 자아의 욕구 때문에 지나치게 자주, 오래, 높은 강도
로 무리해가면서 운동을 하는 사람들이 있다. 우리 연구에서는 남성의

목숨조차 내걸게 하는 자아

10퍼센트와 여성의 30퍼센트가 다른 사람에게 좋은 인상을 주고 싶어서 무리한 적이 있다고 응답했다. 운동을 하는 이유로 날씬하거나 강인해 보이고 싶어서,[29] 또는 운동을 한다는 것 자체가 좋은 이미지를 심어주기 때문에 한다는 답변이 자주 등장했다.

달리기를 하는 사람들의 경우 혼자 달릴 때보다 다른 사람들과 함께 달릴 때 더 빠르게 그리고 오래 뛰며 무리하는 경향이 나타난다. 다른 이들에게 뒤처지는 것처럼 보이지 않으려고 각자 자기 자신을 밀어붙이는 것이다. 실제로 공원에서 혼자 조깅을 할 때보다 누군가 자신을 쳐다보고 있다고 생각하게 할 때 더 빨리 뛴다는 연구가 있었다.[30] 비슷하게 남성들의 경우 웨이트리프팅을 할 때 다른 사람들이 보고 있다고 느끼면 평소보다 더 무거운 무게를 드는 모습을 보였다. 우리 연구에서는 약 27퍼센트의 남성들이 단지 멋져 보이고 싶어서 평소보다 더 무게를 높인 적이 있다고 답했다.[31] 한 남성 참가자는 이렇게 말했다. "친구랑 같이 웨이트리프팅을 했는데 친구보다 더 세 보이고 싶어서 일부러 평소보다 더 무게를 높여 들었어요. 거기다가 평소보다 더 많이 들었다 놨다 반복해서 다음 날 고생했어요." 어떤 남성은 헬스장에서 에어로빅 수업을 듣는 여성들이 들어오는 걸 보고 이들에게 멋져 보이려고 더 무게를 높여 들었다고 했다. 여성들이 그의 존재를 알아차리기나 했을지 알 수는 없지만, 확실히 다음 날 아침에 일어날 때 등 근육이 심하게 땅겼을 것이다. 이렇게 힘을 과시해서 깊은 인상을 남기려 애쓰는 경우 근육 뭉침, 등 쑤심, 목의 이상이나 심한 경우 골절을 겪게 된다. 여성들의 경우 3퍼센트만이 멋져 보이기 위해 과한 리프팅을 했다고 응답했다.

한편 건강을 위해 운동을 할 필요가 있고 본인도 운동을 하고 싶지만 다른 사람들이 운동하는 자신을 어떻게 볼지가 걱정되어서 운동을 하지 않는 사람들도 있다. 자기가 뚱뚱하다거나 지나치게 말랐거나, 비율이 이상하다고 생각하는 사람들은 자기가 운동하는 모습이 다른 사람들에게 어떻게 보일지, 또 운동복을 입은 내 모습이 어떻게 비칠지 신경 쓰곤 한다. 그러다 보니 에어로빅 시간에 펄쩍펄쩍 뛰는 모습을 보이기 싫다고 하거나 수영하는 모습이나 공공장소에서 뛰는 모습, 또는 몸 좋은 사람들 사이에서 웨이트리프팅을 하는 모습을 보이지 않으려고 한다.[32] 무리해서 운동하는 것과 전혀 다른 행동으로 보이지만 이 또한 자아가 만든 걱정 때문이다.

자아에게서 도망치기

4장에서 우리는 과거에 대해 곱씹거나 미래에 대해 걱정하는 행위가 얼마나 많은 괴로움을 만들어내는지 살펴보았다. 이렇게 우리가 스스로 만들어내는 감정들은 대부분 불쾌하기 때문에 사람들은 이들을 가급적 빨리 없애고 싶어한다. 괴로움을 일으키는 상황을 변화시키려고 애써보지만 이게 불가능하다면 부정적인 정서 자체로부터 도망치기 시작한다. 효과적인 방법 하나는 바로 다양한 수단을 동원해 자아의 입을 다물게 하는 것이다. 자기대화를 통해 내가 스스로 만들어내는

목숨조차 내걸게 하는 자아

생각들이 없다면 불쾌한 감정도 없고, 감정이 없다면 문제도 없기 때문이다.

심리학자 로이 바우마이스터는 저서 《자아로부터 탈출하기Escaping the Self》에서 이렇게 자아로부터 도피하는 행동에 대한 흥미로운 조사 결과들을 내놨다.[33] 자아가 일으키는 불편함을 피하고 싶을 때 많은 이들이 멍하니 텔레비전을 보며 생각을 비워내거나 음악을 듣거나 무언가를 읽거나 운동하거나 쇼핑, 수면, 명상, 성관계 등을 한다는 것이었다. 깊은 슬픔에 빠져 있는 상황처럼 자기 내면에 침잠해 있어서 자아에서 탈피하는 것이 불가능한 경우가 아니라면, 이런 활동들이 주의를 분산시켜 생각을 줄이는 데 효과적일 수 있다. 또한 이렇게 아무 생각 없이 텔레비전을 보는 등의 활동이 즐거운 이유 중 일부는 자아가 입을 다무는 데에서 온다.

하지만 때로는 자아로부터의 도피가 극단적인 형태를 띠기도 한다. 자아의 잔소리로부터 도망치기 위해 위험과 스릴이 넘치는 행동에 빠져드는 경우다. 번지점프를 하거나 롤러코스터를 탈 때, 스카이다이빙이나 암벽 등반을 할 때 우리는 다른 것들은 신경 쓸 새 없이 지금 당장 벌어지고 있는 상황에만 집중한다. 결과적으로 쓸데없는 걱정에 쓸 인지적 자원이 부족한 상태가 된다. 물론 눈앞의 상황을 너무 무서워한 나머지, 예컨대 '너무 무서워서 뛰어내릴 수가 없어! 저 높이 좀 봐! 떨어지면 어떻게 되는 거지?' 하고 그 상황에 대한 자기대화에 푹 빠져버릴 수도 있다. 하지만 이런 자기대화는 자신의 부족한 점과 실패, 직업상의 스트레스, 관계적 문제, 어쨌든 비참한 내 인생에 대한 자아의 끊

나는 왜 내가 힘들까

임없는 자기 잔소리보다는 훨씬 더 낫게 느껴진다.

일상적으로 나타나는 자아로부터의 이런 도피 행각들은, 다소 위험한 종류라고 해도 어쨌든 자아를 조용히 시키는 데 도움이 된다. 말 많은 자아 때문에 불필요한 불행을 떠안은 우리에게는 자아를 잠시나마 정지시킬 수단이 필요하다. 계속해서 자기고찰을 하면 항상 기분이 나쁘고 언제나 스트레스가 한가득인 잔뜩 지친 상태가 되고 만다. 만약 자아에게 껐다 켰다 할 수 있는 스위치가 있어서, 자기고찰이 날뛸 때 잠깐 껐다가 필요할 때 다시 켤 수 있다면 굳이 자아 도피법을 알아야 할 필요가 없다. 안타깝게도 아직 그런 스위치를 발견하지 못했으므로 자아의 입을 다물게 할 수 있는 방법을 어느 정도 숙지하고 있어야 한다. 물론 어떤 도피법들은 문제를 해결하는 만큼 다른 문제를 만들어내기도 한다.

술에 정신을 놓아버리기

직장에서 스트레스를 잔뜩 받았거나 어색하고 불편한 모임에 껴 있을 때 사람들은 종종 술의 힘을 빌려 긴장을 달랜다. 술이 긴장을 풀어주는 방법은 크게 두 가지인데, 첫 번째는 생리적 각성 수준을 낮추고 근육을 풀어주는 등 직접적으로 중추 신경계에 작용하는 것이다. 여기에는 자아의 간섭이 필요하지 않다. 쥐들도 술을 지나치게 마시지만 않는다면 알코올 섭취 후 마음에 평화가 깃들 것이다.

우리가 이야기하고자 하는 내용과 조금 더 가까운 두 번째 방법은,

술이 자기고찰에 관여하는 인지 과정을 방해해서 긴장을 줄여준다는 것이다. 술로 인해 잘못된 판단을 내리고 기억도 증발했던 경험들을 떠올려보면 술이 인지 기능을 방해한다고 해도 별로 놀랍지는 않다. 이렇게 술이 자아를 무력화하는 것을 보면 문제가 있을 때 사람들이 왜 하필 술을 찾는지 알 수 있다. 물론 술을 마신다고 해서 문제가 실제로 사라지지는 않지만 적어도 제정신이 아니게 만들어서 문제를 덜 심각해 보이도록 만드는 효과가 있다.

심리학자 제이 헐Jay Hull과 동료들은 실험을 통해 음주가 사람들의 자기인식을 낮출 수 있다는 사실을 밝혔다.[34] 연구자들은 한 집단의 사람들에게는 진짜 술을 마시게 하고 다른 집단의 사람들에게는 알코올이 들어 있지 않은 토닉 워터를 마시게 했다. 하지만 모든 참가자들로 하여금 자기가 마신 것이 보드카와 토닉을 섞은 진짜 술이라고 생각하게 했다(라임 주스를 첨가해서 자기가 마신 것이 술인지 아닌지 모르게 했다). 술이 몸에 흡수되길 기다린 후 참가자들에게 "자신의 외모에 있어 좋아하거나 싫어하는 부분"에 대해 3분간 얘기하라고 했다. 그 결과 진짜 술을 마신 집단과 그냥 물을 마신 집단의 사람들이 말한 단어의 숫자는 비슷했지만 그 내용에 차이가 있었다. 술을 마신 참가자들은 토닉 워터를 마신 참가자들에 비해 자기 자신을 지칭해서 이야기하는 비율이 낮았고 '나', '나를me', '나의mine' 같은 일인칭 대명사를 덜 사용했다. 연구자들은 이러한 결과가 바로 술이 사람들의 자기인식을 낮추는 증거라고 보았다. 중요한 점은 이런 결과가 플라시보 효과 때문이 아니라는 것이다. 모두 자신이 술을 마셨다고 생각했지만 실제로 술을 마시

나는 왜 내가 힘들까

지 않은 사람들에게서는 이런 효과가 나타나지 않은 반면, 진짜 술을 마신 사람들에게서만 이런 현상이 나타났다.

또 다른 실험에서는 남성 참가자에게 지능 테스트를 보게 하고 점수가 좋다거나 나쁘다는 피드백을 주었다. 물론 실제로는 점수와 지능 사이에 아무런 상관도 없었다. 그리고 나서 두 번째 과제를 진행한다며 다양한 와인들을 맘껏 마시고 각각의 맛을 평가해보라고 했다. 그 결과 자기 자신에 대해 생각하는 경향이 강한 남성들의 경우(기질적으로 자신을 의식하는 정도가 높은 사람들) 지능 점수가 높다는 피드백을 받았을 때보다 낮다는 피드백을 받았을 때, 더 많은 양의 와인을 마신 것으로 나타났다. 술을 통해 실패로 인한 부정적 생각이나 자기비난을 피하려 했던 것으로 보인다. 반대로 평소 자신에 대해 자주 생각하지 않는 남성들(기질적인 자기의식이 낮은 사람들)은 점수가 낮다는 얘기를 들어도 점수가 높다고 들었을 때보다 와인을 더 많이 마시는 모습을 보이지 않았다. 애초에 자신에 대한 생각을 곱씹지 않는 편이기에 지능 점수가 낮다는 피드백을 받아도 굳이 술로 자기인식을 낮출 필요가 없었던 것이다.[35]

지금까지 술이 사람들의 자기인식을 낮춰주며 이런 이유로 술을 마시는 경우가 적지 않음을 살펴보았다. 그렇다면 혹시 알코올 중독도 같은 경우라고 볼 수 있지 않을까? 자아의 목소리를 잠재우고 싶어서 알코올 중독에 빠진 사람들이 꽤 많은 것은 아닐까? 실제로 그런지 알아보기 위해 알코올 중독 프로그램을 수료한 지 얼마 안 된 사람들을 대상으로 한 연구가 있다.[36] 연구자들은 알코올 중독자들이 스트레스

목숨조차 내걸게 하는 자아

를 주는 사건이 발생한 후 여기에 뒤따르는 자기인식을 줄이기 위해 술을 마시는 것이라면 중독 치료 후 스트레스를 많이 받은 사람들이 그렇지 않은 사람들에 비해 더 빨리 중독 재발을 보일 것이며, 이런 현상은 평소 자신에 대한 생각을 많이 하는 사람들, 즉 자신에게서 도망칠 이유가 가장 많은 사람들에게서 더 크게 나타날 것이라고 가정했다.

연구 결과, 중독 치료 세 달 후 자신을 심하게 의식하는 사람들 중에서도 특히 치료 후에 힘든 일을 많이 겪은 사람들의 약 70퍼센트가 재발했다. 비슷하게 자신을 심하게 의식하지만 별다른 나쁜 일 없이 지냈던 사람들 중에서는 14퍼센트만 재발했다. 즉 기질적으로 자기의식이 심한 사람들의 경우 스트레스가 심할수록 알코올 중독 재발 가능성도 함께 높아졌다. 하지만 자기의식이 낮은 사람들은 치료를 시작한 후 나쁜 일을 겪든 좋은 일을 겪든 재발률에 별 차이를 보이지 않았다. 한편 이들 중 약 40퍼센트 정도가 치료 후 좋은 경험을 했거나 나쁜 경험을 했거나 관계없이 다시 술을 먹기 시작했다. 이런 연구 결과를 보면 알코올 중독 치료 프로그램에서 환자들을 대상으로 음주가 아닌 다른 자아 탈출법을 가르칠 필요가 있어 보인다. 술보다 덜 파괴적인 방법, 예컨대 명상과 같이 생각을 줄이는 데 효과적인 방법을 사용하도록 하는 것이다.

한편 음주 후에는 보통 자기 자신에 대해 깊게 생각하지 않지만 때로는 반작용이 일어나기도 한다. 술이 자아로부터 탈출하게 만드는 게 아니라 되레 자아의 저주를 증폭시킬 수도 있다. 되레 술을 들이부음으로써 술 때문에 생각의 초점이 전부 자신에게로 향한 채 그대로 갇혀버

나는 왜 내가 힘들까

릴 수 있다는 것이다. 이 과정에서 자신의 문제들을 곱씹으며 실제보다 더 과장하고 자기연민에 허우적대기도 한다. 이런 경우 술이 우울감과 자기비난, 좌절감을 더 심하게 만든다.

같은 술이 왜 어떨 때는 자아의 기능을 낮추고 어떨 때는 높이며 정반대로 작용하는 걸까? 지금까지의 연구들에 의하면 술은 우리의 주의를 한정시켜 가장 뚜렷하게 떠오르는 일들에만 집중하게 하는 반면 나머지는 잊게 만든다. 술에 취하면 한꺼번에 여러 가지를 골고루 보지 못하고 몇 가지에만 꽂히게 된다는 것이다. '알코올성 근시(가까운 것만 보이고 생각하게 되는)'라고 불리는 이 현상은 우리의 마음 상태가 어떤지에 따라 다른 효과를 낸다.[37] 예컨대 술을 마시기 전 정신이 멀쩡한 상태에서 흥미로운 대화나 즐거운 파티, 음악 소리 등에 집중하고 있었다면 술이 이런 즐거운 자극에만 집중하게 해서 자아와 관련된 생각이 줄어든다. 하지만 실연이나 실패 등의 쓸쓸한 일을 겪은 후라면 알코올성 근시로 인해 이런 문제들을 더더욱 곱씹게 된다. 이런 이유로 우울할 때 혼자 술을 마시면 삶의 문제들이 자꾸 더 생각나고 결국 술 마시고 우는 일 등이 발생하고 마는 것이다. 자아로부터 도망치기 위해 마신 술로 인해 되레 내면으로 더 깊이 빠져들고 결국 기분을 더 망치게 되는 안타까운 현상이다.

나 자신을 잊게 만들어줘

마조히즘은 오랫동안 심리학자들 사이에서 큰 의문거리였다. 고통

목숨조차 내걸게 하는 자아

을 피하려고 하는 인간의 습성에 완전히 반하는 현상이기 때문이다. 왜 어떤 사람들은 모욕을 당하고 아픔을 느끼고 싶어 하는 걸까?

마조히즘에 대해 연구한 심리학자 로이 바우마이스터는 마조히즘의 핵심 또한 자아로부터의 도피라고 보았다.[38] 육체적 고통은 어쩌면 자신에 대한 추상적인 생각들을 지우는 가장 효과적인 방법이 될 수 있다. 예컨대 몸에 물리적 아픔이 느껴질 때는 그 감각에 주의를 집중하게 되고, 통증을 끝내는 것에만 초점을 맞춘다. 육체적 고통을 겪고 있는 사람이 자신의 부족한 점, 실패, 걱정거리, 후회, 자신의 가치 등을 생각하는 경우는 별로 없다. 고통이 심해질수록 자아와 관련된 추상적인 생각들로부터 더 멀어지게 되고 그 대신 지금, 바로 여기에 머무르게 된다.

흔히 생각하는 것과 달리 마조키스트가 아주 큰 고통을 바라지는 않는다. 일반적으로 다른 사람에 의해 통제당하거나 수치심을 느끼는 정도의 온건한 고통을 원하며 심각한 고통이나 상처를 입을 만한 일은 피한다. 이를 위해 파트너를 신중하게 고르며 보통 고통이 참기 힘든 수준임을 알리는 신호를 함께 정해둔다. 고문 받는 듯한 극심한 고통을 원하는 것이 아니라 지금 이 순간의 감각으로 주의를 한정시켜 다른 생각을 멈춰주는 수준의 아픔을 원한다.

심리학적으로 부적응적일거라는 생각과 다르게 마조키스트들은 놀라울 정도로 멀쩡한 사람들이다. 바우마이스터에 의하면 마조히즘은 성공하고 잘사는 사람들에게서 더 많이 나타난다.[39] 마조히즘이 자기고찰로 인한 스트레스와 불편함에서 벗어나기 위한 시도라는 점을 떠올려보면 납득할 만하다. 높은 지위와 권력을 가지고 있을수록 자신이 지닌 권위와 책임의 무게에 항상 어깨가 무거울 테고, 따라서 그만큼 자아로부터 도피할 필요성도 커질 테니 말이다.

나로부터의 궁극적인 탈출, 자살

마조히즘처럼 자살 또한 많은 사람들에게 이해하기 어려운 문제였다. 살고자 하는 것은 모든 동물들의 가장 큰 욕구인데 왜 어떤 사람들은 스스로 목숨을 끊는 걸까? 또 인간이 유일하게 의도적으로 자신을 살해하는 동물인 이유는 무엇일까? 물론 다른 동물들도 자손을 지키기 위해 자신을 희생할 때가 있다. 나그네쥐들은 다른 쥐들을 따라 이동하다가 자기도 모르게 바닷물에 몸을 던지는 모습을 보이기도 한다. 하지만 이런 행동들은 자살을 시도하려는 사람의 절박한 행동과는 거리가 있다. 오직 인간만이 다른 이유가 아닌 나라는 존재를 끝내버리겠다는 목적을 가지고 자신의 목숨을 끊는다.

바우마이스터에 의하면 자살을 시도하는 사람들은 죽는 것 자체보다 자기 자신과 자기 삶에 대한 고통스러운 생각과 감정에서 벗어나는 것에 대한 열망이 더 크다.[40] 절망감에 몸서리치며 자살을 생각하는 사람에게 자기인식을 제거할 수 있는 약이 주어진다면, 아마도 이 사람은 죽기보다는 약 먹기를 선택할 거라는 얘기다. 다른 동물들이 자살을 하지 않는 이유 또한 인간처럼 내면을 좀먹는 자신에 대한 생각들과 존재론적인 무력감을 겪지 않아도 되기 때문이다.

목숨조차 내걸게 하는 자아

자살 시도는 두 가지 측면에서 자아의 저주에서 벗어날 길을 마련해준다. 우선 자살에 성공한다면 자아가 날뛰는 것을 확실하게 막을 수 있다. 자살 시도가 성공적이지 않더라도(보통 그러하다) 자살하려는 행위 자체가 얼마 동안 자아로부터 도망치게 해주기도 한다. 바우마이스터에 의하면 "실패한 자살 시도는 성공적인 도피 행각이다."[41] 자살에 성공하지는 못하더라도 자살에 대해 생각하고 계획하는 것만으로 괴로운 자기인식이 줄어드는 효과를 볼 수도 있다.

자살에 대해 생각하다 보면 구체적인 생각들에 몰두하게 되고 그 과정에서 나를 괴롭히던 자아와 관련된 추상적인 생각들이 크게 줄어든다. 일반적으로 자살에 대해 생각할 때면 자살 방법과 행위의 세부사항같이 제한적이고 구체적인 방법들에 대해 생각하기 때문이다. 이렇게 자살 계획을 세우는 것이 과거와 미래에 대한 높은 차원의 사고들을 막아주기 때문에 사람들은 흔히 이 과정에서 마음이 빈 듯한 느낌, 무감각 상태, 심지어 평화로움을 느끼곤 한다. 자살 시도를 한 사람들은 종종 자살 계획을 세우면서 삶으로부터 분리된 느낌이나 해방감을 느꼈다고 보고하곤 하는데, 애초에 자살을 고려하게 만들었던 절망적인 감정 상태에 비해 그 정도면 훨씬 쾌적한 상태인 것이다.[42]

자아의 역설

앞서 살펴보았듯 인간의 자기고찰 능력은 생존과 번식을 돕기 위해 생겨났다. 하지만 역설적이게도 한때 인류의 성공에 크게 기여한 이 능력이 이제는 위험하고 파괴적인 행동을 불러오게 되었다. 내 행동의 부정적 결과('끈적끈적한 녹색 곰팡이가 핀 음식을 먹으면 좋지 않을 거야')를 알기 위해 미래를 들여다볼 수 있게 도와주는 기제가 한편으로는 우리로 하여금 그 결과를 뻔히 알면서도 자기파괴적인 행동('하지만 내가 그걸 먹으면 친구들이 나를 멋지다고 생각할 거야')을 하게 만든다.

어째서 우리 자아는 똑똑하고 쓸모 있으면서 한편으론 이렇게나 어리석고 위험한 걸까? 앞서 살펴봤듯 인간의 자아는 지금 우리가 살고 있는 시대와는 판이하게 다른 환경에서 진화했다.[43] 선사시대 아프리카의 환경과 사회적 조건에서는 자기고찰 능력이 사람들에게 해로운 방향으로 작용할 기회 자체가 별로 없었을지도 모른다. 예컨대 평생 한 부족집단 안에서 살아온 사람은 부족의 다른 구성원들에게 잘 보이기 위해 어느 날 갑자기 위험한 행동을 할 필요가 없었을 것이다. 이와 달리 현대 사회를 살아가는 사람들은 여러 집단에 새롭게 속하게 될 일이 많고 그때마다 자신의 사회적 정체성을 다시 정립해야만 한다. 또한 앞서 4장에서 살펴봤듯, 선사시대 사람들은 보상이 즉각적인 환경에서 살았기 때문에 애초에 현대인들처럼 자기고찰을 많이 할 필요가 없었다. 이들은 2~3일보다 먼 앞날을 내다볼 필요가 없었기에 미래에 대해 걱정할 일이 없었고[44] 따라서 자신에 대해 생각하는 괴로움에서 벗어나기 위해 자신을 위험에 빠뜨리는 행동을 할 필요도 없었을 것이다. 어쩌면 현대인들의 경우와 달리 선사 시대 사람들에게 있어 자아는 저주이기보다 온전한 축복이었을지도 모르겠다.

07

종교와
도덕

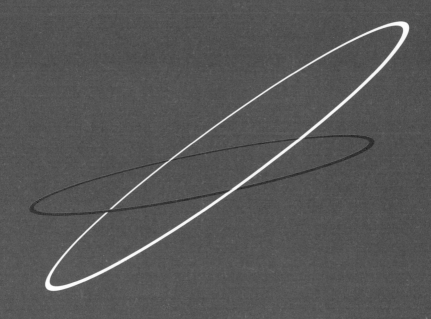

"종교의 목적은 타인을 비판하는 것이 아니라
 자신을 통제하는 것에 있다."

_14대 달라이 라마

　　고타마 싯다르타Siddhartha Gautama는 기원전 563년 현재의 네팔 위치에 있던 작은 나라의 왕자로 태어났다. 젊은 싯다르타는 살면서 겪는 고통이라는 문제에 대해 흥미를 갖게 되었다. 인간은 왜 고통을 느끼는지 이해하고 또 더 나은 삶을 사는 방법은 무엇인지에 대한 깨달음을 구하고자 가족을 떠나 영적 탐구의 길에 올랐다. 왕자로서 누릴 수 있는 안락한 삶을 버리고 요가와 명상, 금욕을 실천하며 떠돌이 탁발 수도승의 삶을 살았다. 6년간 극단적인 금식과 여러 형태의 고행을 겪은 후 싯다르타는 왕자로서의 자신을 부인한다고 해서 안락한 삶을 누릴 때보다 더 깨달음에 가까워지지는 않는다는 결론을 내렸다. 결국 그는

극단적 검소와 극단적 사치 사이에 있는 '중도The Middle Way'를 택했다.

부다가야(인도 북동부에 위치한 도시-옮긴이)에서 밤새 명상에 정진한 끝에, 싯다르타는 오랜 탐구에 대한 해답의 실마리를 찾았다. 바로 우리가 삶에서 겪는 많은 고통들이 자아를 불변하는 실체로 받아들이며 지키고 보호하려 애쓰는 습성 때문에 발생한다는 것이었다. 싯다르타는 이러한 깨달음, 아나트만 또는 '무아無我'라고 불리는 개념을 통해 자아란 변치 않고 고정되어 있거나 독립적인 존재이기보다 일시적으로 다양한 개념, 느낌, 지각이 합쳐진 무엇일 뿐이라고 보았다. 놀라울 정도로 현대적인 이 자아관은 싯다르타가 40년 동안 가르친 철학, 즉 불교의 핵심 교리로 자리 잡았다.[1]

싯다르타, 즉 부처(팔리어로 '깨달은 자') 외에도 많은 도덕철학자나 종교적 선지자들이 자아에 대해 이야기해왔다. 교리나 의식, 관습에 차이가 있기는 하지만 거의 모든 주요 종교들은 자아가 문제라는 인식을 공유하고 있다. 종교들마다 문제의 본질을 조금씩 다르게 보고 있지만 인간의 자아가 영적 깨달음과 종교적 실천, 도덕적인 삶에 가장 큰 장애물이라는 인식과 영적인 삶을 살기 위해서는 자아의 악영향을 약화시킬 방도를 찾아야 한다는 인식은 공통적으로 나타난다.[2] 이렇게 자아가 곧 '저주'라는 생각은 힌두교, 도교, 불교 등의 가장 오래된 기록에서도 나타나며, 서양에 널리 퍼져 있는 종교인 유대교, 기독교, 이슬람교에서도 비슷하게 자아의 문제에 대해 언급한다. 종교적 지향이나 신념에 상관없이 일신론자든, 범신론자든, 무신론자든, 불가지론자든 긴역사에 걸쳐 많은 선지자들이 자아의 문제와 씨름해왔다는 사실은 주목할 만하다.

영적인 깨달음

여러 종교들이 자아가 크게 다음의 세 가지 문제를 일으킨다는 데에 견해를 같이한다. 우선 많은 종교들이 자아가 영적 깨달음이나 통찰력을 얻는 데 방해가 된다고 본다. 물론 종교마다 영적 깨달음에 대한 정의는 다르다. 어떤 종교들은 신의 목소리를 듣거나 성령에 감동하는 것 또는 예수를 구세주로 받아들이는 것을 깨달음이라고 말하고, 또 다른 종교들은 삶과 세상의 참된 본질에 다가가는 것이나 도의 자연스러운 이치를 깨닫는 것, 해탈에 이르는 것, 환상을 보는 것을 영적 깨달음이라고 설명한다. 여기에 이르는 방식은 서로 다르지만 대다수의 종교들이 자아가 만들어내는 내적 독백들이 신과 만나는 과정을 방해하고 영적 깨달음을 얻는 데 방해가 된다고 여긴다. 자아가 끊임없이 내뱉는 말들이 영적 체험을 저해할 뿐 아니라 현실을 자기중심적인 방향으로 왜곡해서 진실을 보지 못하게 만든다고 여긴다.

거의 대부분의 종교에서 근심 걱정, 지나간 일에 대한 생각, 미래에 대한 계획에 사로잡혀 내적 독백에서 빠져나오지 못하면 영적 진실을 보지 못하게 된다고 가르친다. 종교적 수행에 정진하는 사람들이 구하는 그 작은 깨달음의 목소리는 자아의 시끄러운 수다에 파묻히기 마련이기 때문이다. 도교 초기 경전인 《화호경化胡經》에서는 개념적이고 추상적인 사고는 세상 만물이 하나로 연결되어 있음을 깨닫지 못하게 방해하므로 자신의 머릿속에만 갇혀서 사는 사람들은 계속해서 깨달음을 얻지 못하고 방황할 수밖에 없다고 말한다.[3] 가톨릭 성인인 십자가의 성 요한St. John of the Cross은 마음을 비우고 하느님의 말씀을 경청하는 명상기도를 할 때는 나라는 존재를 계속해서 의식하는 자기중심적 습관을 버려야 한다고 강조했다.[4] 하느님의 말씀이 마음에 와 닿는 길을 자아가 가로막기 때문이다. 힌두교 성인인 라마크리슈나Sri Ramakrishna는 왜 신을 직접 볼 수는 없냐는 질문에 우리가 보는 종교적 환상이란 흔히 마음이 만들어낸 환영에 불과하다며 사람들의 자기중심적 습성이 진실을 베일 속에 가려놓는다고 말했다.[5]

두 번째로, 많은 종교에서 자아가 영적 변화와 성장을 방해한다고 본다. 대다수의 종교가 영적 통찰, 구원, 속죄, 계몽을 얻기 위해서는 완전히 변화된 새 사람이 되어야 한다고 이야기한다. 흔히 이 과정을 "새 심장과 새 영혼을 얻는" 재탄생, 재생, 전환이라고 설명하며,[6] 예수는 "다시 태어나 새 사람이 되지 않으면 하느님의 왕국을 볼 수 없다"고 이야기했다.[7] 강도 높은 통과의례를 요하고 입교 의식이 남다른 토착 종교들의 경우 이런 과정을 겪은 사람을 이전과 전혀 다른 새로운 사람으로 취급하기도 한다.[8] 많은 종교들에서 강조하는 회개의 경우에도 죄를 고백하는 것뿐 아니라 과거의 정체성을 버리고 새 사람이 되겠다는 맹세를 함께 요구한다.

하지만 사람들은 삶에 대해 새로운 관점과 방식을 취하는 것이 더 바람직한데도 기존의 정체성을 고수하며 변화에 저항하곤 한다. 심리학 연구들을 보면 사람들이 기존의 정체성을 고수하고 자기 이미지나 역할, 삶의 방식에 대한 변화를 거부하기 위해 얼마든지 선을 넘거나 큰 희생을 치르곤 한다.[9] 종교 저술가들은 이런 유의 저항이 영적 체험에 있어 꼭 필요한 변화들을 가로막는다고 보았다. 자신은 어떤 사람이라는 이미지를 머릿속에 박아놓고 여기에 집착하는 행위가 개인의 성장을 저해한다는 것이다.

종교 사상가 에멧 폭스Emmet Fox는 예수가 산상수훈에서 "하늘로도, 땅으로도, 예루살렘으로도 네 자신으로서도 어떤 것도 맹세swear하지 말라"고 언급한 부분이 이런 경직성에 대한 경고를 담고 있다고 보았다. 폭스에 의하면 여기서 예수는 욕을 하지 말라고 경고한 것이 아니라(맹세를 의미하는 단어 swear에는 '욕'이라는 뜻도 있다-옮긴이) 자신이 앞으로 무엇을 하겠다거나 하지 않겠다고 다짐하는 행위에 대해 경고했다.[10] 특정 방식대로 살아가겠다는 내 자아가 만들어낸 결심이 신의 인도guidance를 가로막을 수 있기 때문이다.

세 번째로, 많은 종교들이 자아의 자기중심적 욕구가 우리의 영적 본성, 진정한 내 모습을 억누른다고 말한다. 영적으로 성장하기 위해서는 많은 노력이 필요하다. 일반적으로 수행자들은 기도하거나 명상하고 찬양하고 의식들을 행하고 경전을 공부하고 때로는 순례 길에 오르거나 통과의례를 거친다. 수 세기에 걸쳐 많은 종교적 스승들이 자기중심적인 생각들 때문에 수행에 집중하지 못하는 것을 경고했다. 자기만족을 위해 쾌락을 추구하는 습성은 수행자들로 하여금 영적 성장으로 가는 길에서 벗어나거나 그 여정을 통째로 포기하게 만들 수 있다고 보았다. 간단하게 말해서 사람들은 스스로에게 굳이 왜 이런 힘든 길을 가냐고 얘기하면서 자기 자신의 영적 성장을 발목 잡곤 한다는 것이다.

여러 종교적 전통에 의하면 종교인의 목표는 '진정한 자신', 즉 종교에서 절대자의 발현이라고 여기는 무엇(하나님, 알라, 도, 브라만 또는 위대한 영)이 추구하는 바와, 자기 자신으로부터 나오는 욕구들을 구분하는 것이다. 대부분의 종교에서 바라보는 인간이란 우리가 스스로에 대해 생각하는 것처럼 작고 세속적인 심리적 자아가 아니라 그보다 더 큰 존재이며, 우리는 내 작은 자아가 떠드는 말보다 진정한 자신에 주목해야 한다고 말한다. 기원전 4세기에서 8세기 사이에 쓰인 힌두교 경전 《우파니샤드》에서는 심리적 자아와 진정한 초월적 자아를 구분 지었다. "같은 나무 위에 올라앉은 두 마리 사이좋은 새처럼 내가 머릿속으로 만들어낸 자아와 열심히 발견하고 추구해야 할 진정한 내 모습, 참된 자아는 한 몸에 들어 있다. (…) 나에 관한 협소한 생각들과 나를 동일시하면 슬픔에 빠지고 말지만 사실은 내가 참된 자아, 즉 삶의 주인이라는 사실을 깨달으면 슬픔으로부터 해방될 수 있다. 내가 바로 빛과 사랑의 근원이요 참된 자아라는 사실을 깨달을 때, 신과 분리된 상태에서 벗어나 하나된 상태로 나아갈 수 있다."[11]

현대 불교 스승인 소걀 린포체Sogyal Rinpoche도 비슷한 주장을 한 바 있다. "당신의 몸 안에는 서로 다른 두 사람이 살고 있습니다. 하나는 수다스럽고 요구하는 게 많고 신경질적이며 계산적인 나이고, 다른 하나는 지혜가 담긴 이야기를 하지만 우리가 잘 귀담아 듣지 않는 영적 존재입니다."[12] 이런 가르침의 공통점은 자아의 자기중심적 욕구가 사람들 안에 내재된 영적 본성에 반한다는 것이다.

나는 왜 내가 힘들까

정리하면 자아는 진리를 발견하는 과정을 방해하고, 새 사람이 되는 데 필요한 변화를 거부하게 만들며, '큰 그림'보다 내 머릿속의 작은 내가 원하는 협소한 만족을 추구하게 하며, 그로 인해 영적 성장을 저해한다는 것이 많은 종교들의 가르침이다.

자아와 부도덕함은 어떻게 연결될까

대다수의 종교에서 자아는 죄스러운 생각과 행동을 불러오는 원흉이다. 자아는 본질적으로 사람을 이기적이고 자기중심적이게 만들기 때문이다. 이기적이고 자기중심적인 사람은 타인의 행복이나 신의 의지를 고려하지 않고 멋대로 행동하기 쉽고 따라서 많은 종교에서 영적인 사람은 자아의 욕구에 휘둘리지 않는 사람이라고 가르친다. 성경의 앞부분에도 자아와 도덕성에 대한 이야기가 나온다. 〈창세기〉에서는 하느님이 아담과 이브에게 에덴동산에 있는 어떤 과일이든 따 먹어도 되지만 무엇이 좋고 나쁜지를 구분하는 지혜를 주는 선악과만은 예외라고 이른다. 하지만 선악과를 먹어보라는 뱀의 유혹에 넘어간 아담과 이브는 처음으로 자신들이 나체임을 인지하게 되었고 나뭇잎으로 옷을 만들어 몸을 가렸다. 그날 저녁 하느님을 마주했을 때 그들은 옳고 그름을 구분하는 지식을 가지게 되었다는 이유로 에덴에서 추방당했다.[13]

아담과 이브의 이야기를 흔히 죄의 기원에 관한 내용이라고 해석하지만, 실은 자기인식의 시작에 대한 이야기라고 볼 수도 있다. 지식을 주는 나무가 아담과 이브에게 자기인식을 주었고(자신들이 나체임을 깨닫게 된 이유다), 선악을 구분하는 능력 또한 주었다. 자아가 없는 동물은 도덕이라는 개념을 알지 못한다. 이들은 자신의 행동에 대한 평가나 도덕적 원칙에 대한 고려 없이 내키는 대로 행동한다. 사람들도 이를 어렴풋이나마 이해하고 있기 때문에 큰 해를 끼쳤더라도 동물의 행동을 비도덕적이라고 비난하거나 동물들 역시 죄가 많은 존재라고 보는 사람은 거의 없다. 자신의 행동이 미칠 영향과 도덕성에 대해 성찰할 수 있는 자아가 있어야만 그의 행동이 선하거나 악하다고 평가할 수 있는 것이다. 이러한 관점에서 보면 아담과 이브의 이야기는 자기고찰 능력과 죄의 성립 사이에 긴밀한 연결 고리가 있음을 알려준다.[14]

많은 종교들이 자아의 산물 중 자기중심성과 교만을 특히 악하다 여긴다. 기독교에서 교만은 '7대 죄악(탐욕, 질투, 분노, 색욕, 식탐, 나태와 함께)'에 포함되는 죄악이며 수많은 종교 저술가들이 교만의 문제점에 대해 경고했다.[15] 성경의 잠언에는 "하나님은 교만한 자에게는 엄격하시나 겸손한 자에게는 친절하시다"는 문구가 나온다.[16] 《가톨릭 교리서 The Catechism of the Catholic Church》에서는 교만에 대해 "하느님의 사랑을 거스르는 죄"이며 "하느님에 대한 반감은 교만에서 나온다"고 가르친다.[17] 14세기 성녀 카타리나는 최고 권력자들에게 교만의 위험성을 분명히 경고하며 "교만에 의해 다치는 사람은 누구인가? 너의 이웃들이다. 네가 스스로를 높이 사며 다른 이들을 경멸하고 자신이 그들보다 우월하다 여길 때 너는 네 이웃을 해치는 것이다. 권력을 가진 자가 교만할 때 교만은 불의와 무자비함을 불러온다"고 했다.[18]

나는 왜 내가 힘들까

동방 정교회 사제인 수도원장 디오니시오스Archimandrite Dionysios는 "자기중심성을 멀리하는 사람이 바로 신과 함께하는 사람"이라고 하며 자아를 억누를 필요성을 강조했다.[19] 비슷한 맥락에서 예수는 "누구든 지 자기를 높이는 자는 낮아지고 자기를 낮추는 자는 높아질 것"이라 고 했다.[20]

교만함을 탈피하라는 권고들은 다른 종교들에서도 쉽게 찾아볼 수 있다. 《도덕경》에서는 도를 추구하는 자는 자신을 높이지 말아야 한 다고 권고한다.

> 결과를 성취하되 그 영광은 누리지 말아라.
> 결과를 성취하되 자랑하지 말아라.
> 결과를 성취하되 자만하지 말아라.[21]

수피교 현인인 루미Rumi는 보다 더 강하게 얘기했다. "너의 비열함 을 거울에 비추어 드러내고 슬퍼해라. 네 안의 자기만족을 흘려 내보내 라."[22]

구체적인 표현은 달라도 대다수의 종교들이 자아를 영성과 도덕성 에 대한 장애물로 받아들이고 있음을 알 수 있다. 이런 맥락에서 대다 수의 종교들이 공통적으로 자아의 악영향을 막는 방법에 대해 가르치 는 것은 자연스럽다. 어쩌면 종교는 그 자체로 자기인식과 자기중심성 의 해로움을 줄이는 시스템일지도 모른다. 이렇게 종교들이 제시하는 자기인식과 자기중심성을 줄이는 해법에는 크게 두 가지가 있다. 하나는 서양 종교들에서 주로 취하는 접근법들이고 다른 하나는 동양 종교들과 토착 종교에서 제시하는 방법들이다.

서구적 해법: 자기통제

서양의 주류 종교인 유대교, 기독교, 이슬람교는 신도들에게 자신의 본성을 변화시켜서 자아가 만드는 문제들과 싸우라고 권한다. 이 종교들은 믿음, 헌신, 종교 의식, 신의 사역 또는 윤리 계명들을 통해 인간이 자신의 죄 많은 본성을 변화시킬 수 있다고 가르친다. 서양 종교들은 이렇게 자아를 정화하고 강인하게 만들어서 도덕 원칙에 따라 윤리적인 삶을 사는 것이 가능하다고 본다.

예컨대 유대교의 경우 그 핵심은 율법 준수에 있으며 올바른 믿음은 바로 올바른 행동에서 나온다고 본다. 따라서 유대인들은 안식일을 지키고, 규칙적으로 예배에 참석하고, 절기(유월절, 속죄일 등)를 잘 따르고, 음식과 관련된 규범들을 잘 지키는 등 율법(특히 토라Torah)을 엄격하게 따른다. 유대교의 신비주의적 교리를 담은 《카발라Kabbalah》에서는 유대교 교리를 열심히 공부하는 것이 신성을 체득하는 지름길이라고 본다. 즉 카발라를 많이 공부할수록 더 신의 의지에 따라 행동할 수 있게 된다는 것이다. 이렇게 유대교의 핵심은 스스로를 갈고 닦아 하나님을 기쁘게 하는 올바른 방식으로 행동하는 데 있다.[23]

많은 학자들이 예수의 가르침은 본래 조직화된 교회보다는 수피교나 도교 같은 신비주의 종교들과 맥락을 같이한다고 보지만[24] 현대 기독교는 신자들이 따라야 하는 각종 도덕규범에 기반을 두고 있다. 기독교인들은 과거의 죄 많은 자신을 새로운 영적 존재로 변화시키려 노력한다. 사도 바울은 신도들에게 "여러분은 지난날의 생활 방식대로 허망한 욕정을 따라 살다가 썩어 없어질 그 옛 사람을 벗어버리고, 마음의 영을 새롭게 하여, 하나님의 형상을 따라 참 의로움과 참 거룩함으로 지으심을 받은 새 사람을 입으십시오"라고 말했다.[25]

어떤 기독교 교파에서는 이렇게 새 사람으로 태어나는 변화는 진정한 기독교인이 되어 영적, 개인적으로 근본적인 변화가 일어나는 그 즉시 이루어진다고 믿는다. 이 관점에 의하면 "예수를 받아들이겠다"는 의식적인 결정을 할 때 그 사람은 이미 변한 것이다. 신자가 된 후에는 무엇을 하든 예수를 궁극적인 롤 모델로 삼도록 권고받는다. 최근 청년 기독교인 모임들에서는 예수를 닮으려는 노력의 일환으로 '예수님이라면 어떻게 하셨을까What would Jesus do'의 영문 앞 글자를 따 'WWJD'라는 표현을 쓰기도 한다. 기독교인이 된다는 것의 구체적인 의미는 다르더라도 기독교인이라면 예수님같이 행동해야 한다는 점에서는 모든 교파가 맥락을 같이한다.

이슬람교 역시 굳건한 믿음과 종교적 실천을 중시하며 변화에 대한 개인의 의지를 강조한다. 이슬람교는 '샤하다Shahada' 또는 무슬림 신앙고백("알라 외에는 하나님이 없다고 간증하고 무함마드Muhammad는 알라의 선지자임을 간증합니다")에 근간을 두고 있으며 누구든지 확신과 진정성을 갖고 이와 같은 고백을 하고 나면 새 사람이 된다고 여긴다. 무슬림으로서의 삶은 하루 다섯 번씩 기도하기, 필요한 사람에게 도움 주기, 라마단 기간 동안에는 새벽에서 해질녘까지 금식하기, 죽기 전 적어도 한 번 메카로 성지순례를 떠나기 등의 종교적 행위들로 가득 차 있다.[26] 심리적 관점에서 보면 이런 행동들의 목표는 원래 자신의 본성을 바꿔 보다 새롭고 영적인 존재로 다시 태어나는 것이다.

물론 유대교, 기독교, 이슬람교 사이에는 중요한 차이점들도 많지만 믿음과 행동을 통해 의식적으로 자신을 변화시키면 누구나 죄와 멀어지고 좀 더 영적인 존재가 될 수 있다고 보는 것에서는 서로 어깨를 나란히 한다.

동양적 해법: 자아 꺼두기

힌두교, 불교, 도교와 같은 동양의 주류 종교와 그 밖의 많은 토착 종교들은 자아가 초래하는 문제를 해결하는 데 있어 다른 접근 방식을 보인다. 동양 종교들은 서양 종교들처럼 자아를 변화시키거나 통제하려고 하기보다 자아를 조용히 시키거나 아예 그 존재를 축소시키려고 한다. 자기중심적인 자아가 사라지면 인간은 자연스럽게 도덕적으로 행동하게 된다고 보기 때문이다. 이 종교들 역시 도덕적 계율을 제시하고 따를 것을 권하지만, 이는 대개 자아가 완전히 사라지기 전까지 일시적으로 활용할 수 있는 도구일 뿐이다.

자아를 무디게 만드는 법

자아의 영향력을 줄이는 방법은 크게 두 가지로 나뉜다. 하나는 힌두교나 불교, 도교에서처럼 명상이나 요가 등 자아를 조용하게 만드는 기술을 활용하는 것이다. 이런 방법들은 일반적으로 자기와 관련된 생각을 멈추고 마음을 비워 영적 통찰이 들어올 공간을 마련하거나 세상을 있는 그대로 바라보는 것을 목표로 한다.[27] 명상을 하면 특정한 의식 상태에 들어서게 되는데 이 상태에서는 평소보다 자아가 훨씬 조용하기 때문에 자신이 가지고 있던 지식이나 판단, 호불호, 욕구에 오염되지 않은 있는 그대로의 현실을 바라볼 수 있게 된다.

명상은 자아를 조용하게 만드는 동시에 지금 이 순간의 경험에 의식적으로 주의를 기울이게 돕는다. 걷기 명상에서는 내적 대화를 줄이고 걷는 과정 하나하나에 집중하거나 주변의 자극에 주의를 집중한다.[28] 힌두교나 불교에서는 감각이 주변의 자극에 반응할 수 있게끔 환경을 조성한다. 예컨대 맑게 울리는 종소리나 나지막하게 읊는 소리, 향이나 과일 냄새, 흔들거리는 촛불을 통해 사람들의 주의를 내적 대화에서 바깥세상으로 향하게 만든다. 비슷하게 마음챙김 수행 또한 사람들로 하여금 자신이 경험하는 모든 것들에 깊은 주의를 주되 이들을 바라볼 때 속으로 해석을 달거나 함부로 판단하지 말라고 강조한다. 자신의 육체적 행동이나 감각들을 판단하지 않고 바라볼 수 있게 되면 자기고찰이 치고 들어와 마음을 어지럽히는 일을 최소화할 수 있다.[29] '옴'같이 잔잔한 만트라mantra를 반복해서 외는 방식의 명상 또한 소리에 집중하는 동안 자아를 조용하게 하는 효과가 있다.

자아를 지우는 두 번째 방법은 명상과 정반대의 성격을 띠는데, 바로 마음을 진정하고 비우기보다 감각에 과부하를 거는 것이다. 힌두교와 불교 그리고 많은 토착 종교들에서 나타나는 경전이나 주문 읊기가 여기에 해당된다. 염불 등은 종교적인 가르침을 담고 있다는 점에서도 중요하지만 자아를 억제하는 효력이 있다는 점에서도 주목할 만하다. 멈추지 않고 리드미컬하게 이어지는 나지막한 소리를 듣고 있노라면 자신에 대한 생각이 줄어들기 마련인 것이다. 너무 시끄러워서 자신이 어떤 생각을 하는지도 들리지 않는 멍한 상황에 처해본 적이 있다면 웅웅거리는 소리가 생각 줄이기에 얼마나 효과적인지 짐작할 수 있을 것이다. 종교 의식에서 사용되는 음악과 낭송은 시끄럽고 정신없기보다 마음을 차분하게 가라앉히는 종류의 것들도 많으므로(물론 항상 그렇지는 않다) 시끄러운 소리들로 자신과 관련된 생각이 줄어들고 나면 이번에는 차분한 소리들로 마음의 평화를 얻는 효과를 함께 누릴 수도 있겠다.

여러 문화권에 걸쳐 많은 종교 의식들이 북 소리, 읊는 소리뿐 아니라 다양한 형태의 춤을 함께 활용한다. 종교에 따라 구체적으로는 서로 다른 의미가 있지만 춤을 통해 신에게 더 다가가기 쉬운, 최면에 걸린 듯한 상태가 된다는 점에서 공통점이 있다. 춤을 추면서 자신을 망각한 듯이 돌고 또 도는 수피교의 회전명상춤whirling dervishes이 대표적인 예다.[30] 아메리카 원주민이나 아프리카, 오스트레일리아 원주민에게서 나타나는 종교 의식을 비롯해서 대부분의 토착 종교에서는 춤과 북 소리

나는 왜 내가 힘들까

가 빠지지 않는다. 아무래도 열정적으로 춤을 추는 도중 자신의 세속적 정체성에 대해 생각하기는 쉽지 않을 것이다. 아프리카 부두교에서는 계속해서 북을 치고 춤을 추다 보면 자아를 내려놓는 순간이 오고, 바로 이때 영의 지배를 받을 수 있다고 여긴다.[31] 아메리카 원주민들은 타는 듯한 열과 수증기, 각종 향기들 속에서 땀을 쏙 빼는 정화의식(라코타족의 땀 움막 정화의식)을 통해 마음을 비우곤 했다.[32]

자아를 조용히 시키려는 노력은 주로 동양 종교들과 토착 종교들에서 나타나지만 서양 종교에서도 비슷한 노력을 엿볼 수 있다. 수많은 유대교, 기독교, 이슬람교 스승들이 자아를 조용히 시켜 영적 깨달음을 얻을 것을 장려해왔다. 초기 기독교에서는 현대 기독교보다 명상을 훨씬 자주 수행했다. 예수도 명상을 한 것으로 보이며 그의 죽음 후에도 얼마 동안 명상의 전통이 남아 있었다. 4세기경 사막에서 은거한 사제들로 유명한 사막 교부들Desert Fathers 또한 자주 명상을 했다고 알려져 있다.[33] 수피교에서는 자아를 영적 성장의 방해물로 여기며 자아를 잠재우는 기법들을 가르쳤다.[34] 종교친우회Society of Friends라고 불리는 퀘이커 교도를 포함한 몇몇 기독교 교파에서는 예배할 때 침묵을 통해 자아의 소리를 잠재워서 내면의 신을 만나는 데 집중한다.[35] 베네딕트 수도회 수도사 존 메인John Main은 젊어서 힌두교 스승으로부터 명상을 배운 경험이 있었다. 그는 명상이 자아를 멈추고 하나님의 음성에 마음을 여는 유용한 도구라고 주장하며 20세기 기독교에서 명상을 대중화시켰다.[36]

자아 조용히 시키기

선종Zen만큼 자아를 조용히 시키는 수행에 특히 집중하는 종교는 없을 것이다. 일반적으로 선종은 불교의 한 종류(선불교)로 여겨지지만 그 근간은 어떤 종교와도, 또는 종교가 아닌 것들과도 결합이 가능하다 (실제로 선을 추구하는 유대교인들과 기독교인들이 있다). 선의 가장 중요한 목표는(선에서 목표 추구 자체를 지양하고 있으므로 모순적이어 보이긴 하지만) 자아가 이러쿵저러쿵 해설하며 끼어드는 일 없이 지금 하고 있는 것이 무엇이든 그것에 온전히 집중하는 것이다.[37] 물론 앞서 살펴본 것처럼 우리의 머릿속은 끊임없이 자신이 만들어낸 생각들로 웅웅거리기 때문에 이를 처음부터 잘 해내는 사람은 별로 없다. 많은 이들이 지금 여기에 온전히 머무르기보다 과거에 벌어진 일을 되뇌고 지금 일이 어떻게 돌아가는 중인지, 또 앞으로 어떻게 될지 고민하고 걱정한다.

선종에 의하면 이렇게 어지럽혀진 마음에서 벗어나는 방법은 바로 자아가 우리 마음에 두른 올가미를 느슨하게 푸는 것이다. 우리가 각종 상상을 하며 조바심을 내는 이유는 자기중심적 시각에 갇혀 자신이 납득할 수 있는 삶만 좋은 삶이라 여기며 그렇게 살아가려고 하기 때문이다. 하지만 따지고 보면 삶이 항상 내가 원하는 대로 굴러가기란 불가능하며, 우주와 삶의 환경들이 내 장단에 맞춰 흘러가야 할 의무를 지고 있어서 그렇지 않을 경우 계약 위반인 것은 아니다. 또한 내가 나에게 하는 말들은 삶에 도움이 되기보다 해로울 때가 더 많다. 그럼에도 우리는 자기중심적인 시각에 갇혀 삶이 내가 원하는 모습대로여야

나는 왜 내가 힘들까

만 한다고 믿고 그렇지 않을 때에는 화를 내곤 한다. 결국 이렇게 자신이 원하는 삶의 모습에만 집착하는 습성이 자신의 삶에 있어 마음에 들지 않는 요소들과 후회, 곱씹기를 만들어내고, 그 결과 삶의 질이 떨어지기도 한다. 이러한 현상에 대해 선종 스승인 혜해 선사慧海禪師는 자신이 걸어가야 할 길을 찾는 데 어려움을 겪는 제자에게 "너의 자아가 네 삶의 길을 가로막고 있다"고 했다.

선종은 자아에 어지럽혀지지 않는 삶을 살기 위해서는 정신을 수련해야 한다고 가르치는데, 명상이 이러한 정신 수련의 중요한 도구다. 앉아서 좌선 명상을 하면서 잡념이 떠오르더라도 지금 이 순간을 흔들지 않고 조용히 지나가게 내버려두는 방법을 배운다.[38] 좌선을 훈련하면 점점 생각이 잦아드는 효과가 있지만 그렇다고 좌선의 목표가 생각을 멈추는 것은 아니다. 그보다는 내가 하는 생각들이 현실이 아니며 따라서 지나가는 곁눈질 이상으로 주의를 기울일 필요가 없음을 깨닫는 것이다. 이를 한번 깨닫고 나면 수행자는 감정의 동요 없이 더 수월하게 머릿속 생각들을 지나칠 수 있다. 마음은 고요해지고 자아의 수다는 줄어든다. 추가적인 해설이나 판단 없이 지금 여기에서 일어나는 일들을 고요히 인식할 수 있게 되는 것이다. 선은 우리에게 성급하게 요동치는 생각들을 멈추고 마음을 잠재우면 매 순간을 있는 그대로 받아들일 수 있으며 이로 인해 결과적으로 덜 산만하고 덜 혼란스러운 삶을 살 수 있게 된다고 가르친다.

선종 승려들은 언뜻 보기엔 논리적으로 이해할 수 없는 질문이나 이야기인 '간화선看話禪'을 통해 가르침을 전하는 것으로도 유명하다. 존경하는 스승님이 다음과 같은 이야기를 하고 난 후 나의 생각을 묻는다고 상상해보자.

> 어느 날 남전보원 선사南泉普願 禪師가 승려들이 고양이를 두고 다투는 광경을 보았다. 그는 고양이를 들고 이렇게 말했다. "왜 이 고양이를 가지고 다투는가? 이유가 합당하면 고양이를 살려두겠지만 아니면 고양이를 반으로 가를 것이다." 선뜻 대답하는 승려는 없었고 선사는 고양이를 죽여버렸다(자비심이 많아야 할 승려라는 점을 고려해보면 고양이를 가르는 척만 한 게 아닐까 싶다). 그날 저녁 외출하고 돌아온 제자 조주趙州에게 보원 선사는 낮에 있었던 일에 대해 이야기했다. 그 즉시 조주는 짚신을 벗어 머리 위에 올리고는 걸어 나갔다. 보원선사는 웃으며 "낮에 네가 있었더라면 고양이는 살았겠구나"라고 했다.[39]

대부분 이런 간화선을 듣고 나면 자신에게 이런 이야기를 들려주는 스승이 정신 나갔다는 결론을 내릴 것이다. 이야기의 주인공인 보원 선사와 조주의 행동이 전혀 이해되지 않는데 스승은 이 이야기에 어떤 의미가 있는 것처럼 생각하고 있으니 말이다. 선종 승려들은 이런 이야기들에 어떤 메시지가 담겨 있다고 주장하지만 그 메시지는 보통 이성적인 사고와 분석으로는 파악되지 않는다. 간화선의 진짜 목적은 가르침을 받는 이가 평소 습관적으로 세상과 자기 자신에 대해 가지고 있었던 사고방식을 깨트리는 데 있다.[40] 3장에서 사람들은 현실을 추론할 때 내적대화와 해석을 근거로 삼는다는 점을 살펴보았다. 간화선을 탐

나는 왜 내가 힘들까

구하도록 하는 이유는 제자들의 이성적 사고와 자아의 시각으로 만들어진 해석을 멈추게 하기 위함이다. 간화선을 널리 퍼트린 하쿠인 선사 白隱慧鶴 禪師는 "간화선을 받아 끈질기게 탐구하면 네 영이 죽고 네 자아가 파괴될 것이다"라는 말을 남겼다.[41] 간화선을 해석하고 있노라면 자아가 해독을 포기하는 순간이 오고 바로 이때 세상과 자기 자신을 바라보는 새 눈을 얻게 된다는 것이다.

선종 사상은 불교와 도교가 합쳐진 형태로 생겨났고 이로부터 2,000년이라는 세월 동안 방대한 믿음과 의식, 수행 방식들이 등장했다. 하지만 이런 의식과 수행의 다수는 선종의 핵심에 비추어보면 부수적이다. 비밀스러운 의식이나 믿음이 인기리에 행해지고 있지만 선이란 사실 원한다면 간단한 방법으로도 가질 수 있다. 많은 사람들이 종교와 상관없이 삶이 자아에 의해 휘둘리는 정도를 줄이는 "세속적인 선"이라는 생활 방식을 만들어가고 있는 것이 한 예다.

신비 체험: 있는 그대로의 나 만나기

'신비'라는 말을 들으면 사람들은 보통 경외심을 느끼거나 혹은 회의적으로 반응한다. 신비라는 말이 독특한 영적 능력 같은 강렬한 시각적 이미지를 만들어내기 때문이다. 신비 체험 자체는 경이로움을 불러올 수 있지만 사실 신비 체험은 생각보다 일상생활 가까이에 있다. 신비 체험이라는 말에서 이 세상 것이 아닌 미스터리한 무언가의 느낌이 나므로, 많은 전문가들은 최상위의 경험, 초월적인 경험 또는 매개체를 거치지 않은 의식unmediated consciousness이라는 말을 선호한다.

신비주의는 세상을 이해하는 데 있어 논리적인 생각보다 직접적인 체험이나 살아 있는 지식을 활용하는 관행을 말한다.[42] 신비주의자들은 자신의 생각이나 기존의 개념들, 이런저런 의견에 물들지 않은 깨끗한 눈으로 현상을 바라보려고 노력하며 이를 통해 궁극적인 진실을 직접 경험하고자 한다. 대부분의 종교들이 신비주의적 색깔을 띠는 분파를 가지고 있다. 예컨대 신을 섬기는 종교의 경우 신(하나님, 알라, 브라만, 위대한 영 등)을 직접적으로 영접하는 과정에서 신비주의적 요소가 드러나고, 도교나 불교같이 신을 섬기지 않는 종교들의 경우 세상의 본질을 있는 그대로 체험하고자 노력하는 것에서 신비주의가 접목된다. 어느 쪽이든 목표는 내가 생각하는 나는 어떠하다는 딱딱한 사고의 틀에서 벗어나 있는 그대로의 자신과 세상을 직접적으로 경험하는 것이다.[43]

신비주의가 이런 접근방식을 취하는 이유는 앞서 살펴본 것처럼 사람들이 세상을 있는 그대로 경험하기보다 무엇이든 자동적으로 기존의 개념, 꼬리표, 생각, 의견 등으로 범벅이 된 시선을 통해 바라보기 때문이다. 내적 대화가 만들어낸 이런 정신적 필터에서 벗어나기란 매우 어렵다. 자신의 시각에서 벗어나 세상을 공정하게 바라보는 일은 어쩌면 불가능에 가깝다. 앞서 살펴보았듯 인간은 자신의 관점만 옳다고 하는 자기중심적 경향과 자신을 높이려는 자기고양적 경향으로 인해 진실을 왜곡할 뿐 아니라 세상과 자신에 대한 부정확한 믿음을 토대로 잘못된 결론을 내린다. 무엇을 접하든 속으로 끊임없이 해석과 판단을 덧붙이기 때문에 자아의 목소리가 묻지 않은 있는 그대로의 세상을 바라보는 경우는 많지 않다.

신비주의적 전통에 따르면 이런 문제의 해결 방법은 바로 우리의 머릿속 생각이 실제 경험을 방해하지 못하도록 막는 것이다. 내적 대화를 멈추게 해서 자아가 자꾸 해석하고 판단하지 않도록 하면 현실을 바라볼 때 내 의식적 생각의 때가 묻는 것을 막을 수 있다. 야키족 주술사 돈 후안이 제자 카를로스 카스타네다에게 설명한 것처럼, "선생으로서 제일 먼저 가르쳐야 할 것은 제자들에게 자신들이 제대로 파악하고 있다고 생각하는 세상이란 사실 세상을 보는 하나의 관점일 뿐임을 알려주는 것이다. (…) 선생은 제자가 자신의 관점으로 세상을 보지 않도록 도와야 한다. 우리 주술사들은 이를 내적 대화 중지라 부르며 이것이야말로 제자들이 스승으로부터 배울 수 있는 가장 중요한 기술이다."[44]

다양한 신비주의 전통들이 자아의 내적 대화를 멈추는 방법들을 고안해왔지만 그중 가장 흔히 등장하는 것은 명상이다. 토착 종교를 포함한 다른 신비주의 전통들은 자아를 과하게 자극해 고장 나게 만드는 방법들, 예컨대 염불이나 기도문 외우기, 노래와 춤, 심지어 성관계를 활용하기도 한다. 심한 스트레스와 고통스러운 과정들을 견디게 만듦으로써 자아를 제압하는 극단적인 방법들도 있다.[45] 단식이나 고난이도의 요가 동작들을 하거나 몸을 베거나 뜨거운 물체를 만지게 하거나 생매장 시키는 등 신체적 고통을 동반하는 방법들 역시 사람들의 주의

종교와 도덕

를 축소시키는 효과가 있다(6장의 마조히즘 부분에서 살펴본 것처럼). 초월 경험을 위해 페요테 선인장, 마리화나, LSD 같은 향정신성 약물을 사용하는 경우도 있다. 미국 원주민들의 경우 종교의식에서 페요테 선인장을 사용해 신비 체험을 하기도 한다. 하지만 환각 작용을 하는 약물을 사용하는 경우 신비 체험이 자아를 멈춰서 오는 것인지(진정한 의미의 신비 체험) 아니면 단순히 약물 효과일 뿐인지는 확실하지 않다.[46]

신비주의는 자아를 꺼둔 채로 경험하는 세상은 어떠한지에 대해 많은 정보를 준다. 자기고찰 기능을 끄는 데 성공하면 보통의 의식 상태에서 경험하던 세상과는 다소 다른 세상을 경험하게 된다. 종교적 배경과 상관없이 지구 곳곳에서 많은 이들이 비슷한 경험을 보고한다. 이러한 경험들은 각각 자신의 종교적, 문화적 믿음에 부합하는 쪽으로 해석된 채 전해지겠지만 이들의 이야기에는 몇 가지 공통점이 있다.

우선 신비주의자들은 공통적으로 모든 것들이 다 하나로 이어져 있음을 느낀다고 이야기한다. 서로 다른 물건과 사건들을 구분 짓기 위해 사용하던 여러 개념들, 범주들, 꼬리표들이 머릿속에서 잠잠해지고 나면 세상이 분화되지 않은 단일체로 보이기 시작한다고 말한다. 이렇게 단일화된 인식은 자기 자신의 존재에 대해서도 적용된다. 자아가 평소처럼 일하지 않는 탓에 남들과 다른 나라는 정체성을 더 이상 느끼지 않게 되고 그 결과 자신을 조화롭게 하나 된 전체의 일부로 지각하게 된다는 것이다. 이렇게 만물의 단일성을 체험하고 나면 우주와 자신이 하나라거나 신과 자신이 하나라는 느낌을 받는다고 한다.

두 번째로 이들은 공통적으로 시간의 흐름에 대한 경험이 바뀌었

나는 왜 내가 힘들까

다고 말한다. 시간이 멈춘 것 같다거나 시간으로부터 완전히 벗어나 영원에 속하는 것 같은 느낌을 체험한다는 것이다. 이렇게 시간을 초월하는 경험은 사실 들리는 것만큼 이상하거나 마법같이 대단한 일은 아니다. 시간을 느낀다는 것은 기본적으로 우리가 의식적으로 시간의 흐름을 관찰하고 자신에 대해 생각할 때도 시간이라는 틀 속에서 사고하기 때문에 성립되는 경험이다(어제 내가 무엇을 했고, 또 나중에 무엇을 할지 등). 대부분의 사람들이 깨어 있는 시간 동안에는 지금이 몇 시인지 꽤 정확히 파악하고 있는 것이 한 예다.

의식적으로 시간의 흐름을 관찰하거나 과거나 미래에 대해 생각하지 않을 때면, 일분일초가 지나가는 것을 지켜보고 있을 때보다 시간이 멈춰 있거나 빨리 지나간다는 느낌을 받는다. 내 모든 주의를 끌어당기는 활동을 하거나 몰입하면서 자신을 잃을 때면(정확하게는 자아를 잃는 것) 사람들은 시간의 흐름을 느끼지 못한다. 몰입에서 벗어나 자신을 되돌아보고 나서야 시간이 훌쩍 흐른 것을 깨닫고, 마치 하루가 휙 날아가 버린 것처럼 느낀다. 사람들은 때로 "즐거울 때면 시간이 순식간에 지나간다"고 하지만 좀 더 정확히 말하면 우리가 신경 쓰지 않을 때는 애초에 시간의 실체가 없어지는 것에 가깝다. 이렇게 신비주의자들은 어떤 활동에 몰입하느라 자아가 조용해져 시간 가는 줄 모르는 경험을 자주 한다.

세 번째로 신비 체험을 하는 사람들은 주로 평온함, 사랑, 기쁨 같은 긍정적 정서를 느낀다고 보고한다. 이런 감정들이 나타나는 이유는 부분적으로 신비 체험이 특별하고 신성하거나 미스터리한 느낌을 불러오기 때문이다. 신비 체험을 한 사람들은 자신들이 그동안 보지 못했던 새로운 무엇을 보았으며 이전에는 보지 못했던 세상의 진실된 모습을 보았다고 믿는다. 끊임없이 떠드는 자아와 그로 인한 긴장감이 없는 탓에 이러한 평온함을 누리게 된다.

마지막으로 신비 체험 중에는 자신의 개인적인 정체성에 대한 지각이 일부 또는 완전히 사라지기도 한다. 평소의 의식 상태로 돌아오고 나면 이들은 신비 체험 동안만큼은 자신이 세상에서 분리된 개별적인 존재가 아니었다고 이야기한다. 인본주의 심리학자로 유명한 에이브러햄 매슬로Abraham Maslow는 이런 유의 초월 경험을 자아초월, 자아망각, 무아, 비이기적, 욕심 없음, 초연함 등의 용어로 표현했다.[48]

전문가들은 대부분 거의 모든 신비 체험들이 서로 다른 시대와 종교, 문화를 통틀어 이와 같은 특성들을 공유한다고 본다.[49] 물론 사람들은 자신의 경험을 기존에 가지고 있던 믿음에 부합하는 방향으로 해석하는 편이므로 같은 체험에 대해서도 도교를 수련하는 사람들은 도를 경험했다고 말하고 기독교인, 유대인, 무슬림들은 신을 영접했다고 말한다. 불교도들은 세상의 본질을 깨닫게 되었다고 말한다. 흔히 신비주의자들은 이러한 경험들을 영적인 용어들로 풀어내곤 하지만 신비 체험은 영적 깨달음이라기보다 물리적인 현실에 대한 관점의 전환이라고 볼 수 있다. 자아를 멈춤으로써 인위적인 생각들의 방해 없이 이전보다 더 맑은 눈으로 현실을 바라보는 경험을 하는 것이 신비 체험의 핵심이기 때문이다.

신경신학neurotheology이라고 하는 비교적 새로운 학문분야에서는 신비주의적인 경험이나 종교적 체험을 할 때 사람들의 뇌가 어떻게 변하는지를 연구한다.[50] 이들 연구에 의하면 신비 체험을 할 때는 자기 자신과 시간의 흐름을 인식하는 데 기여하는 뇌의 전두엽과 측두엽의 신경 회로가 비활성화된다. 여기에 더해 공간지각과 자신과 외적 세상의 경계를 구분하는 데 기여하는 두정엽에서 전기적 활동의 변화가 관찰된다. 뇌가 어디까지 나이고 어디서부터 세상인지 그 경계를 구분하지 못하게 되면서 사람들은 자신이 세상 모든 것들과 무한히 연결되어 있다고 느낀다. 오랫동안 춤추고 노래하면서 과한 자극을 받는 것 역시 자신과 세상을 구분 짓게 만드는 뇌 부위에 영향을 준다는 발견들이 있었다.[51] 즉 신비 체험을 하기 위해서는 나와 세상을 구분하는 뇌 기능이 비활성화되어야 한다는 것이다. 또한 신비 체험이 긍정적인 정서를 유발한다는 점에서 편도체같이 감정을 주관하는 뇌 영역도 관련 있을 가능성이 있다.

이런 연구 결과들을 해석할 때 가치관에 따라 서로 다른 해석을 내릴 것이다. 종교가 없는 사람이라면 신비 체험이 흔치 않기는 해도 어디까지나 특정 패턴의 뇌 활동으로 생기는 특정 의식 상태 중 하나일 뿐이라고 주장할 것이다. 명상이나 다른 방법으로 특정 신경 회로를 비활성화 시키는 것만으로 얼마든지 신비주의자들처럼 세상과 하나가 되었다고 느끼거나 신의 존재를 느낄 수 있다고 보는 것이다. 반대로 종교가 있는 사람들은 궁극적이고 초월적인 실체를 체험하는 것이 먼저이고 뇌에 특정한 변화가 생기는 것은 그 결과라고 주장할 것이다. 어느 쪽이든 결국 우리가 하는 모든 경험들, 피자 냄새를 맡는 것이나 특정 감각 또는 감정을 느끼는 것, 신과 하나가 되는 경험을 하는 것 등이 전부 뇌의 활동을 거쳐서 일어나므로 둘 다 성립할 수 있는 이야기다.

매슬로에 의하면 거의 모든 사람들이 신비 체험 또는 초월 경험을 할 수 있다. 실제로 초월 경험의 핵심이 자아를 잠재우는 데 있다면 다들 우연히 또는 명상 등의 수련을 통해 이미 초월 경험을 해본 셈이다. 앞서 언급했듯 몰입 경험은 신비 체험과 비슷한 요소들을 가지고 있다. 하지만 매슬로에 의하면 이런 종류의 경험을 두려워하고 피하거나 부인하는 사람들이 있다. 극도의 이성적 상태를 유지하려 하는 사람들이나, 초월 경험을 자신이 현실로부터 유리되고 있다는 뜻으로 받아들이는 사람들 또는 감정적인 상태를 피하려고 애쓰는 사람들은 이런 경험을 무서워하거나 적어도 불편하게 느낄 수 있다.

자아로부터 자유로운 무아 상태를 영원히 유지한 채 살아갈 수 있는 사람은 없다. 하지만 찰나라고 할지라도 이런 경험들은 여전히 사람들의 삶에 큰 영향을 미칠 수 있다. 예컨대 세상과 일체감을 느끼면서 정체성이 하나의 독립적인 개인에서 광활한 우주의 일부로 변하기도 한다. 신비 체험을 통해 삶에 대해 더 긍정적이고 낙관적인 전망을 갖게 되고, 마음의 평화를 찾으며 타인을 향해 더욱 인내하고, 자비심과 이타심을 갖는 현상도 나타난다.[52] 이런 변화를 발견하면 신을 믿는 사람들은 신을 가까이에서 체험했기 때문이라고 해석한다. 이와 달리 신을 믿지 않는 사람들은 때 묻지 않은 의식 상태를 통해 세상과 자기 자신에 대해 새로운 관점을 가지게 되었기 때문에 자신과 타인, 삶 전반을 이전과는 다르게 대할 수 있게 된 것이라고 해석할 것이다. 해석이야

어떠하든 자아를 조용히 시키는 능력을 향상시키면 자아의 저주로부터 어느 정도 벗어날 수 있다는 것은 사실이다.

08

자아가
내 마음대로
안 될 때

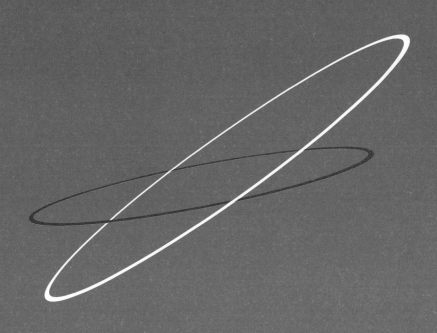

"실패는 지능이나 능력이 부족할 때보다
 의지력이 부족해서 일어날 때가 더 많다."

_플라워 뉴하우스 Flower Newhouse

누구나 주변에 한 명쯤 앨런 같은 사람이 있을 것이다. 앨런은 내 친구의 형제인데, 지난 30년간 수많은 실수와 잘못된 판단을 저지르고, 좋은 기회들을 아깝게 놓치며 살아왔다. 학창 시절 열심히 하면 충분히 좋은 성적을 낼 수 있었을 텐데도 앨런은 수업을 어떻게든 통과하기만을 바랐고 학업에 그 이상의 시간과 노력을 들이지 않았다. 졸업 후 여자친구와 속도위반으로 결혼했지만 이 관계는 처음부터 삐걱거렸다. 앨런이 걸핏하면 화를 내고 성질을 죽이지 못한 탓이었다. 이후 몇 년간 앨런은 마음에 들지 않는 직업들을 전전하면서 짜증 난다고 홧김에 일을 그만두거나 무단결근으로 해고당하는 등 전부 다 끝이 좋지 못했

자아가 내 마음대로 안 될 때

다. 고용 상태가 불안정했음에도 불구하고 사고 싶은 것은 무엇이든 다 사 모았고 결국 큰 빚을 지게 되었다. 그래 놓고는 빚을 갚겠다며 도박에 뛰어들었다.

앨런의 사례를 보면 자기통제 실패의 해로움이 잘 드러난다. 스스로를 타일러 공부를 열심히 하고, 안전한 성생활을 하고, 화를 다스리고, 직장에서 성실하고 책임감 있는 모습을 보이고, 소득 수준에 맞는 생활을 하며, 도박의 유혹을 이겨냈어야 했는데도 그러지 않아서 혹은 그러지 못해서 다양한 문제들을 겪게 된 것이다.

앨런의 경우는 다소 극단적인 사례이긴 하지만 누구나 한 번쯤은 앨런처럼 자신의 행동을 통제하는 데 어려움을 겪은 적이 있을 것이다. 자신의 성공과 행복, 삶의 질에 스스로 해를 끼친 경우가 있었는지 한 번 떠올려보자.

- 과식하는 습관 때문에 몸무게를 유지하는 데 어려움을 겪었다.
- 내가 감당하기 힘든 물건들을 사서 큰 빚에 허덕인 적이 있다.
- 술이나 담배, 약물을 남용한 적이 있다.
- 화를 통제하기 어려웠던 적이 있다.
- 학교나 직장에서 중요한 일을 미룬 적이 있다.
- 지키기로 한 비밀을 지키지 못했다.
- 내 도덕적 기준을 어긴 적이 있다.
- 경솔하고 무책임한 성적 행동을 한 적이 있다.
- 지키려고 했던 약속을 어긴 적이 있다.

· 충동적으로 행동해서 곤란한 상황에 처한 적이 있다.

삶의 질을 훼손시키는 많은 문제들이 이처럼 자기통제에 실패하는
바람에 발생한다. 대부분의 사람들이 과식하지 않고, 소득 수준에 맞
는 소비 생활을 하며, 화를 다스리고, 시간에 맞춰 일을 끝내고, 비밀과
약속을 지키고, 아니면 적어도 문제를 일으킬 수 있는 충동을 통제해야
한다고 믿고 다짐한다. 그럼에도 우리는 종종 이를 어기고 만다. 해로운
결과를 바라며 일부러 그런 것이 아니라 잘못된 행동이 튀어나오는 것
을 막지 못했기 때문이다.

물론 누구나 때로는 엄청난 자기통제력을 발휘한다. 다이어트와 체
중 조절에 성공하거나(적어도 얼마간), 비싼 물건을 사고 싶은 욕구를 참
거나, 술과 담배를 피하고, 성질을 죽이고, 데드라인을 잘 지키는 등의
행동을 보인다. 초인이나 보일 법한 자기통제력을 발휘할 때도 있다. 자
신의 신념을 내세우기 위해 단식을 하는 인권운동가나, 낯선 누군가를
구하러 물이 불어난 계곡이나 꽝꽝 언 호수에 뛰어드는 사람 등이 그
예다. 앨런같이 자기통제 실패의 대명사 같은 사람도 살면서 여러 번 자
신의 행동을 조절해왔을 것이다.

즉 우리 인간은 때로는 커다란 희생을 치르면서까지 굳건한 자기
통제력을 발휘하지만 때로는 최소한의 자기통제력도 가지지 못하는 모
순적인 존재인 셈이다. 왜 어떨 때는 자기통제에 성공하고 또 어떨 때는
충동적으로 행동하게 되는 걸까?

자아가 내 마음대로 안 될 때

감정과 행동을 스스로 조절하는 능력

앞서 자아가 있기 때문에 우리는 자신의 생각과 감정, 행동을 스스로 조절할 수 있으며 이것이 자아가 주는 가장 큰 이점이라고 했다.[1] 자아 덕에 미래를 상상하고 행동의 결과들을 예상할 수 있기 때문에 이런저런 조치를 취해 삶의 질을 끌어올리는 것이 가능하다. 자아는 이렇게 사람들로 하여금 중요한 목표를 달성하는 데 필요한 조치들을 취할 수 있게 만들 뿐 아니라 바람직하지 않은 충동들을 억누를 수 있게 돕는다.[2] 다른 동물들은 이런 행동을 하지 못한다. 모든 생명체는 자신의 상태와 행동을 자동적으로 조절해주는 시스템을 가지고 있지만 자기 자신을 의도적으로 통제하는 것은 인간만이 가진 독특한 능력이다.

예를 들어 인간은 스스로의 주의를 통제할 수 있다. 부모가 아무것도 아닌 일에 대해 끊임없이 주절거리는 아이의 이야기를 들어준다거나 학생이 지루함을 참아내고 수업에 집중하려고 한다거나, 운전자가 고속도로에서 졸음을 참고 정신 차리려고 애쓰는 등 자신의 주의를 최대한 한곳에 집중시키려 하는 것이 그 예다. 생각도 통제가 가능하다. 속상한 일에 너무 오래 파묻히지 않으려고 애쓰는 것이나 다른 일들을 신경 쓰느라 정작 해야 할 일이 방해 받지 않도록 애쓰는 것이 여기에 속한다. 또한 실망감을 떨쳐버리려고 하거나 화를 누르거나 경쟁자에게 안 좋은 일이 생겼을 때 미소를 날리지 않는 등 감정도 통제할 수 있다. 주의나 생각뿐 아니라 자기통제에 있어 가장 중요한 부분인 행동도 통제할 수 있다. 하기 싫은 일을 애써 하고 참기 어려운 욕구를 참는 행동이 그

나는 왜 내가 힘들까

예다. 자아가 없다면 이렇게 목적의식을 가지고 주의와 생각, 감정, 행동을 통제하는 일은 불가능하다. 자기 자신을 평가, 진단하고 통제하는 능력이 있어야만 유전자나 환경의 꼭두각시로 살지 않을 수 있다.

자아의 두 가지 능력이 이러한 의도적인 자기조절에 핵심적인 역할을 한다. 첫 번째는 미래의 내 모습을 상상하는 능력이다. 내 행동이 어떤 결과를 가져올지 짐작할 수 있어야 장기적으로 이로운 행동을 선택하는 것이 가능하다. 뒤에서 더 살펴보겠지만 자기통제에 실패하는 경우의 상당수가 현재에서 벗어나 미래에는 상황이 어떻게 달라질지 그려보는 데 실패하기 때문에 발생한다.

두 번째는 나 자신에게 말을 거는 능력이다. 사람들은 흔히 자기통제를 할 때 자기 자신에게 무엇을 하라거나 하지 말라고 이르는 경향이 있다.[3] 아이들은 아주 어렸을 때부터 어른들이 지시한 대로 잘 따르는 법을 배운다. 어른들의 지시나 명령, 격려를 받으며 특정 행동을 하다가, 자아가 발달하기 시작하면 자기 자신에게 이렇게 저렇게 하라고 지시하기 시작한다. 아이들은 처음에는 소리를 내어 자신에게 행동 지침을 내리곤 한다. 예컨대 만지지 말라는 물건을 만지고 있다는 사실을 깨달은 경우 "안 돼! 만지지 마!"라고 소리 내어 말하곤 한다. 때로는 어른들도 아이들처럼 말을 밖으로 내뱉어서 자기통제를 시도할 때가 있다. 성질을 죽이려고 "진정해. 별일 아니잖아"라고 말해보거나 문법 규칙을 떠올리기 위해 혼잣말을 하는 경우("'하다'로 바꿀 수 있으니까 '되다'가 맞고 '했다'로 바꿀 수 있으니까 '됐다'를 쓰면 되겠네") 가 그 예다.

아이들은 성장하면서 스스로 만든 지침들을 내면화하고, 소리 내어 말하던 것을 마음속으로 말하며 자신의 행동을 통제하는 법을 배운다.[4] 연구자들은 이렇게 혼자서 조용히 되뇌는 말들이 의도적인 자기통제를 하는 데 핵심적인 역할을 한다고 본다. 내적 대화를 통해 우리는 자신의 목표를 상기하고('이제 텔레비전은 그만 보고 내일 있을 발표 준비해야지'), 다가올 자기통제가 필요한 상황에 미리 대비하고('팀장님이 비판적으로 나온다고 해도 흥분하지 말자'), 특정 행동을 취하라는 지시를 내리고('발표 때 현우 씨가 많이 기여했다고 꼭 얘기해야지'), 목표 달성 진행상황을 평가하고('거의 다 했어. 조금만 더 힘내자'), 자신의 성과에 대해 피드백을 한다('완벽하진 않지만 이 정도면 잘한 거야'). 이처럼 스스로에게 말을 하는 능력은 앞으로의 행동을 계획하고, 끝까지 버티게 해주며, 지금까지 성공적으로 잘 해왔는지를 평가하는 데 꼭 필요한 능력이다.

많은 경우 자아는 우리의 주의와 생각, 감정, 행동을 조절하는 데 열심이다. 우리는 과식하지 않고 욕하지 않고 일을 미루거나 욱하지 않고 늦잠 자지 않는 등 바람직하지 않은 행동들을 하지 않는 법을 학습해왔다. 반대로 하기 싫은 일을 스스로 하게 만드는 법도 배워왔다. 싫지만 중간 지점에서 타협하기도 하고, 고지서를 제때 처리하고, 청소하고, 치실을 사용하고, 무거운 몸을 이끌고 출근을 한다. 그럼에도 우리의 자기통제가 항상 성공하지는 않으며 어떤 경우에는 처참하게 실패하고 만다. 체중을 조절하고 싶어 하는 사람의 대다수가 많은 시행착오를 겪으며, 흡연자들도 금연에 성공하기까지 보통 여러 번의 시도를 거친다. 많은 사람들이 문제가 되는 행동을 도무지 고칠 수 있을 것 같지

나는 왜 내가 힘들까

가 않아서 좌절한다. 그렇다고 자기 스스로 변화하려는 시도들이 절대 먹히지 않는다는 것은 아니며 이런 시도들은 분명 효과가 있다. 문제는 자아의 통제력이 완벽하지는 않다는 것이다. 앨런처럼 우리 모두가 때때로 스스로를 통제하는 데 어려움을 겪는다.

심리학자들을 비롯한 많은 연구자들이 자기통제에 많은 관심을 쏟아왔다.[5] 정확히 어떻게 의지력을 발휘해서 생각과 행동을 조절하게 되는지 아직 완벽하게 알려지지는 않았지만 성공적인 자기통제에 다음의 네 가지 요소가 꼭 필요하다는 사실이 밝혀졌다. 우선 자신의 행동을 적절히 감시할 수 있어야 하고, 명확한 목표를 가지고 있어야 하며, 현재를 넘어 미래로 마음속 여행을 떠나서 행동의 장기적 결과를 상상할 수 있어야 하고, 걸림돌이 되는 욕구들을 억누를 수 있는 자기통제 에너지가 충분히 있어야 한다. 이들 요소 중 하나라도 빠지면 원하는 만큼 효과적으로 자기통제를 하지 못하게 된다.

자기인식: 내가 무엇을 하고 있는지 지켜보기

자기통제를 잘 해내기 위해서는 우선 자신이 하고 있는 일들을 의식적으로 열심히 감시해야 한다.[6] 식사량 줄이기, 손톱 물어뜯지 않기, 화 내지 않기 등 목표로 삼은 행동이 있을 때, 그 행동에 대해 의식적으로 주시하고 있어야 자기통제를 효과적으로 해내는 경향이 있다. 주변에서 일어나는 일(재밌는 모임이나 새로 나온 영화 같은)이나 잡념(몽상,

걱정)에 정신이 팔려 목표 행동에 주의를 집중하지 못하게 되면 바람직하지 않은 행동을 하게 될 수 있다. 예컨대 송년회에 가서 절대 과식하지 않을 거라고 다짐했지만 막상 분위기에 휩쓸리다 보면 아무 생각 없이 영양가도 없는 음식을 주섬주섬 먹게 된다. 또는 평소에는 손톱을 안 뜯으려고 주의를 기울이다가도 재밌는 책에 빠져들기라도 하면 나도 모르게 다시 손톱을 물어뜯고 있을 수 있다. 성질 좀 죽이자며 굳게 마음을 먹었지만 다른 문제로 정신이 없다 보면 그새 그 다짐을 잊고 작은 일에도 이성을 잃는다. 의도적인 자기통제는 우리의 주의력이 자신의 행동을 활발하게 감시할 때에만 가능한 것이다.

수년간 심리학자들은 사람들의 행동이 상황의 특성에 의해 결정되는지 아니면 그 사람의 개인적 특징들에 의해 결정되는지를 놓고 논쟁을 벌여왔다. 물론 사람의 행동은 항상 그 사람이 처한 상황에 영향받는다. 이 상황이 얼마나 친숙한 상황인지, 혹은 주변에 지켜보는 사람이 있는지, 어떤 규범이나 규칙이 적용되고 있는지, 특정 행동에 어떤 보상이나 처벌이 주어질지, 지금 어떤 물리적인 환경(색깔, 빛, 온도, 크기)에 놓여 있는지 등 다양한 상황적 요소들에 의해 행동이 달라진다. 하지만 한편으로는 사람의 행동은 그 사람의 성격이나 믿음, 태도, 가치관, 목표와 같이 개개인의 내적 요인들에 좌우되기도 한다. 이 중 전자의 극단을 지지하는 사람들이 행동주의자들behaviorist이다. 이들은 상황의 힘이 절대적이라고 여긴다. 그 반대편 극단에는 정신분석학자들 psychoanalysts이 있다. 이들은 개인의 내면에서 일어나는 일들이 가장 중요하다고 주장한다.

나는 왜 내가 힘들까

물론 거의 대부분의 행동이 상황과 개인적 요소 모두의 영향을 받는다. 과거에는 둘 중 하나만이 답일 거라고 생각했었다는 사실이 우습게 느껴지기도 하지만 분명한 사실 하나는 사람들이 어떨 때는 상황의 영향을 크게 받고 어떨 때에는 자기통제를 위한 노력 같은 내적 요소들에 더 큰 영향을 받는 모습을 보인다는 것이다. 1970년대가 되어서야 연구자들은 이런 현상에 대해 설득력 있는 설명을 내놓기 시작했다. 1970년대 초반 심리학자 토머스 두벌Thomas Shelley Duval과 로버트 위클런드Robert Wicklund는 우리 행동이 상황과 내적 요소 중 어떤 것에 더 영향을 받을지는 자기인식 수준에 따라 결정된다고 보았다.[7] 두벌과 위클런드에 의하면 자기 자신에 대해 의식적으로 생각하고 있을 때 우리 행동은 그렇지 않을 때에 비해 자신의 개인적 기준과 태도, 특징 들의 영향을 더 크게 받는다. 자신에 대해 인식하고 있지 않을 때에는 자동적으로, 아무 생각 없이, 습관적으로 행동하거나 상황적 요소에 주로 영향을 받는다.

이 흥미로운 가설은 이내 수백 개의 실험을 통해 뒷받침되었다. 예를 들어 한 연구에서는 참가자들에게 자신에 대해 생각하도록 유도했을 때만 참가자들의 개인적 태도가 행동에 영향을 준 것으로 나타났다.[8] 자신을 인식하고 있지 않을 때에는 습관이나 상황의 영향을 더 크게 받았다. 정반대의 태도를 가지고 있는 사람들마저도 자신을 인식하고 있지 않을 때에는 놀라울 정도로 똑같은 행동을 한다는 발견도 있었다.[9] 자신에게 초점을 맞추고 일거수일투족을 지켜보지 않는 한 사람들은 자신의 태도와 가치관, 목표에 부합하도록 행동을 통제하지 않는

자아가 내 마음대로 안 될 때

다는 것이다. 즉 자기통제는 자기인식을 필요로 한다는 말이다.

왜 사람들이 때로는 자기답지 않은 행동을 하는지 의아할 때가 있다. 자기인식이 자기통제에 중요한 영향을 미친다는 사실은 이 의문에 답을 줄 수 있는 중요한 힌트다. 성취하고자 하는 목표를 거스르는 행동을 하거나 내 가치관에 반하는 행동을 하고 나서 내가 그때 왜 그랬는지 생각할 때가 있다. 저지르고 나서야 "내가 제정신이 아니었어, 나한테 무슨 일이 생긴 건지 모르겠어"라고들 한다. 이들에게는 정말로 어떤 일이 생긴 것일까? 이들이 제정신, 자기 자신이 아니었다면 그때의 자신은 누구였던 것일까?

그들은 그 누구도, 심지어 자기 자신도 아니었다고 할 수 있다. 자아가 활발하게 행동을 관찰하고 있지 않았기 때문에 자기통제 하에 움직이지 않았던 것이다. 우리 뇌의 자동운행기능으로만 움직이고 있으면 나 자신의 목표나 가치관이 아닌 외적인 요소들이 행동을 주관하게 된다. 자신의 행동을 활발하게 감시할 때만 비로소 의도적인 자기통제가 가능하다.

이렇게 자기인식이 잠시 사라져서, 컴퓨터로 비유하자면 자아가 대기모드가 되는 현상을 비개인화deindividuation라고 부른다.[10] 비개인화 상태는 자기 자신에 대해 생각할 수 있는 능력이 감소해서 그 결과 평소에 하던 것처럼 자신의 행동을 감시하고 조절하지 않게 되는 상태를 말한다. 자아의 전원이 꺼져 있는 이 비개인화 상태에서는 평소라면 자기통제로 잘 조절했을 충동들이 여과 없이 튀어나오게 되며 이런 경우에서는 상황의 특성이나 평소 습관에 따라 행동하게 된다. 연구들에 의하면 비개인화 상태일 때 사람들은 평소보다 정직하지 않고 잔인하며 반사회적인 행동들을 보인다.[11] 그러나 반대로 비개인화가 친사회적 행동들을 불러오기도 한다.[12] 거절당하는 게 두려워서 혹은 무른 사람처럼 보이지 않으려고 친절이나 사랑, 배려하는 마음을 억누르는 경우 비개인화 상태에서는 친사회직인 욕구를 통제하지 못하고 오지랖을 부리거나 너그러운 행동을 하게 된다. 그래서 손해를 볼 수도 있지만 자아를 꺼두는 것이 항상 나쁘지만은 않다.

비개인화를 일으키는 요소들은 대개 주의를 자신으로부터 돌려 외부 자극으로 향하게 만든다는 특성이 있다.[13] 무질서한 인파 속에서 사람들은 자극적이고 감정을 불러일으키는 사건들에 주의를 쉽게 빼앗기는데, 이러한 상황이 비개인화가 나타나는 흔한 예다. 시위 현장에서 사람들은 경찰에게 벽돌을 던지고 욕하고 싶겠지만 잘 참는다. 그러다가 어디선가 소요사태가 일어나면 거기에 주의가 팔려 자신을 더 이상 지켜보지 못하면서 참았던 욕구가 폭발하게 된다. 심지어 무심코 그 아수라장에 뛰어들게 될 수도 있다. 또한 실험 연구에 의하면 사람들이 개인성을 잃게 되는 상황에서도 비개인화가 나타날 수 있다고 한다. 예를 들어 주위가 깜깜해져서 누가 누군지 구분할 수 없거나, 다른 사람들과 똑같은 유니폼을 입고 얼굴을 가린 채 하나의 큰 집단으로서 행동하는 경우 등이 해당된다.[14]

커다란 군중 속에서 사람들이 자기인식을 얼마나 유지할 수 있는지는 부분적으로 전체 집단 내 자신의 하위 집단이 얼마나 큰지에 따라 결정된다. 예를 들어 시위하다가 경찰과 대치하는 상황에서는 시위

자아가 내 마음대로 안 될 때

자와 경찰이라는 두 하위 집단이 존재한다. 이때 각 하위 집단의 사람 수가 상대적으로 많은지 적은지에 따라 자기인식 수준이 결정된다. 연구자들은 이렇게 상대적인 집단 크기에 따른 자기인식의 정도를 측정할 수 있는 대략적인 공식을 만들어냈다. 내가 속하지 않은 다른 하위 집단 사람들의 숫자를 전체 사람 수로 나누는 것이다.[15] 예컨대 100명의 청중들 앞에서 단 두 명이 노래를 해야 한다면 이들의 자기인식율은 노래하지 않는 사람 수(100명) / 모든 사람 수(100+2) = 0.98이 된다. 비율이 1에 가깝다는 것은 그 상황에서 자기 자신에 대해 상당히 신경을 쓰게 된다는 의미다(사실 남의 시선을 신경 썼다고 말할 수도 있다). 반대로 10명 앞에서 60명과 함께 노래한다고 생각해보라. 이런 상황에서 자신에게 향하는 주의의 비율은 0.14에 불과하다. 군중에 묻어가도 되는 상황이므로 딱히 자신을 신경 쓰지 않게 될 것이다. 즉 내가 속한 하위 집단의 숫자가 다른 하위 집단의 숫자에 비해 커질수록 자기인식 비율은 낮아지는데, 이는 자신에 대한 인식이 옅어진다는 의미다.

자기통제를 하기 위해서는 자기인식이 필요하기 때문에, 자기인식 비율이 낮게 나오는 상황일수록 사람들은 집단 안에서 자신에게 주의를 덜 기울이게 되고(비개인화되고), 자신에 대한 통제력 또한 잃게 된다. 브라이언 멀런Brian Mullen은 1899년에서 1946년 사이 미국에서 백인들이 흑인을 학살한 60건의 사건들을 분석하며 이런 현상을 실제로 발견했다.[16] 멀런은 각 사건에서 가해자 집단 사람 수와 피해자 집단 사람 수를 살펴본 뒤 자신에게 향하는 주의 비율을 계산하고 각 사건의 잔학성을 평가했다(물론 모든 학살은 잔학하지만 특히 더 극악무도한 것들이

나는 왜 내가 힘들까

있다). 그 결과 예상했던 것처럼 자기 주의 비율이 학살의 잔학성과 반대 관계에 있었다. 폭도들은 자기 주의 비율이 낮았던 상황에서 더 심한 잔학성을 보였다. 달리 말하면 피해자 대비 가해자의 수가 좀 더 적었다면, 가해자들이 각자 자신이 지금 무슨 짓을 하고 있는지 알아차릴 만한 자기인식을 좀 더 가졌을 것이며 따라서 범죄의 잔학성도 줄어들었을 것이다.

이렇듯 효과적인 자기통제에 자기인식은 필수적이다. 하지만 아이러니하게도 자기인식이 지나치면 자신을 통제하는 능력을 발휘하는 데 장애가 생길 수도 있다. 자기통제력을 사용해서 고치려고 하는 문제들 중에는 애초에 자기고찰을 너무 많이 해서 발생하는 것들이 있기 때문이다.[17] 예컨대 자신의 성기능에 대해 지나치게 신경 쓴 나머지 발기부전이 된 사람은 자신에 대해 더 많이 생각한다고 문제가 해결되지 않는다. 비슷하게 불면증을 앓지 않으려고 애쓴다고 해서 잘 자게 되는 것도 아니다. 이미 끝난 관계에 집착하지 말라고 자신을 타이르는 것도 별로 도움이 안 된다. 이런 시도가 되레 이별에 대해 더 많이 생각하게 만들 수 있기 때문이다. 이렇게 생각이 지나쳐서 악화된 문제들의 경우 자신을 더 철저히 감시한다고 해서 나아지지는 않는다.

목표와 기준

우리는 확실한 목표 없이는 건강한 식습관 유지하기, 시험 공부하기, 성질 다스리기, 안전한 성생활하기, 안전 운전하기 등에 자기통제력을 발휘할 수 없다. 자아 때문이 아니라 무엇을 성취하고자 하는지에 대한 명확한 내용이 없어서 자기통제에 실패하는 경우가 적지 않다. 성공적인 자기통제를 위해서는 성취하고자 하는 목표가 있어야 하고 또 이 목표들을 달성했는지 판단할 수 있는 명확한 세부 기준이 있어야 한다.[18] 다이어트를 하는 사람은 이루고자 하는 구체적 목표와 함께 무엇을 먹어야 하고 무엇을 먹으면 안 되는지에 대한 분명한 기준을 가지고 있어야 하고 저녁에 숙제를 하기로 마음먹은 학생은 최종 목표와 함께 오늘 밤 어디까지 해낼 것인지에 대한 기준도 있어야 한다. 마라톤을 하는 사람은 목표로 하는 기록을 정하고 얼마큼의 트레이닝이 필요할지도 정해야 한다. 이런 목표와 기준이 확실하지 않을 경우 자기통제에 실패하기 십상이다.

하지만 현실에서 더 자주 부딪히게 되는 자기통제 실패 상황은 확실한 목표가 없는 경우보다 목표들이 상충하는 경우다.[19] 예를 들어 다이어트 중이어서 오늘 저녁 모임에서 고칼로리 음식과 술을 피하고 가볍게 먹기로 다짐했다고 하자. 목표는 분명하다. 여기서 문제는 모임에서 다른 사람들과 즐거운 시간을 보내고 싶고 다른 사람들에게 자신이 다이어트 한다는 사실을 알리기 싫은 마음도 있다는 것이다. 이렇게 사람들과 어울려 즐기겠다는 목표가 다이어트라는 원래 목표와 충돌하고, 그 결과 부어라 마셔라 하며 다이어트를 망치곤 한다. 후에 이 일을 돌이켜보면 그때는 자기통제력을 잃었다고 생각하게 되겠지만 실은 다이어트라는 목표에 한해서만 통제력을 잃었던 것이다. 자아는 여전히 모임에서 즐거운 시간을 보내기 같은 다이어트 외의 목표들을 성공적으로 수행했다. 이렇게 많은 경우 한 욕구나 목표가 다른 욕구와 목표를 누르고 튀어나오는 탓에 자기통제에 실패하게 된다. 특정 행동을 통제하려면 그와 충돌하는 다른 목표가 없는지 살펴볼 필요가 있다는 것이다.

처음에 중요하게 생각했던 목표가 시간이 지나면서 다른 목표에 밀리고 자기통제에 실패하게 되는 경우도 종종 나타난다. 예를 들어 처음으로 헌혈을 하기로 마음을 먹었다고 해보자. 하지만 막상 센터에 도착해서 바늘과 혈액 주머니를 보면 헌혈을 하겠다는 목표보다 아픔을 피하려는 목표가 더 강해질 수 있고 결국 생각을 바꿔 조용히 자리를 뜨게 될 수 있다. 나중에 생각해보면 단순히 마음을 바꿨을 뿐이라고 여기겠지만 의도했던 바를 끝까지 실천할 자기통제력을 잃은 것으로 해석될 수도 있다.

때로는 목표를 성취하고자 하는 마음이 바뀌어서가 아니라 여전히 그렇게 해야 한다는 것을 알면서도 정반대로 행동하며 자기통제에 실패하기도 한다. 잘못이라는 걸 뻔히 알면서도 멋대로 옳은 판단을 그르치는 행동을 의지박약 행동akratic actions이라고 부른다(Akrasia는 약한 의지력, 자기통제력 부족을 뜻하는 그리스어다).[20] 아마 자기통제 실패의 가장 흔한 형태가 이런 의지박약 행동일 것이다. 이런 행동이 흥미로운 이유는 스스로에게 그렇게 하지 말라고 타이르는데도 나타나기 때문이다. 이성적인 판단이 그렇게 행동하지 말라고 하는데도 불구하고 잘못된 행동을 하고 만다. 즉 분명한 목표가 있어도 의지박약이 나타날 수

자아가 내 마음대로 안 될 때

있다는 것이다.

충동적 상황 뛰어넘기

적당히 먹으려고 했는데 과식을 한다거나, 연인이 아닌 사람의 성적 유혹을 이기지 못한다거나, 상사에게 버럭 화를 내는 등 자기조절에 실패하는 상황은 장기적인 목표(체중 조절, 신뢰 유지, 직업 유지)보다 현재의 즉각적인 상황에서 생겨나는 충동적인 욕구에 끌려가기 때문에 벌어질 때가 많다. 효과적인 자기통제를 위해서는 무엇보다 장기적인 목표 성취를 방해하는 눈앞의 유혹들을 이겨내야 한다.[21] 예컨대 체중 조절이라는 미래의 목표를 완수하기 위해서는 눈앞의 탁자 위에 놓여 있는 군것질의 달콤한 유혹을 이겨내야 한다. 배우자가 있는 사람은 다른 상대에게 눈길이 갈 때면 외도의 결과를 생각할 수 있어야 한다. 상사에게 화를 내고 싶은 욕구를 참으려면 그 후의 결과가 어떨지 그려보아야 한다.

하지만 당시 상황의 영향으로부터 잘 벗어나지 못하고 결국 자기통제에 실패하는 일이 종종 발생한다. 추상적인 수준에서는 진심으로 장기적인 결과를 생각해서 어떻게 행동해야겠다고 생각한다. 그럼에도 당장 처한 상황에서 강력한 유혹을 받으면 미래에 대해 생각하는 자아의 능력이 그 유혹에 밀려버린다. 예를 들어 내일 시험이 있는 학생의 경우 열심히 공부하기 위해 자기통제력을 쥐어짤 의향이 충분히 있었는데도 친구가 술 한잔하자고 하는 눈앞의 상황에 흔들릴 수 있다. 자아가 상상해낸 나중 일보다 당장 친구와 술을 마시며 즐거운 시간을 보내는 일이 훨씬 매력적으로 다가오는 것이다. 사귀는 사람에게 책임을 다하려는 마음을 진심으로 가지고 있다가도 눈앞의 자극 때문에 미래에 대한 이성적인 생각이 멈춰버리면 얼마든지 유혹에 빠질 수 있다. 상사와 대화하다가 기분이 상한다고 상사에게 고함을 치면 분명 문제가 될 거라는 걸 알면서도 화가 솟구치면 그래서는 안 된다는 생각이 쏙 들어가 버릴 수 있다. 각각의 상황에서 자신의 행동이 불러올 수 있는 장기적 결과에 대한 인식의 끈을 놓지 않았더라면 스멀스멀 올라오는 충동을 억누를 수 있었을 것이다.

목표가 먼 미래에 있을수록 그 목표의 현재 가치는 감소한다는 점에서 당장 처한 상황의 영향력으로부터 벗어나기란 쉽지 않다. 같은 보상이라면 지금 당장 취할 수 있는 보상이 먼 미래의 보상보다 더 강렬하게 느껴지기 마련이다.[22] 발생 가능한 비용이나 처벌 또한 나중에 발생할지도 모르는 것보다 지금 발생할지도 모르는 것이 더 심각하게 느껴진다. 이렇게 보상과 처벌 모두 지연되는 정도에 따라 그 가치가 축소되는 현상이 나타나기 때문에 당장 얻을 수 있는 만족이 클수록 나중에 겪을 불리함은 잊고 유혹에 쉽게 굴복한다. 따라서 사람들은 장기적인 결과(경제학에서 말하는 '전체 효용global utility')에 대해 생각하며 지금의 행동을 결정하기보다 가까운 미래에 나타날 결과('국지적 효용local utility')를 생각하며 행동을 결정한다.

사람들은 비교적 가까운 미래의 국지적 기간을 일컬어 "현재 상황

자아가 내 마음대로 안 될 때

present situation"이라고 정의한다. 사람들은 이 기간 내에 발생하는 결과에 특별히 높은 가중치를 부여해서 행동을 결정한다. 반면 보다 먼 훗날 발생하는 결과에는 아주 조금의 가중치만 부여한다. 극단적인 경우로 이 기간이 거의 0에 가까워서 바로 눈앞의 결과만 생각하고 행동하는 사람들도 있다. 흔히 이렇게 아주 짧은 시간의 틀 속에서 앞일에 대한 고려 없이 하는 행동을 일컬어 충동적이라거나 근시안적이라고 부른다. 반대편 극단에는 자신의 인생 전체 또는 그 이상을 고려해 행동하는 것이 있다. 이 경우 먼 훗날 발생할 수 있는 결과들이 현재의 결정에 영향을 미친다. 후손들에게 아름다운 지구를 물려주기 위해 재활용에 힘쓰거나 사후 세계에 대한 믿음 때문에 여러 행동을 삼가는 종교인이 그런 예다.

월터 미셸Walter Mischel과 동료들은 30여 년 간 사람들이 자신을 통제하기 위해 어떤 전략들을 사용하는지, 자기통제를 성공적으로 하게 만드는 요인은 무엇인지 연구했다.[23] 이들은 실험 참가자들에게 지금 바로 작은 보상을 받을 것인지 아니면 기다렸다가 나중에 큰 보상을 받을 것인지 선택하도록 했다. 예를 들어 표준적인 보상 지연 실험에서는 아이들에게 작은 초콜릿 더미와 큰 초콜릿 더미를 보여주고 실험자가 나갔다가 돌아올 때까지 몇 분간 기다리면 큰 초콜릿 더미를 주겠다고 이야기한다. 기다리는 동안 못 참겠으면 언제든 작은 초콜릿 더미에 있는 초콜릿을 먹을 수도 있지만 그럴 경우 큰 초콜릿 더미를 받지 못한다는 것도 이야기한다. 실험자는 30분간 방을 떠나고 그 사이에 아이들의 행동을 관찰한다.

연구자들은 이런 보상 지연을 견디는 능력이 눈앞의 상황 너머를 보게 하고 장기적 목표를 함께 고려하게 하는 '뛰어넘기transcendence 전략'들을 얼마나 잘 사용하는지에 달려 있다는 사실을 밝혔다.[24] 예를 들어 눈앞의 가치가 덜한 보상으로부터 스스로 주의를 돌리면 여기에 안주하고 싶다는 유혹을 더 잘 이겨낼 수 있다. 실제로 자기통제를 잘 했던 아이들의 경우 자기 눈을 가려서 초콜릿을 보지 않는 등의 방법으로 초콜릿을 먹고 싶다는 욕구를 잘 참아냈다. 이와 달리 초콜릿이 얼마나 맛있을지 생각하는 등 눈앞에 있는 보상이 가져올 즉각적인 감각들에 주의를 쏟은 아이들은 욕구를 이기는 데 더 많은 어려움을 겪었다.[25]

여기에 더해 시간이 걸리기는 해도 더 끝내주는 보상이 기다리고 있다는 걸 계속 자기에게 말하는 것('큰 초콜릿 더미를 받으면 정말 기쁠 거야') 또한 당장의 유혹을 이기는 데 도움이 될 수 있다. 미래의 보상을 계속 떠올리면 더 오래 버티게 되는 것이다.[26] 일상생활에서도 장기적 보상을 떠올리며 어려운 일에 매진하도록 스스로 동기부여할 수 있다.

이런 전략들은 두 가지 측면에서 당면한 상황의 영향에서 벗어나는 데 도움을 준다. 우선 눈앞에 있는 보상의 생생함과 매력을 줄여준다. 또한 현재라는 국지적인 시간의 틀에서 벗어나 미래의 결과를 고려하게 만든다. 이 두 가지 효과 모두 자아의 중요한 기능이다. 결국 자아가 제대로 기능해야 더 나은 미래를 위해 현재의 유혹을 넘어설 수 있다.

자기통제 에너지

민준은 체중 감량에 나섰다. 건강검진 결과 혈압을 낮추려면 체중을 감량해야 한다는 말을 듣기도 했고 살찐 모습이 스스로도 마음에 들지 않았기 때문이다. 민준은 몇 달 동안 일주일에 1킬로그램씩 감량하는 걸 목표로 하고 식사 조절을 시작했다. 체중감량이라는 장기 목표와 고칼로리 음식을 먹지 않겠다는 세부 계획을 세웠다. 군것질 하고 싶은 마음도 잘 이겨내면서 3주간 다이어트를 이어갔다. 하지만 어느 날 저녁, 유난히 아이스크림이 먹고 싶어졌다. 처음엔 다이어트 하기로 다짐한 걸 벌써 잊었냐며 자신을 다그치고 냉장고 문을 열면 안 되는 100만 가지 이유를 줄줄 읊었다. 다이어트 몇 주만 더 하면 얼마나 더 잘생겨질지 상상하면서 마음을 다잡는 전략도 써봤다. 하지만 얼음을 꺼내려고 냉동실 문을 연 순간 아이스크림 통과 눈이 맞았다. 이러면 안 되는데 하면서 아이스크림 통을 꺼내들고 초콜릿 시럽과 체리를 곁들여 먹방을 찍는 지경에 이르렀다. 먹는 내내 이러면 안 된다고 생각하면서 말이다.

사실 민준은 앞서 언급한 자기통제에 필요한 세 가지 요소를 성공적으로 실행했다. 유혹이 덮쳐오는 동안 계속해서 자신의 행동을 의식하고 있었다. 따라서 자신에게 주의를 기울이지 않아서 자기통제에 실패한 것이라고 할 수 없다. 민준은 명확한 목표를 가지고 있었고 목표 달성을 위한 계획도 분명했다. 아이스크림을 먹거나 먹지 않았을 때의 장기적인 결과에 대해 생각하며 순간의 상황에서 벗어나 보려고도 했다. 이렇게 자기통제의 세 가지 요소를 적절히 조합해서 실행했음에도 실패하는 경우를 만나면 우리는 흔히 의지력이나 자제력이 부족했기 때문이라고 말한다. 정작 본인은 유혹이 너무 강했을 뿐이라고 생각하겠지만 말이다.

우리가 흔히 의지력, 자제력이라고 부르는 자기통제 에너지가 바로 효과적인 자기통제를 위한 네 번째 요소다. 이것은 여러 요소들 중 가장 덜 알려져 있다. 뜻한 대로 행동하게 도와줄 에너지가 부족해서 자기통제에 실패하는 경우를 말한다.[27] 자신의 행동거지를 관찰하고 뚜렷한 목표와 기준을 설정하고 눈앞의 상황을 벗어나려 해보지만 그것과 별개로 여전히 정신적 에너지나 의지력은 부족할 수 있는 것이다.

많은 이들이 흔히 자기통제에 실패할 때면 저항하기 힘든 충동이 자기통제력을 압도한 거라고 여기곤 한다. 다이어트 중이었는데 초콜릿 칩 쿠키를 몽땅 먹어치우고 만 사람이나 금연 중이다가 다시 담배에 불을 붙인 사람이나 화가 나서 배우자를 밀친 사람들 모두 지나치게 강렬한 유혹이나 충동에 그 원인을 돌린다. 물론 자기통제에 실패한 이유가 이런저런 충동에 반응했기 때문이라는 말도 틀린 건 아니지만 이런 충동의 크기는 우리가 그 상황에서 자신에게 어떤 말을 하느냐에 따라서도 크게 달라진다. 우리가 겪는 충동은 어느 정도 우리가 만들어낸 것이기도 하다는 의미다. 상황에 대해 어떤 방향으로 생각하느냐에 따라 같은 충동이 커지거나 반대로 줄어들기도 하고 자기통제력이 향상되기도 하기 때문이다.

충동의 대상에 대한 스스로의 해석을 바꾸면 적은 자기통제 에너지만으로도 충동을 이겨낼 수 있다. 앞서 아이들이 어떻게 미래의 더 큰 보상을 위해 지금의 작은 보상(주로 초콜릿, 프레첼, 마시멜로)을 바로 취하고픈 욕구를 이겨내는지에 대한 연구를 살펴봤다. 여기서도 자기 통제의 성공을 결정하는 가장 중요한 요소 중 하나는 아이들이 스스로에게 욕구의 대상을 어떤 식으로 설명했는지였다. 예컨대 마시멜로우를 푹신한 구름이라고 생각하는 등 대상의 추상적인 특징에 대해 생각한 아이들이, 초콜릿의 달콤함 같은 대상의 매력적인 특징에 대해 생각한 아이들에 비해 나중의 보상을 더 잘 기다렸다.[28] 이렇게 자기통제를 약화시킬 수 있는 상황적 요소로부터 주의를 멀리함으로써 머리를 식히는 것을 정신적 '진정 작업cooling operation'이라고 한다. 이런 진정 작업들은 충동의 세기를 줄임으로써 비교적 적은 양의 자기통제 에너지로도 충동과 싸울 수 있게 돕는다. 자기통제를 위해 필요한 에너지의 양은 자기통제를 방해하는 충동의 강도와 반비례 관계에 있기 때문에 진정 작업을 통해 충동의 세기를 약하게 만들면 자기통제가 쉬워진다.

비슷한 원리로, 충동이 아직 그렇게 심하지 않을 때 자기통제를 하면 더 성공하기 쉽다.[29] 땅콩버터와 초콜릿 조합이라면 사족을 못 쓰는 사람이 있다고 하자. 이 사람 앞에 한 그릇 가득 땅콩버터와 초콜릿을 담아 들이밀면 이는 충분히 강한 충동이기 때문에 유혹을 이기는 데 엄청난 자기통제력이 요구될 것이고 결국 실패할 가능성이 높다. 반면 똑같은 초콜릿이라도 포장되어 찬장 안에 들어가 있다거나 아예 차를 타고 마트에 가서 사야 하는 상황이라면 적은 자기통제력으로도 욕구를 이겨낼 수 있다. 이 예가 시사하는 점은 분명하다. 자기통제에 성공하고 싶다면 일단 1차 방어선을 지키는 데 노력을 집중해야 한다는 것이다. 달콤한 음식을 좋아하는 사람에게는 이미 사버린 초콜릿을 먹지 않고 버티는 것보다 아예 초콜릿을 사지 않는 것이 훨씬 쉽다. 카드 빚으로 고생하고 있는 사람은 들고 나온 카드를 쓰지 않으려고 애쓰는 것보다 애초에 카드를 집에 두고 나오는 것이 훨씬 쉽다.

자기통제력이 바닥날 때

자기통제에 필요한 에너지 탱크가 가득 차 있을 때면 내가 나의 주인이 되어 모든 행동을 통제할 수 있을 것 같은 기분이 든다. 반대로 에너지 탱크가 텅텅 비어 있을 때는 간단한 자기통제도 잘 안 되곤 한다. 예를 들어 우울증이 심한 사람은 아침에 침대에서 일어나는 것조차 어렵다. 자기통제 에너지가 충분한 때가 있고 아닌 때가 있는 것이다. 자기통제가 수월하게 일어나도록 돕는 심리적 에너지가 무엇인지는 확실하지 않지만 이 에너지를 고갈 또는 회복시키는 요소들에 대해서는 많은 연구가 있었다.[30] 자기통제 에너지를 고갈시키는 가장 대표적인 요소는 신체적, 정신적 피로다. 다들 한 번쯤은 너무 피곤한 나머지 평소에 잘 참을 수 있었던 행동을 참지 못하고 막 나간 경험을 해본 적 있을 것이다. 피곤할 때면 통제력을 잃고 바람직하지 않은 행동을 하기 쉬워진다. 이제 막 일어나 정신이 또렷한 아침보다는 날이 저물어갈 때쯤 다이어트에 실패하고 말다툼을 하고 공격적이거나 충동적인 행동을 하는 경우가 더 많은데, 이는 어쩌면 당연한 일이다.[31] 반대로 푹 잘 자고 나면 자기통제 에너지 저장고가 채워진다. 밤에 자려고 누웠을 때만 해도 나를 궁지에 몰아넣을 것 같던 일들이 자고 일어나면 감당할 만하게 느껴지기도 한다. 한편 부정적 정서들도 자기통제력을 갉아먹는다. 스트레스가 많을 때 감정이나 식욕을 통제하지 못하고 각종 중독에 빠지는 것도 이 때문이다. 이와 반대로 긍정적인 정서가 많을 때는 상대적으로 자기통제가 수월하다.[32]

놀라운 사실은 의도적으로 자신을 통제하고 나면 이후 자기통제에너지가 고갈되는 현상이 나타난다는 것이다. 자신을 통제할 때마다 마치 소진된 것처럼 자기통제력이 순간적으로 약해져서 이후 바로 이어서 자기통제를 하려고 하면 이전처럼 잘 되지 않는다. 이런 점에서 자기통제는 근육과 비슷하다. 근육을 쉬지 않고 지나치게 많이 사용하면 근력이 떨어져 일시적으로나마 무거운 물체를 들지 못하게 되는 것처럼 재충전의 시간을 갖지 않고 반복적으로 자신을 통제하면 자기통제력도 떨어지기 때문이다.[33] 물론 자아는 근육과는 다르고 자기통제력도 신체적 힘과는 다르기 때문에 완벽한 비유는 아닐 수 있다. 그럼에도 연구자들은 자기통제력이 근력처럼 일시적으로나마 고갈될 수 있는, 소모되는 자원이라는 점을 강조한다. 장거리를 달리고 나면 이어서 또 장거리 달리기를 하기가 어려워지듯이 자기통제력을 사용하고 나면 이후 얼마 동안 자기통제를 할 수 있는 능력이 감소하고 마는 것이다.

자기통제력 고갈에 대한 연구들은 대개 참가자들이 어떤 행동에 자기통제력을 사용하게 한 뒤 연속으로 또 다른 자기통제 과제를 얼마나 잘 해내는지 평가한다. 예를 들어 갓 구운 초콜릿 쿠키를 눈앞에 둔

뒤 쿠키 말고 무를 먹으라고 하거나, 어려운 수학 문제를 풀라고 하거나, 특정 생각을 차단하라고 한다. 그리고 나서 복잡한 낱말풀이나 펜을 떼지 않고 어려운 선 따라 그리기 같은 또 다른 종류의 자기통제 과제를 하도록 한다. 그러면 이미 자기통제력을 한 번 사용한 사람은 또 다른 자기통제 과제에서 이전에 자기통제력을 사용하지 않은 사람들에 비해 더 큰 어려움을 겪는다.[34] 예를 들어 첫 과제에서 하얀 곰에 대해 생각하지 않으려고 애쓴 사람들은 이후 웃긴 영상을 보면서 웃는 표정을 억누르는 과제에서 더 많이 실패한다.[35] 또 다른 연구에서는 참가자들에게 마음이 불편해지는 사진을 보여준 뒤 감정적인 반응을 억누르게 하자 이후 신체적 지구력이 떨어졌다.[36] 초콜릿 칩 쿠키를 먹고 싶은 마음을 억누른 사람들은 이후 선 따라 그리기 과제에서 낮은 성과를 보였다는 연구도 있었다.[37]

이렇게 사람들이 자신의 생각, 감정, 행동을 통제하도록 돕는 자기통제 에너지의 속성이 정확히 무엇인지에 대해서는 아직 알려지지 않았지만 앞서 살펴본 연구들은 우리가 자기통제를 할 때 그 종류와 상관없이 똑같은 의지력 저장고에서 연료를 끌어다 쓴다는 점을 보여준다. 실은 꼭 자기통제와 관련된 행동이 아니어도 어려운 선택이나 결정을 내리는 것같이 복잡한 정신활동을 할 때면 자기통제 에너지가 고갈된 듯한 모습들이 나타난다.[38] 즉 자기통제처럼 두뇌를 최대한 가동해야 하는 활동들은 에너지 소모가 크며 같은 종류의 소모적인 자원을 사용하는 듯하다.

자기통제 에너지가 고갈되는 예는 일상생활 속에서도 흔히 있다.

자아가 내 마음대로 안 될 때

낮 동안 열심히 일하느라 자기통제력을 많이 발휘한 사람은 퇴근 후 집에서 짜증나는 일이 생기면 이에 대처할 정신적 자원이 얼마 남아 있지 않을 수 있다. 금연을 하면서 동시에 다이어트까지 한다면 다이어트에 실패할 수도 있다. 담배 피우고 싶은 마음을 참느라 이미 자기통제 에너지를 크게 소모한 나머지 식욕을 억누를 에너지가 남아 있지 않기 때문이다. 회사 임원으로서 종일 중요한 의사결정을 내렸다면 오늘 저녁에 뭐 먹을지 정하는 것도 힘겨울 수 있다.

지푸라기 하나 더 얹으면 낙타 등이 휜다는 속담이 있다. 계속 부담이 쌓이다가 어느덧 임계점에 다다르면 한순간에 쓰러지게 된다는 뜻이다. 자기통제 에너지 고갈도 이와 비슷한 측면이 있다. 우리는 때때로 스트레스가 지속적으로 쌓이는 와중에 자신을 다스리려고 노력하다가 아무런 자기통제도 가능하지 않을 정도로 완전히 에너지가 바닥날 때가 있다. 거의 바닥난 에너지를 쥐어짜서 자신을 통제해보곤 하지만 결국 자신을 제어하는 데 실패하고 이내 작은 스트레스에도 과한 반응을 보이며 폭발한다. 아이가 우유를 엎지르고 잔뜩 지친 양육자가 바닥을 조용히 닦으며 사고를 수습하려 한다. 이때 아이가 화장실에 가고 싶다고 조른다. 양육자는 식사를 중단하고 아이의 배변 때문에 비위가 상하지 않도록 애쓰며 많은 양의 자기통제 에너지를 소모한다. 아이가 느리게 움직이는 것도 인내해야 한다. 가만히 있지를 않는 아이의 엉덩이를 닦아주는 것은 더 많은 자기통제력을 요한다. 일을 마치고 다시 식탁으로 돌아갔을 때 자기통제력은 위험 수준으로 낮은 상태일 수 있다. 여기서 아주 작은 일 하나만 더 터지면 이 양육자가 폭발하는 모습을 보게 될지도 모른다. 예를 들어 이때 아이가 당근을 먹지 않겠다고 칭얼거린다면 양육자는 과민반응을 보이게 될 수도 있다.

　중요한 사실은 단순히 어떤 일이 불쾌하다고 사람들의 자기통제력이 고갈되는 게 아니라는 것이다. 연구자들은 자기통제 에너지 고갈 현상이 단지 좌절감을 느끼거나 기분이 나쁘다는 이유만으로 발생하는 것이 아니라는 증거를 다수 확인했다. 물론 좌절하거나 기분이 나쁜 일을 겪고 나면 자신을 통제하려는 의지도 줄어들 수 있지만, 앞선 자기통제로 인해 자기통제 에너지가 고갈되는 현상은 부정적 정서가 있든 없든 똑같이 나타났다.[39]

자기통제력은 기질적으로 사람마다 다르다

　이 장을 시작하면서 얘기했던 앨런은 기질적으로 자기통제력 수준이 낮은 사람이라고 볼 수 있다. 앨런과 반대로 해야 할 일을 반드시 하고 하지 말아야 할 일은 하지 않는 자기통제의 화신 같아 보이는 사람들도 있다. 우리 대다수는 앨런과 자기통제의 화신 사이의 어딘가에 위치한다. 대체로 자신을 잘 통제하는 편이나 때때로 실패할 때가 있다.

　자기통제력이 뛰어난 사람들은 자신을 줄곧 통제하지 못하는 사람들과는 삶의 양상이 사뭇 다르다. 월터 미셸과 동료들은 마시멜로 실험 참가자들을 어릴 때부터 오랫동안 추적 관찰했다. 그중 몇몇은 30대가 될 때까지 추적하기도 했다. 그 결과 네 살 때 자기통제를 잘 해낸 아이들이 충동 조절을 힘들어했던 아이들에 비해 청소년기에 더 적응적

자아가 내 마음대로 안 될 때

이고 성숙한 모습을 보였다.[40] 이들은 스트레스를 더 잘 관리하고 밀려드는 짜증이나 절망에도 더 잘 대응하며 주변 사람들로부터 더 자신감 있어 보인다는 평가를 받았다.

가장 놀라운 발견은 네 살 때 자기통제력이 좋았던 아이들이 자기통제력이 좋지 않았던 아이들에 비해 이후 고등학생이 되어 수학능력시험(SAT)에서 훨씬 더 높은 점수를 받았다는 점이다. 네 살 때의 자기통제력이 네 살 때의 지능보다 수학능력시험 성적과 더 높은 상관을 보이기도 했다. 높은 수준의 자기통제력은 아동과 청소년들이 학교에서 수행능력과 학습능력을 향상하는 데 큰 도움이 된다는 이야기다. 나아가 네 살 때 더 좋은 자기통제력을 보였던 아이들은 어른이 되어서도 덜 공격적이고 사회성이 더 좋은 경향을 보였다. 다른 방법으로 자기통제력을 측정한 연구들에서도 자기통제력이 좋은 대학생들이 힘든 상황에 더 잘 대처했으며 음주 문제나 정서적인 문제를 덜 겪은 반면 성적은 더 좋았다. 이들은 인간관계에 문제가 생겼을 때 더 건설적이고 협조적인 방향으로 대응했고, 더 행복하고 안정적인 관계를 형성했다.[41]

생각을 잠재우려는 생각

서양문화에서는 해야 할 일을 하고 도덕적 일탈을 피하고 자신이 가진 어려움들을 뛰어 넘기 위해서는 자기규율self-discipline을 가지고 있어야 한다고 본다. 많은 사람들이 금연하기, 식사 조절하기, 두려움 극

나는 왜 내가 힘들까

복하기, 분노 조절하기, 폭력적인 배우자에게서 벗어나기, 학교와 직장에서 좋은 성과 내기, 죽음이나 헤어짐 같은 상실 이겨내기와 같은 일들을 해내는 데 자기통제력 하나면 충분하다고 생각한다. 우리는 삶에 걸려 넘어질 듯 비틀거리는 사람들이 어떻게든 혼자의 힘으로 이겨낼 거라 기대하고, 만약 그러지 못하면 그건 그들이 충분히 노력하지 않았기 때문이라고 단정한다.

하지만 보통 현실은 그렇게 녹록지 않다. 사람들은 자신을 성공적으로 통제하기도 하지만 자기통제 과정의 여러 지점에서 쉽게 길을 벗어나고 만다.[42] 앞서 살펴봤듯 성공적인 자기통제를 위해서는 자신을 모니터링해야 하고, 명확한 목표를 가지고 있어야 하며 눈앞의 상황에서 벗어나 장기적인 결과를 생각할 줄 알아야 한다. 충분한 양의 자기통제 에너지 또한 가지고 있어야 한다. 이 다양한 연결고리 중 하나라도 약해지면 자기통제력은 그만큼 약해질 수밖에 없다.

자아가 현대인들에게 필요한 만큼 큰 자기통제력을 발휘하도록 진화하지 않았다는 것도 문제다. 우선, 우리는 처음으로 자아를 갖게 된 옛 조상들보다 훨씬 더 많은 선택과 결정을 떠안고 살아간다. 같은 부족, 같은 영토에서 평생을 보내고 하루 이틀 정도만 내다보면 되고 같은 문화적 전통 속에서 살아간 우리 조상들은 현대인들만큼 많은 선택의 순간을 마주할 일이 없었다. 이와 달리 우리는 대학, 직업, 배우자, 주거지같이 삶을 좌우하는 중요한 선택뿐만 아니라 저녁에 뭐 먹을지, 어떤 시리얼을 사 먹을지, 어떤 방송을 볼지 등 크고 작은 선택을 끊임없이 해야 한다. 그만큼 우리 자아는 선조들이나 산업화되지 않은 문화권 사람들의 자아보다 과하게 혹사당하고 있다.

여기에 더해 우리는 아직 해가 뜨기도 전에 알람 소리를 듣고 일어나고, 만원 지하철에 몸을 싣고 출근해서 개인적으로는 별로 의미 있지 않은 일들을 하고, 저녁에는 학원에 보냈던 아이들을 데려오는 등 선사 시대 조상들은 하지 않았던 "자연스럽지 않은" 행동을 끊임없이 요구받는다. 그렇다고 현대인의 삶이 선사 시대 인간의 삶보다 못하다는 것은 아니다. 단지 우리가 옛날 사람들보다 삶에서 자기통제를 훨씬 많이 해야 한다는 것이다. 그러다 보니 때로 자아가 할 수 있는 것 이상으로 자기통제력을 발휘하도록 스스로를 밀어붙이며 그 결과 처참한 자기통제 실패를 맛보곤 한다. 그뿐 아니라 자기통제 에너지가 일상적으로 낮게 유지되는 문제를 겪는다. 자아는 미래를 내다보고 여기에 맞게 행동을 조절하도록 진화했지만 그렇다고 해서 끊임없이 무언가를 선택하고 억지로 자기통제를 하도록 만들어지지는 않았다. 자기통제가 이만큼이나마 잘 굴러간다는 것이 신기할 정도다.

우리는 자아가 잘 작동하기만을 바라며 자기통제가 많은 걸 해결할 거라고 지나치게 기대한다. 하지만 때로는 자기통제를 위해 노력하는 것 자체가 역효과를 내기도 한다는 점을 기억해야 한다. 한 가지 좋은 예가 바로 무언가를 생각하지 않으려고 애쓰는 경우다. 사람들은 종종 예전에 있었던 일이나 앞으로의 걱정을 떨쳐내려고 애쓸 때가 있다. 트라우마가 되어버린 경험이 떠오르거나, 장래 진로에 대한 걱정으로 불안해지거나, 내적 대화가 머리를 도배하면서 정신이 산만해질 때가 있다. 이럴 땐 생각을 멈추고 싶어진다. 이때 강한 의지력으로 당장 이런 잡념을 없애보겠다며 애써보지만 자아로 자아를 물리치려는 이런 노력은 헛수고나 마찬가지다. 나로 하여금 나에 대한 생각을 멈추게 하려면 나에 대해 생각을 해야만 하기 때문이다. 도가 사상가 장자는 이렇게 자아를 사용해서 자아의 영향력을 줄이려고 하는 시도에 대해 "도망지를 찾아내겠다며 북을 쳐대는 격"이라고 했다. 문제를 해결하려는 접근 방식이 문제 해결을 더 어렵게 만드는 것이다.

대니얼 웨그너Daniel Wegner와 동료들의 연구에 의하면 생각을 하지 않으려 애쓰면 오히려 생각을 더 많이 하게 되는 부작용도 나타난다. 연구자들은 사람들에게 하얀 곰이 생각 날 때마다 벨을 누르도록 했다. 어떤 사람들에게는 하얀 곰에 대해 생각하지 말라고 했고 또 다른 사람들에게는 하얀 곰에 대한 생각을 억누를 필요는 없다고 말했다. 그 결과 하얀 곰에 대해 생각하지 않으려고 애썼던 사람들이 그러지 않았던 사람들에 비해 더 하얀 곰에 대해 많이 생각했고 따라서 벨을 더 많이 울린 것으로 나타났다. 한 가지 더 나쁜 소식은 이후 하얀 곰에 대한 생각을 해도 된다고 했을 때에도 이전에 하얀 곰에 대한 생각을 억눌렀던 사람들이 그렇지 않은 사람들에 비해 여전히 하얀 곰을 더 많이 생각했다는 것이다.[43] 생각을 마음속 옷장 깊이 가둬두려고 하면 오히려 멈추려고 했던 생각이 범람하듯 의식 속으로 밀려들어 오는 반동 효과가 일어난다는 것이다.

해선 안 될 행동을 안 하려고 신경 써본 일들이 있을 것이다. 이때도 비슷한 문제가 발생한다. 혹시나 무심코 행동이 튀어 나오지는 않을까 걱정하며 스스로를 감시하려면 그 문제 행동에 대해 엄청나게 생각해야 한다. 그러다 보면 그 문제 행동은 오히려 머릿속에 크게 자리잡고 실제로 그 행동을 하게 될 가능성 또한 높아진다.[44] 내가 아는 사람은 지금 만나는 여자친구한테 실수로 전 여자친구 이름을 부를까 봐 노심초사했다. 혹시라도 이런 일이 생길까 봐 너무 걱정되다 보니 이름을 틀리지 않을 수 있는 특별한 기억법까지 생각해낼 정도였다. 하지만 이런 노력 때문에 되레 전 여자친구의 이름이 항상 의식 속에 자리 잡게 되었고 결국 이 친구는 좋지 않은 타이밍에 전 여자친구 이름을 내뱉고 말았다.

이렇게 무언가를 생각하지 않으려 애쓰면 되레 그 생각으로부터 벗어나기 힘들다. 웨그너는 한 발 더 나아가 바로 이러한 과정이 다양한 집착이 생겨나는 원인이 될 수 있다고 보았다.[45] 특정 사안에 대해 생각하지 않으려 의식적으로 노력하면 오히려 그것에 집착하기 시작할 수 있다. 이때 원치 않는 생각을 지우려고 더 열심히 노력하다 보면 그 집착을 더욱 부채질하는 꼴이 된다. 실제로 성적인 생각을 억누를수록 더 섹스에 집착하게 될 수 있다는 발견이 있다.[46]

자기통제 잘 해내는 법

의도적으로 자신을 통제하는 행위는 인간 행동을 인간답게 만들어주는 핵심 요소다. 사실 인간이 자신을 의도적으로 통제할 수 없었다면 동물과 다른 존재로 구분될 수도 없었을 것이다. 하지만 자신을 통

나는 왜 내가 힘들까

제하려는 노력이 때로는 문제를 더 악화시키기도 한다. 실패의 원인을 알면 성공률을 높이는 방법도 알 수 있는 법이다. 효과적인 자기통제를 위해 우리가 할 수 있는 것을 살펴보자.

자기통제 에너지가 부족하면 자기통제가 성공적으로 이뤄지기 힘들다. 따라서 적정한 에너지 수준을 유지해야 한다. 하지만 에너지가 고갈된 상태에서도 이를 끌어올릴 수 있는 방법이 있다. 한 대학생이 새벽 세 시까지 시험공부를 하고 있다고 생각해보자. 정신을 차리려 애써보지만 졸음이 너무 쏟아진 나머지 책상에 엎드려 잠들고 말았다. 이 학생은 더 이상 애쓰는 것도 불가능할 정도로 자기통제 배터리가 낮게 떨어져 있는 상태다. 하지만 이때 누군가가 나타나서 해가 뜰 때까지 깨어 있으면 1,000만 원을 주겠다고 제안한다. 그러면 아마도 이 학생은 어디선가 자기통제력을 좀 더 짜내어 몇 시간을 꾸역꾸역 버티고는 돈을 거머쥘 것이다.

사람들이 더 이상 해야 할 무엇을 못 하겠다거나 또는 하지 말아야 할 행동을 억누르지 못하겠다고 할 때 인센티브의 존재가 자기통제력을 순간적으로 끌어올릴 수 있다(물론 아무리 보상을 더 주겠다고 하거나, 죽을 위험이 있다고 하더라도 자기통제력을 쓰지 못하게 되는 시점이 올 수 있다).[47] 자기통제력에 1,000만 원이 걸려 있는 상황처럼 필요하다면 숨겨뒀던 마지막 필살기처럼 자기통제력을 꺼낼 수 있다는 사실을 기억하면 잔뜩 지친 상황에서도 완전히 무기력해지진 않을 수 있다.

자기통제력을 짜내는 것이 소용 없거나 오히려 해가 되는 상황을 구분할 줄 아는 것도 중요하다. 행동은 의지력으로 밀어붙인다고 해서 바뀌지 않으며 그렇게 했을 때 되레 더 결과가 나빠지는 경우가 존재한다. 일례로 자아가 개입할 때 더 악화되는 문제들인 불면증, 무대 공포증, 발기부전, 얼굴이 심하게 붉어지는 것, 시험 불안 등은 자기통제력을 쏟아 붓는다고 해서 해결되는 것들이 아니다. 그렇다고 이 문제들을 극복하는 자기만의 전략을 만들어낼 수 없다는 얘기는 아니다. 다만 순전히 자기통제력이나 의지력만으로 잠에 들거나 무대공포증이 줄거나 성적 반응성이 좋아지거나 얼굴을 붉히지 않게 되거나 시험 불안이 사라지는 일은 잘 일어나지 않는다는 것이다.

지나친 자기통제를 그만둬야만 해결되는 문제가 많다는 것도 기억해야 한다. 의지력으로 밀어붙이기를 포기했을 때 비로소 자연스럽게 바람직한 방향으로 행동하게 될 때가 있다. 예컨대 특정 생각을 하지 않으려고 애를 쓸 때는 되레 더 깊게, 더 자주 생각하게 되지만 그냥 생각이 나면 나는구나 하고 가만히 떠오르게 놔두면 결국 그 생각이 사라지기도 한다. 마음챙김과 명상 수련에서는 이렇게 생각이 마음속에서 지나가게 가만히 두되 그것들에 별다른 주의를 두지 않도록 가르친다. 그러다 보면 원치 않았던 생각이 자연스럽게 가라앉는다. 비슷하게 시험 불안이나 얼굴 붉힘, 지나친 긴장, 발기 부전 등이 자신에게 지나치게 주목한 나머지 생긴 문제들이라는 것을 깨닫고, 이런 문제를 없애려는 의식적인 노력을 멈춘다면 문제 해결에 오히려 도움이 될 수 있다.[48] 완전히 문제가 사라지지는 않더라도 최소한 자기통제력을 쏟아붓다가 문제를 악화시키지는 않을 것이다.

09

자아의
저주에서
벗어나기

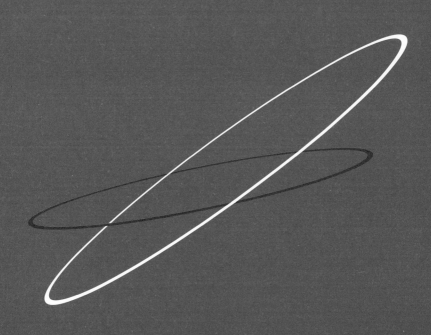

"한 사람의 진정한 가치는 그 사람이
자아로부터 얼마나 자유로운지를 보면 알 수 있다."

_알베르트 아인슈타인Albert Einstein

기존의 심리학이 인간행동의 부적응적이고 어두운 측면만을 너무 강조해왔다는 반성으로 20세기 들어서 미국 심리학계에 두 번의 새로운 물결이 일어났다. 그중 하나는 인문주의 운동으로, 1950년대에 칼 로저스, 에이브러햄 매슬로와 같은 학자들이 주도했는데, 이들은 정신분석이나 행동주의가 인간본성을 부정적이고 비관적인 관점에서만 바라보는 데 반발했다. 프로이트의 정신분석 이론은 인간을 무의식적 욕구나 갈등(대부분 성적인 것이나 공격적인 것들)이 끓어넘치는 가마솥으로 묘사했고, 행동주의에서는 인간을 주변 환경이 주는 보상이나 처벌에 매여 있는 불행한 존재로 묘사했다. 이들에게 인간이란 스키너 상자

레버를 누르는 지능 높은 쥐에 불과하다. 이런 관점에 대항하는 인문주의적 심리학에서는 인간의 성장 가능성과 긍정적인 경험에 초점을 맞추며 어떻게 사람들이 잘 적응하고 온전히 기능하는지를 이해하려고 했다.

주류 심리학에 대한 또 다른 반작용으로는 1990년대에 형성된 긍정심리학 사조가 있다. 행동주의자들이 큰 관심을 보였던 주제들을 들여다보면 학자들이 인간 존재의 어두운 면에 매료된 것이 아닌가 하는 느낌을 지울 수 없다. 이런 기존의 경향 때문에, 심리학자들은 공격성, 우울증, 불안, 강간, 자기기만, 타인 조종, 정신병리학 등의 주제에 대해서는 굉장히 많은 것을 알게 되었지만, 희망이라든가 지혜, 자비심, 사랑, 용서, 이타주의 등에 대해서는 아는 것이 별로 없었다. 인간의 잘못된 행동을 이해하는 데 그동안 그렇게 많은 노력을 해왔다면, 인간의 긍정적 면모에 대해서도 충분한 연구가 필요하다는 게 긍정심리학자들의 주장이다. 그렇게 그들은 인간 행동의 유익한 측면이 무엇인지 탐색하는 긍정심리학 사조를 정립해갔다.

이 책은 언뜻 보기에 인간의 밝은 면을 강조하는 인문주의적 긍정심리학과는 거리가 멀어 보일 수 있다. 처음에 이야기했듯이 이 책에서는 자아가 어떻게 개인적이거나 사회적인 문제들을 일으키는지에 초점을 맞추고, 자아가 주는 유익함에 대해서는 큰 관심을 두지 않았다. 하지만 이렇게 자아의 부정적인 측면을 살펴본 이유는 내 머릿속 목소리가 나의 행복을 얼마나 해치는지 이해하면 더 적응적이고 자비롭고, 배려심 있고, 관대하고, 만족스러운 삶을 사는 데 도움이 될 수 있기 때문이다. 마치 동전의 앞뒷면처럼 자아의 부정적 측면에 대한 이해로 보다 긍정적인 변화를 얻을 수 있는 셈이다.

누누이 얘기했지만, 자아가 나쁘다거나 없어져야 한다는 이야기가 아니다. 자기고찰 능력이 있었기에 인간은 경이로울 만큼 인간다워졌고, 인간 문명의 훌륭한 면모들을 갖출 수 있게 되었다. 그러나 반대로 이 능력은 이기심이나 고통의 원인이 되기도 하고, 인간관계에 문제를 초래하고, 부적절한 의사결정을 내리게 하거나, 자신이나 남에게 위험한 행동을 가져와 혼란을 야기하기도 한다. 자아는 우리의 가장 훌륭한 동맹이지만 동시에 가장 무서운 적인 셈이다. 사람들이 인생에서 겪는 가장 큰 고난들의 대부분은 직간접적으로 자아의 소행이다. 자아가 저주일 뿐이라거나, 인간 존재가 그저 '나쁘다'거나, 인간에게는 희망이 없다는 이야기를 하려는 것도 아니다. 그보다는 인간이 갖춘 이 정신적 도구가 우리에게 심각한 개인적, 사회적 문제를 일으킬 수 있다는 점을 깨닫는다면 보다 분별력 있고 행복하고 서로를 배려하는 삶을 사는 데 도움이 된다는 말이다.

그런데 왜 자아가 이렇게 말썽꾸러기가 되었을까? 자아가 수백만 년 동안 선사시대 수렵채집 생활 속에서 난관을 극복하는 데 적합하게 진화해왔다는 사실에 그 해답이 있다. 그 시기에 자아는 아주 훌륭한 진화적 적응기제였다. 자아가 있었던 덕에 인간은 자신과 생활환경에 대해 의식적으로 생각하고, 계획하고, 의도적인 행동을 해왔다. 그 결과 지구상 다른 어떤 생명체보다 뛰어난 문제해결 능력을 갖게 되었다. 하지만 이러한 자아고찰 능력으로 인간이 이루어낸 이 변화는(적어도 진화의 시간을 놓고 보면) 매우 급격하게 이뤄졌기 때문에, 상대적으로 짧은 시간 사이에 인간은 그 전과는 완전히 다른 새로운 세상에 놓이게 된다. 인간에게 자아고찰 능력이 생기기 전의 세상에서 자아는 매우 훌륭한 도구였지만, 그 결과물로 만들어진 세상에서 자아는 더 이상 순전히 축복일 수만은 없다. 자아로 인해 인간의 삶에 많은 질적 발전이 생겨났지만, 자아로 인해 그만큼 많은 골칫거리를 떠안게 된 것이다. 따라서 자아 또는 자아가 있는 우리들이 잘못되었다기보다, 단지 수만 년 전 환경에 최적화되도록 설계된 뇌를 가지고 현대 사회를 살아가기 위해 고군분투하고 있는 것뿐이다.

자아의 어두운 측면이 그저 절망적인 메시지만 던지고 있지는 않다. 이걸 이해하는 것만으로도 얻어낼 수 있는 이점이 많기 때문이다. 우선 우리가 겪는 문제와 실수, 잘못된 행동이 자아의 타고난 성질 때문에 생긴다는 걸 깨닫는다면 우리는 자신은 물론 남들에게도 더 관대해지게 된다. 결국에 우리 모두는 현대에 최적화되지 않은 구식 심리장치를 써가면서 어떻게든 최선을 다해 살아보려고 하는, 한 배를 탄 같은 처지임을 알기 때문이다. 아무리 노력해서 막으려고 해도 무수한 문제를 일으키고 마는 이 정신적 장치를 가지고 살아갈 수밖에 없다는 걸 인지하는 것만으로도 우리는 큰 첫걸음을 뗀 것이다. 위험이 도사리고 있다는 걸 아는 것만으로도 위험을 피하는 데 도움이 되는 것처럼 말이다.

또한 자아가 어떤 식으로 문제를 일으키는지 이해하면 자아를 좀 더 잘 다룰 수 있다. 아는 것이 힘이라는 말마따나 자아의 저주에 맞서

나는 왜 내가 힘들까

야 할 때도 이해가 바탕이 되어야 한다. 이 마지막 장에서 주로 다루고자 하는 내용이 바로 자아에 대한 이해를 높여 삶의 긍정적인 변화를 만들어가는 방법이다. 자아의 저주를 다루는 네 가지 해법을 살펴보자. 이를 비유하자면 우리 자신은 다치지 않으면서 악마를 몰아내는 방법이라 할 수 있다.

해법 1: 자아 꺼두기

앞서는 자아가 저주가 되는 주 원인이 자아의 끊임없는 재잘거림 때문임을 살펴보았다. 많은 사람들이 집착이라고 할 수 있을 정도로 자기 삶에 대해 자기고찰을 한다. 회상하고 돌아보고 후회하고 걱정하고 계획하고 끊임없이 곱씹으면서 재잘거리는 자아를 안고 살아간다. 앞서 본 것처럼, 자아의 내적 독백 때문에 사람들은 실제 세계로부터 유리된 채로 걱정이나 불안 같은 불편한 감정을 떠안고, 불면증과 무기력 같은 다양한 문제들을 겪으며 산다. 이는 사실상 모든 사람들의 마음에서 매일같이 일어나는 일이다. 그러다 보니 이런 집착적인 자기 고찰을 정상적이라고 생각하고 그게 얼마나 불필요하고 해로운지는 깨닫지 못한다.

흔히 생각하는 것과는 다르게 자기대화는 자신이 가진 문제를 해결한다거나 역경을 극복하고 삶의 질을 개선하는 데 도움이 되지 않는다. 대부분의 자기대화가 지난 일과 앞으로 있을 문제들을 다루기는 하지만 그렇다고 이런 식으로 곱씹어 생각한다고 실제로 삶이 개선되지는 않는다. 과거의 속상한 일들을 다시 머릿속에 떠올렸던 모든 순간들에 대해 한번 생각해보자. 예를 들어 과거에 다른 사람과 있었던 갈등이나 모욕적인 경험, 바보 같은 실수, 트라우마가 된 사건 등을 다시 떠올려 본 적이 있을 것이다. 이런 과거의 경험을 되새기는 게 그 문제를 이해하고 극복하는 데 실제로 도움이 된 적은 몇 번이나 있는가? 드물겠지만 만약 도움이 된 적이 있었다 하더라도, 그때 했던 이런저런 많은 생각들이 모두 유익했을까? 필요 이상으로 생각하고 고뇌하지는 않았던가?

이번엔 미래에 혹시나 생길 수 있는 당혹스러운 일들을 가지고 고민했던 순간들을 생각해보자. 발표나 중요한 시험을 앞두고 있다거나, 병원을 가야 한다거나, 자신이나 사랑하는 사람에게 안 좋은 일이 생길지도 모를 때, 끔찍한 시나리오를 상상하고 리허설해본 경험이 있을 것이다. 실제 사건이 일어났을 때 이런 상상과 리허설이 정말 도움이 되었던 적은 과연 몇 번이나 되는가? 이렇게 상상한 사건들이 실제로 몇 번이나 일어났으며, 설령 그 일이 일어났더라도, 자신이 상상한 방식대로 일어났는가? 이런 질문에 대답하다 보면 아마도 꽤 많은 시간과 에너지, 감정을 과거나 미래에 대해 곱씹느라 낭비했다는 결론이 나올 것이다.

과거를 회상하거나 미래를 떠올리는 것에 좋은 점이 전혀 없다는 얘기는 아니다. 인간이 자신을 과거나 미래에 투영할 수 있는 능력을 갖게 된 것은 여기에 적응적인 가치가 있었기 때문이다. 또한 우리는 자아의 내적 대화 기능을 완전히 없애고 싶은 것도 아니다. 없애는 게 가능하다고 해도 실제로 없애지도 않을 것이다. 자식이 말이 많고 징징거린다고 부모가 그 아이를 벙어리가 되게 해달라고 바라지는 않듯이 말이다. 그렇지만 자아를 조용히 만드는 방법을 배우는 것은 삶의 질 향상에 도움이 된다.

나도 처음에는 자신에 대한 생각self-thought이 파괴적인 것까지는 아니어도 대체로 쓸모없다는 사실을 받아들이는 게 힘들었다. 사색하기, 합리적 사고하기, 계획하기, 문제 해결하기와 같은 것에 높은 가치를 부여해온 사람 중 하나였기 때문이었다. 사실 나는 내가 시간을 '허비한' 적이 거의 없다는 사실에 자부심을 가져왔었다. 무슨 일이 있든 항상 생각하고, 계획하고, 문제를 해결하려고 노력해왔다. 하지만 과도한 생각들 때문에 생기는 어려움을 겪어보고, 또 자아가 단지 조금 조용해졌을 뿐인데 삶의 질이 향상되는 것을 직접 체험하고 나서는 내가 잘못 생각했었다고 인정할 수밖에 없었다.

자아는 우리를 불쾌하게 만들기도 하고, 우리에게 때로는 감당하기 힘들만큼 큰 부담을 주기도 한다. 그렇기에 많은 사람들이 쉴 새 없는 머릿속 잡음에서 잠시라도 벗어나려고 이런저런 방식으로 주의를 환기시킨다. 상대적으로 수월한 방법들도 있다. 예를 들어 아무 생각 없이 텔레비전이나 독서에 빠지기도 하고(끝없이 채널을 돌리는 것 또한 자아를 잠재우는 데 유용하다), 쇼핑하러 가거나, 음악을 듣거나, 목욕을 오랫동안 하기도 한다. 한편 낙하산, 행글라이딩, 산악자전거, 암벽등반, 급류 카약 타기, 익스트림 스포츠 등과 같은 과격한 오락 활동을 하면서 자아를 조용하게 만들기도 한다. 물론 술을 지나치게 마시거나 약물을 과다 복용해 감각을 무디게 만드는 등의 행동을 하는 사람도 있겠지만 여기에는 많은 부작용이 따른다.

자아에서 벗어나려는 이런 도피 행동에 대한 인식은 별로 좋지 않다. 아무리 좋게 봐줘도 시간 낭비라고 여겨지고, 때로는 건강하지도 않고 위험하기까지 한 나쁜 습관으로 받아들여진다. 그래도 자아에게 너무 오래 혹사당해온 사람들에게는 그런 도피 행동이 삶의 질을 나아지게 하는 수단이 된다. 심리학자 로이 바우마이스터가 말했듯이 자아의 부담에서 이따금씩 벗어나는 것은 건강한 일이다. 사실 때때로 도피 행동을 하지 않는다면 대부분의 사람들은 지금보다 더 자아에 먹살 잡힌 채 더 긴장하며 불행하게 살아갈 것이다..

하지만 이런 식의 도피 행동에는 한계가 있다. 매번 쓸 수 있는 방법이 아니라는 것이다. 만약 직장에서 일하는데 재잘거리는 자아 때문에 정신이 산만해져 중요한 일에 집중을 못한다고 해보자. 직장에 있는 중에는 드라마를 보거나 음악을 듣거나 보드카를 마신다거나 섹스를 할 수는 없다. 따라서 언제든 자유롭게 쓸 수 있는 자아 재우기 기법이 필요하다. 사실 자아가 삶에 불필요하게 끼어드는 경우를 최소화하는 기술만큼 중요한 기술은 없는 것 같다. 만약 나한테 권한이 주어진다면 고등학교 교과과정에 "삶의 기술"이라는 과목을 넣어서 모든 학생들이 자아의 간섭을 줄이는 법을 배우도록 하고, 대학교나 직장에서 심화과정을 수강할 수 있게 할 것이다. 내적 대화를 조용하게 하는 방법들은 꽤 다양하지만 공통점은 현재 상황에 주의를 집중시켜서 자아가 하는 생각에서 최대한 벗어나는 것이다. 즉 꼭 필요할 때만 현재가 아닌 과거나 미래로 여행을 떠나는 것이 목표다.

8장에서도 이야기했지만, 단순히 생각을 안 하려고 노력한다고 해서 생각을 쉽게 멈출 수는 없다. 의식적인 노력 자체가 자기생각을 필요로 하기 때문이다. 따라서 자아를 조용하게 만들기 위해서는 우회적인 방법이 필요하다. 그중 가장 널리 쓰이는 방법은 명상이다(2장 참고). 명상에는 다양한 방식이 있어 자신에게 맞는 방법을 쉽게 찾을 수 있다. 초월 명상, 좌선, 직관 명상, 마음챙김 명상, 상상유도법 등 명상 방식마다 차이가 있지만 모든 명상은 불필요한 자기대화를 줄이는 데 중점을 두고 있다는 점에서 동일하다. 많은 명상 기법이 특정한 철학이나 영적인 전통에 기반을 두고 있다 보니 초심자들이 처음 명상을 접할 때면 이 때문에 의욕을 잃는 경우가 많다. 하지만 어떤 명상 기법이 되었든 자아를 조용히 시킨다는 관점에서 보면 효과적이기 때문에, 무엇을 선택할 것이냐는 개인적 취향 문제일 뿐이다. 자아를 조용히 시키기 위해 명상을 활용하는 것이라면, 명상법의 철학적 배경을 꼭 이해할 필요는 없다.

이러한 기법에 관심이 있는 사람은 관련된 책, 시청각 자료, 강좌, 웹사이트가 다양하게 있으니 참고해보기 바란다. 명상이야말로 자아가 재잘거리는 것을 '즉석에서' 줄여주는 기술을 습득하는 가장 좋은 방법이 아닌가 한다.

해법 2: 내가 잘못 생각하고 있는 건 아닐까

자아가 저주가 되는 또 다른 이유로 삶에 자아가 끊임없이 침투하다 보니 실제 내 삶과 자아가 만들어낸 허상을 구별하기 힘들어진다는 점을 들 수 있다. 우리가 인식하는 세상은 거의 항상, 실재하는 객관적인 사건들과 주관적 해석의 혼합물이다. 흔히들 우리가 실제 세계에서 일어난 실제 사건에 반응하고 있다고 생각하지만, 사실 우리가 인식하는 세계는 언제나 자아에 의해 해석된 세계이다. 실제 세계와 자아가 만들어낸 세계가 너무 공고하게 섞여 있다 보니 우리가 경험하는 세상이 자아로 얼룩져 있다는 사실을 깨닫기는 쉽지 않다.

사람들은 모두 타고나길 자기중심적이다. 세상을 자신의 관점이 아닌 다른 사람의 관점으로만 본다거나, 자신의 관심사에 연연하지 않고 세상을 인지하는 사람은 아무도 없다. 달리 말해 자기중심적 경향에서 완전히 벗어날 수 있는 사람은 없다. 앞서 본 것처럼, 사람들은 대부분이 자신의 안위를 지키기 위해 필요 이상으로 자기중심적인 경향이 있고, 그런 자기중심성으로 인해 타인에게 상처를 준다. 또한 우리의 시각이 왜곡된다는 사실을 인지한다고 하더라도 자아중심성 때문에 실제 사건과 주관적 해석을 구분하기란 여전히 극도로 어려운 일이다.

이 문제를 해결하기 위해서는 '자아에 대한 회의적 시각'을 어느 정도 가질 필요가 있다. 즉 사람이 항상 세상을 정확하게 바라보는 것은 불가능하다는 점을 인지하고 사건에 대한 자신의 해석에 의문을 가져보는 것이다. 물론 사람들은 모두 자신의 지각이 정확하고 남들은 자신보다 세상을 왜곡해서 지각한다고 생각하는 자기중심성을 가지고 있다. 또한 앞서 3장에서 봤듯이, 다른 사람들의 자기중심성을 과대평가하는 반면 자신의 자기중심성은 과소평가한다. 하지만 우리 모두가 옳을 수는 없다. 우리 한 명 한 명의 시각이 남들의 시각보다 항상 더 객관적이고 정확하다는 건 아무래도 앞뒤가 맞지 않는다. 우리는 항상 세상을 반쪽짜리 시야로 보고 있다는 걸 깨달아야 한다. 스스로 정확하게 보고 있다고 생각할 때마저도 그래야 한다. 또한 남들의 관점이 잘못된 만큼 나의 관점도 평균적으로 틀렸을 수 있다는 점을 알아야 한다. 나 자신의 지각과 믿음, 견해가 평균적으로 남들만큼 정확하지 못하다는 걸 받아들이긴 쉽지 않을 것이다. 지금 말한 이런 사실이 완전히 틀린 말이라고까지 생각하진 않더라도 적어도 불편하게 느낄 수 있을 텐데, 그 불편하다는 사실 자체가 얼마나 사람들에게 자기중심성이 뿌리 깊이 자리 잡고 있는지를 보여준다.

한편 나를 포함해 한 사람 한 사람이 얼마나 고유한 개별적 존재인지 깨달으면 자기중심성과 싸워 이기는 데 도움이 된다. 사람은 서로 제각각인 독특한 존재임을 알고 나면, 우리의 관점도 정말 독특할 수밖에 없다는 것을 차츰 깨닫게 되기 때문이다. 모든 면에서 "평균적인" 사람과 자신을 비교하면 자신의 독특함을 꽤 뚜렷하게 볼 수 있게 된다. 당신은 모든 인류의 생각을 그대로 담고 있는 거울 같은 사람인가? 아니면 세상을 독특한 관점으로 바라보는 사람인가?

몇 년 전, 스탠포드 대학의 필립 하터Phillip Harter 교수가 자신이 받은 이메일을 나에게 전달한 적이 있다. 그 이메일에는 전 세계가 고작

100명뿐인 마을이라면 그 모습이 어떨지 묘사돼 있었다. 통찰력 있게 세상을 묘사했을 뿐 아니라 그 안에 담긴 메시지가 워낙 도발적이다 보니 이 이메일은 끊임없이 전달되며 퍼져나갔고, 하터 교수는 거의 유명인사가 돼버렸다. 하터 교수는 정작 자기가 쓴 글도 아니고 받았을 뿐이라고 수천 번이고 항변했지만 어쨌든 유명해진 건 하터 교수였다. 아무튼 꽤 재미있는 사실은, 메일을 읽은 사람들이 제각각 숫자를 확인하고 갱신해 나갔다는 것이다. 해당 메일은 아래와 같다(2004년에 쓴 글임을 염두에 두고 읽기 바란다).

지구의 전 인구를 정확하게 100명이 사는 작은 마을로 축소시켰다고 상상해보자. 실제 지구에 있는 사람들의 유형에 비례하도록 마을 사람들의 숫자를 맞춰보자. 그러면 아시아인은 60명, 유럽인들은 12명, 아프리카인은 13명, 미대륙인은 15명, 그중 북미인은 5명쯤 될 것이다. 마을 사람 100명 중 80명은 비 백인일 것이고, 67명은 비 기독교인일 것이다(지금쯤이면 대부분의 사람들이 벌써 한 사람 한 사람이 독특하겠다고 느낄 것이다). 100명 중 고작 2명이 대학 교육을 받았고, 고작 4명만 컴퓨터를 가지고 있을 것이다. 4분의 1 정도가 표준 이하의 주거환경에서 지내고, 13명은 영양실조에 시달리고 있고, 17명은 문맹이다. 마을 전체 재산의 89퍼센트는 20명이 다 가지고 있고, 남은 11퍼센트의 재산은 80명이 그마저도 불균등하게 나눠 가지고 있다.

무슨 말을 하려는지 다들 이해했을 것이다. 전 세계의 다양한 인구

구성을 놓고 봤을 때, 우리는 각자 매우 독특한 존재이며 각자 독특한 관점을 지니고 살아간다. 따라서 내 관점이 남들보다 항상 옳다는 생각이 들 때면 이런 생각에 제동을 걸 수 있어야 한다. 그렇다면 인구의 다수를 차지하고 있는 사람들을 보자. 아시아인이면서, 비 기독교인이면서, 대학 교육을 받지 않았고, 컴퓨터를 가지고 있지도 않다면 자신의 관점이 다수의 사람들을 대변한다고 여길 수도 있을 것이다. 하지만 같은 집단에 속해 있다 하더라도, 사람들은 서로 너무도 다르기 때문에 '보통의 옳은 관점'으로 가는 길 같은 건 없다고 볼 수 있다. 우리는 각자 의견을 가질 권리가 있다. 하지만 누구든 자신의 관점은 평균적으로 옳고 이 세상 다른 사람들의 관점은 다 틀렸다고 주장한다면 그것은 엄청난 자기중심성에 빠져 있는 것이다.

이런 자기중심성에서 벗어나려고 지나치게 자아 회의론에 치우치다 보면 불확실성 때문에 이도 저도 못 하게 되거나 자아를 완전히 잃는 건 아닌가 하는 걱정이 들기도 할 것이다. 현실에 대한 자신의 관점을 믿을 수 없다면 삶이 의문투성이가 되어버려, 뭘 생각할지도 뭘 해야 할지도 모르는 바보가 되어버리는 것은 아닐까? 확실한 대답을 정원한다면, 답은 아마도 '그렇다'일 것이다. 하지만 지나친 회의론 대신 자신의 관점과 정보가 틀릴 수 있다는 걸 염두에 두고 내린 최선의 판단에 기초해서 행동한다면, 내가 항상 옳다고 주장하는 부담감에 시달릴 필요 없이 그럭저럭 잘 지낼 수 있을 것이다.

자아의 저주에서 벗어나기

해법 3: 자기고양성과 자기방어 줄이기

더 문제인 건, 사람들의 지각이 자기중심적일 뿐 아니라 자기고양적이라는 것이다. 앞서 이야기했듯이, 사람들은 자신에 대한 긍정적인 인식을 유지하려고 사실을 왜곡하는 경향이 있다. 이고티즘(자기고양성)은 방어성을 낳는데, 이 방어성에는 엄청난 역기능이 따른다. '내가 생각하는 나' 보다 자신을 더 무능력하고, 비호감이고, 비윤리적으로 보이게 만드는 사건들, 즉 자아를 위협하는 사건들을 겪으면 사람들은 보통 불쾌해진다. 나아가 자아를 공격하는 대상으로부터 자아를 보호하려고 하다 보니 방어적이고 무례하고, 때로는 공격적인 사람이 된다. 많은 개인적, 사회적 갈등이 자아 간의 전쟁에서 비롯된다.

실패나 비판, 거절 등 자아의 위상을 떨어뜨리는 사건을 겪을 때면 방어적으로 행동하지 않으려고 애써 노력해봐도 별 소용이 없다. 자신의 방어적인 반응이 겉으로 드러나지 않도록 노력하더라도 어쨌든 속으로는 상처받고 걱정되고 화나고 억울한 기분이 들 것이다. 그리고 이런 감정들은 자아의 곱씹는 경향 때문에 더 오래가기도 한다.

이때 삶에서 일어나는 사건들을 자아에 대한 위협으로 해석하지 않으면 자기고양성을 줄이는 데 도움이 된다. 그 밖에도 두 가지 유용한 전략이 있다. 첫 번째는 자아가 정신적 관념이나 이미지에 불과함을 인지하는 것이다. 그런 인식을 가지고 본다면 자기방어적 반응 또한 자신의 이미지나 자아의 생각을 보호하려는 노력에 불과하다. 감정을 가라앉히고 차분히 보면, 머릿속 이미지에 대한 위협을 실제 자신에 대한 위협처럼 받아들이고 그 이미지를 방어하기 위해 감정을 소모하는 일이 썩 훌륭해 보이진 않을 것이다.

물론 자신의 자아를 위협하고 비참하게 만드는 일들이 단순한 머릿속 이미지가 아닌 실제 자신에게 중요한 영향을 미치는 경우도 있다. 예를 들어 직장에서 해고당하거나, 중요한 시험을 망쳤다거나, 실연을 당해서 실제 삶이 안 좋게 바뀔 수도 있다. 이럴 때 부정적인 감정을 느끼는 건 당연하며 이런 감정들이 바람직하지 못한 것도 아니다(하지만 여전히 이 가운데 일부 부정적인 감정들은 아무런 도움이 되지 않는다). 문제는 이런 사건들이 실생활에 영향을 줄 뿐 아니라 자아에 대한 타격으로 다가오면서 사람들은 깊이 상처받고 방어적이 되고 우울하고 화가 나기도 하며 심지어 자기 존재에 대해 의문을 품기 시작한다는 것이다. 하지만 자신의 정신적 이미지를 보호하기 위해 시간과 에너지를 소모하기에는 이미 실제 삶 속에서 처리해야 할 실제적인 문제들이 충분히 많다. 자기 자아에 가해졌다고 생각한 위협이란 게 사실 아무런 실제적인 영향이 없음을 깨닫고 진짜 문제들에 주의를 집중하는 것이 더 큰 도움이 된다.

자기방어성을 줄이는 두 번째 방법은 좀 더 일반적인 해법으로, 자기자비적인 태도를 지속적으로 견지하는 것이다. 우리가 타인에 대해 자비심을 갖는 것처럼, 그러니까 남들을 보살펴주고 친절하게 응대해주는 것처럼, 우리 자신에 대해서도 자비심을 가질 수 있다. 자기자비를 연구해온 크리스틴 네프Kristin Neff에 의하면 사람들이 스스로를 친절히 대하고 헤아려주고 꾸짖지 않고 포용하는 태도에는 많은 이점이 있다.

자아의 저주에서 벗어나기

자기자비적인 태도는 자기연민이나 자기탐욕 또는 자기중심성과는 별개다. 사람은 완전하지 않고 그렇기 때문에 항상 실패와 좌절, 상실을 경험할 수밖에 없다는 사실을 받아들이는 것이 자기자비적 태도라 할 수 있다. 어려운 상황을 겪더라도 자신을 지나치게 비난하지 않되 자신의 부족함을 인정하면서 마치 양육자가 자녀를 사랑하고 염려하듯 자신에게 꼭 필요한 보살핌을 주는 것이다. 즉 기본적으로 우리는 결국 한낱 인간이라는 사실을 이해하면서 자기 자신에게 친절함과 배려, 용서하는 마음을 가지고 다가가는 것이 자기자비다.

자기자비는 자기고양성을 줄여주는데, 그 이유는 자아에 위협이 되는 사건을 겪었을 때 자기자비적 태도가 있다면 그 위협의 정도가 줄어들기 때문이다. 일이 잘못되더라도 자신을 존중하고 친절하게 대한다면, 살면서 겪는 이런 저런 상황들 때문에 자아가 난도질당하는 일은 없을 것이고, 따라서 자아를 열심히 방어해야 할 필요도 없을 것이다. 또한 자기자비가 높으면 자기 감정과 자존감을 지키려고 진실을 왜곡하는 일도 덜 일어나고, 알고 보면 중요한 일도 아닌데도 좌절하거나 괴로워하는 경우도 줄어든다. 자기자비가 자기비난이나 두려움에 빠지지 않고 자신과 자신의 주변세계를 제대로 볼 수 있게 돕는 정서적 안전망이 되는 것이다.

물론 자기자비를 갖는다고 해서 잘못을 저질러도 죄책감이 들지 않는 것은 아니다. 자기자비는 자신의 단점을 고치려 하지 않고 그냥 받아들여야 한다는 것을 뜻하지도 않는다. 어느 정도까지는 잘못에 대해 뉘우치고, 더 나아지기 위해 노력해야 할 필요도 있다. 하지만 이런 실패나 실수, 잘못을 다룰 때 자신에 대한 자비심을 가진다면(교육과 학대가 다르듯) 지나친 자기방어나 자기혐오로 자신을 괴롭히지 않을 수 있을 것이다.

해법 4: 자기통제 최적화하기

인간의 수많은 복잡한 행동들이 자기통제 없이는 불가능하고, 인간문명의 중요한 발전 뒤에도 자기통제가 있다. 여전히 많은 문제가 상존하기는 해도 인류가 많이 발전해온 것도 사실이다. 예컨대 노예 제도라는 악습은 여러 세기에 걸쳐 대폭 줄어들었고(완전히 사라진 것은 아니다), 부유한 국가들이 저개발 국가를 원조해야 한다는 의무감은 점점 더 공감대를 얻고 있고, 몇몇을 제외한 거의 모든 정부가 기본 인권 헌장을 채택하고 있고, 일반 시민이 정부에 발언권을 행사할 수 있는 민주주의 제도에 대한 요구가 인류 역사의 그 어느 시점보다 뜨겁다. 문명화된 사회를 살아가는 사람들은 일정한 인간 행동의 표준을 유지하려고 스스로 노력할 뿐 아니라, 다른 사회도 그래야 한다고 요구한다. 유아 살해와 인종 학살, 테러 등과 같은 잔인한 일이 벌어질 때 그에 대한 항의가 넓게 일어나는 것만 보아도, 의식이나 감수성이 이전 시대와는 확연히 다르게 성장했다. 이렇게 사람들이 서로를 대하는 태도가 개선되는 걸 보면 자아에 어떤 능력이 있는지 짐작할 수 있다. 자아가 있는 덕에 인간은 자기 자신을 평가할 수 있고 더 나은 미래를 내다볼 수 있고, 바람직하지 못한 충동을 제어할 수 있다. 아이러니하게도 자아는 자아에 대항하는 최고의 무기일 수 있다. 우리는 자신의 자기중심적이고 자기고양적인 경향을 어느 정도 억누를 수 있다. 하지만 8장에서도 봤듯이, 자아를 자아로 자아를 통제하는 데는 한계가 있다.

자기통제를 위한 가장 좋은 방법은 사람들이 흔히 생각하는 것과는 조금 다를 수 있다. 보통 자기통제가 필요한 상황은 힘든 충동을 견뎌내거나 하기 싫은 행동을 해야 하는 상황이기 때문에 자기통제를 하려면 어마어마한 노력을 쏟아야 할 거라고 생각한다. 실제 많은 경우 자기통제가 그렇게 느껴지는 것도 사실이다. 흡연자가 담배 피우고 싶은 걸 참아야 한다거나, 학생이 싫은데 억지로 공부해야 하는 상황이라면, 눈앞의 욕구나 본래 습관을 없애려 온갖 의지력을 발휘하려고 한다.

그렇지만 힘을 그만큼 들이지 않고도 자기통제할 수 있는 방법이 있다. 우리가 억누르려는 충동은 주어진 상황에 대한 자신의 해석 때문에 생기는 경우가 많다. 자기대화가 여러 가지 충동을 만들어내고, 그 충동을 억제하려면 자기통제가 필요해지는 식이다. 따라서 효과적인 자기통제를 위해서는 먼저 자기대화를 잠재우는 것이 도움이 된다. 예를 들어 분노조절을 잘 못하는 사람들은 자신이 화가 난 이유가 그 자신이 상황을 특정한 방식으로 인식했기 때문이라는 걸 잘 깨닫지 못한다. 이미 분노하고 있는 와중에 그 격앙된 반응을 억누르려고 하기는 어렵다. 그보다는 미리 자기대화를 멈추거나 자기대화의 주제를 바꾸고, 이렇게 저렇게 하라는 자아의 요구를 조용히 시키고, 상황을 좀 더 온건한 방향으로 해석하는 등 예방적인 조치를 취하는 것이 분노를 다스리는 데 훨씬 더 효과적이다.

자아를 통제하려 할 때 주의할 점은 이 때문에 자아가 더 강화되지 않도록 해야 한다는 것이다. 사람들이 자신을 바꾸려고 노력하는 이유는, 꾸준히 목표를 설정하고 온 힘을 다해 그 목표를 추구해야만 성공적인 삶을 영위할 수 있다는 믿음 때문인 경우가 많다. '자기 인생 책임지고 관리하는 법', '자기 능력 개발하기', '목표 전부 달성하기' 등 성공적인 삶을 위한 방법을 알려주는 책이나 강좌도 많다. 살면서 성취할 수 있는 목표들을 파악하고, 그걸 이루기 위해서 어떤 합리적이고 전략적인 의사결정을 내려야 할지 궁리하는 것 자체가 잘못된 것은 아니다. 하지만 우리 삶을 변화시키려는 이런 노력이 자아의 영향력을 키워 자아의 저주를 심화시킬 수 있기 때문에 조심하지 않으면 안 된다.

끊임없이 목표를 설정하고 추구하는 게 버릇이 되다 보면, 오늘을 사는 이유가 내일 어떤 목표를 달성하기 위한 것이 되어버린다. 오늘은 단순히 미래의 목적을 이루기 위한 수단이 되는 것이다. 그러다 보면 지금 눈앞에 펼쳐지고 있는 삶이 우리가 진정으로 가지고 있는 단 하나의 삶이라는 사실을 잊게 된다. 미래의 자신을 내다볼 수 있게 해주는 자아의 능력 때문에 우리는 먼 미래의 보상에 초점을 맞추게 되고, 오늘을 충분히 만끽하며 살아가지 못한다. 미래에 기반을 두는 이런 삶에는 자기고찰과 곱씹기가 뒤따른다. 따라서 오늘 기분이 좋거나 나쁜 이유는 그럴 만한 중요한 일이 오늘 실제로 일어나서가 아니라 미래의 목표를 달성하기 위한 과정이 좋게 흘러가고 있다거나 좋지 않게 흘러

가고 있다는 느낌 때문이다.

더욱이 우리는 스스로 세운 목표를 달성하지 못하는 게 일상다반사다. 사업은 항상 계획만큼 성공적이지 못하고, 원하던 만큼 체중 감량도 못하고, 새로 맺은 인간관계도 바라던 만큼 잘되지 않고, 꿈꾸던 대학에 들어가지 못하기도 한다. 이런 실패들 때문에 우리는 기분이 언짢아지고, 때로는 그런 기분이 한동안 지속된다. 하지만 실은 스스로 너무 큰 목표와 기대치를 설정한 탓에 실패가 늘어간다는 사실을 많이들 간과한다. "기대는 분노와 씁쓸함으로 가는 지름길"이라고 누군가 말하지 않았던가. 따라서 이에 대한 해법은 목표를 가지되 거기에 너무 집착하지 않는 것이다.

결국 자기통제에는 엇갈린 메시지가 섞여 있다. 자신에 대한 의식적인 통제는 인간행동의 본질적인 요소이며 사람들은 때로 자신의 생각이나 느낌, 행동을 긍정적인 방향으로 바꾸는 데 성공한다. 하지만 자아의 저주는 의식적, 의도적 통제로는 풀리지 않을 때가 많다. 또한 스스로를 바꾸고 통제하려는 시도는 문제를 해결하기보다 더 많은 문제를 만들어내기도 하기 때문에 신중해야 할 필요가 있다.

자아 넘어서기

강아지 팔자가 상팔자라고, 근심 없이 살아가는 동물들은 좋겠다며 자기 반려동물을 부러워하는 사람들을 꽤 많이 봤다. 강아지나 고양이들을 보면, 새나 말, 염소도 그렇지만, 주인들만큼 매사에 전전긍긍하지도 않고 더 만족스러워하며 사는 것 같다. 물론 사람 외에도 심리적인 문제를 보이는 동물도 있다. 반려동물이 주인에게 학대를 받는 경우라든가 야생동물이 포획 당해 사람들의 손에 고통받는 경우가 그렇다.

주인이 내일 해야 할 일 때문에 뒤척이며 잠 못 이루고 있을 때 아무 걱정 없이 잘만 자는 고양이를 보고 있으면, 자기인식이 없던 진화 전 단계로 돌아가고 싶은 생각이 들 만도 하다. 하지만 그런 바람은 불가능할 뿐 아니라 근시안적이다. 사람에게 자아가 없으면 철학, 교육, 정부 등 문명의 이기라고는 하나도 만들지 못하고 그냥 조금 똑똑한 유인원으로 남았을 것이다. 더 큰 문제는 우리가 스스로의 행동을 통제할 수 없게 된다는 것이다. 자아가 우리의 부족함을 보완해준다는 걸 떠올려 보면, 사람들이 과연 자아가 없는 동물과 자신을 맞교환하려 할까 싶고, 자아 또는 자아가 주는 많은 능력들을 다 없애고 싶을까 의문이 든다. 어떤 상황에서도 좋든 싫든 우리는 자아와 떨어질 수 없고, 자기인식이 없었던 예전 상태로 되돌아갈 수 없다.

자아의 출현 이전으로 되돌아갈 수 없다면 유일한 길은 앞으로 나아가는 것이다. 자아를 필요로 하는 상황에서는 자아를 유용하게 쓰되 자기중심성, 자기본위적 태도, 자기고양적 태도 등의 노예가 되지는 않아야 한다. 자아 꺼두기, 자아에 대해 회의적으로 생각하기, 자기고양적 태도와 자기방어 줄이기, 자기통제 최적화하기의 네 가지 해법을 잘 결합하면 자아를 초월한 '탈자아 상태'로 향해 갈 수 있을 것이다.

원래라면 난리법석을 피웠을 자아도 탈자아 상태에서는 상대적으로 조용해진다. 자아의 재잘거림은 내적 고요함으로 대체된다. 자아가 어느 정도 잠잠해지기 때문에, 탈자아 상태의 인간은 대개 고요하고, 차분하고, 만족감을 느끼게 된다. 또한 자아가 간섭하지 않다 보니 지금 여기의 현실에 더 집중할 수 있고, 자아가 이따금씩 불필요한 잔소리를 하면서 잘했네, 못했네, 나에 대해 판단하더라도 크게 개의치 않는다. 무엇이 실제고 무엇이 자기대화인지 분명하게 구분할 수 있기 때문에, 탈자아적 인간은 자기 주변에서 일어나는 일에 대해 더 정확하고 통찰력 있는 시각을 가질 수 있다. 또한 자아의 편향으로부터 좀 더 자유롭고, 제한된 경험에서 형성된 자기만의 세계관에 편협하게 집착하지도 않는다. 이렇게 되면 많은 내적 갈등이 줄어들게 되고 따라서 자기통제도 쉬워지게 된다. 간단히 말하면, 탈자아적 인간에게 자아란 더 이상 자아적 인간의 자아만큼 저주가 아니다.

물론 보통 탈자아 상태가 된다 하더라도 여전히 자아가 온전히 작동하기 때문에, 정상적인 수준의 자기고찰을 할 수 있다. 그렇지 않다면 차를 어디에 주차했는지 기억도 못하고, 친구 생일 모임도 계획하지 못할 뿐 아니라, 이따금 자기 자신에 대해 추상적으로 생각해보는 것도 불가능하다. 탈자아 상태에서도 자아는 여전히 존재하며 기능하지만 다만 필요한 경우에 한해 매우 정교하고 최적화된 방식으로 작동하게 된다. 대부분의 사람들이 자아를 과도하게 활성화시켜 서툴게 작동하는 것과는 대조적이다.

항상 탈자아 상태로 살아갈 수 있는 사람은 거의 없다. 우리 한 사

나는 왜 내가 힘들까

람 한 사람은 자기중심적이고 자기본위적인 스펙트럼의 어딘가에 각자 위치해 있다. 스펙트럼의 끝에는 계획하고 구상하고 걱정하고 후회하며 대부분의 삶을 자신의 머릿속에서 살아가는 사람들이 있고, 그 반대편 끝에는 대부분의 시간을 탈자아 상태로 지내는 사람들이 있다. 이들은 필요한 때에만 자기인식이나 자기중심적 태도를 보인다. 그 밖의 사람들은 양극단 사이의 어디쯤엔가 있다.

우리 자신의 개인적 안위와 사회적 안녕을 위해서는, 단지 책에서 하는 이야기에 머무르지 않고, 탈자아적 생활양식을 실생활에 확산시켜야 한다. 자아의 타고난 작동 방식으로 인해 수많은 개인적, 사회적 병폐가 생긴다는 것을 감안해서, 우리는 자아가 바람직한 방향으로 작동하도록 훈련해야 한다. 인간은 사실 선사시대 평원에서 작은 유목민 집단에 속해 살던 사람들에게 적합하게끔 만들어진 자아를 가지고 21세기를 살아가고 있다는 점을 되새겨봐야 한다. 자아가 워낙 훌륭한 기제였기 때문에 인간은 문화적, 기술적인 발전을 만들어낼 수 있었지만, 그 결과물로 이뤄진 지금의 환경에서 자아는 더 이상 예전만큼 적합하지 못하다. 인간이 만들어낸 새롭고 인위적인 이런 환경은 꽤 최근에 만들어졌기 때문에(적어도 인간 진화 과정에서 보면 최근이다), 자아가 이를 따라잡을 시간이 거의 없었던 것이다.

유일한 해결책은 자아의 함정에 빠지지 않는 방법을 터득하고 함께 적용해 나가는 것이다. 우리에게는 자아가 있기 때문에, 자아가 내 삶을 완전히 지배하지 않도록 통제할 수 있고, 자아가 우리에게 불리한 방향이 아닌 유리한 쪽으로 작동하게끔 조종할 수도 있다. 사실 자아

자아의 저주에서 벗어나기

를 개선시키려는 노력들은 수천 년 동안 이어져왔다. 아마 자아가 때로 저주가 된다는 것을 처음으로 깨달은 이후부터 그런 노력은 계속해서 이어져왔을 것이다. 오늘날 우리는 첫 깨달음을 얻은 그때보다 훨씬 더 유리한 상황에 있다. 행동과학 덕분에 그 어느 때보다 더 자아의 저주를 잘 이해할 수 있게 되었고, 그 저주에서 벗어날 수 있는 방법을 발견했기 때문이다.

옮긴이의 말

하루하루를 보내기가 참 버겁다고 생각했던 적이 있다. '사는 건 왜 이렇게 힘들까? 그래, 산다는 건 원래 힘든 거지' 하고 체념하기로 마음먹었다. 하지만 문득 '그런데 왜 이렇게 힘든 걸까?'라는 질문을 스스로에게 던지게 되었다.

　오늘 무슨 안 좋은 일이 있었나? 정말 나쁜 일, 그러니까 나의 행복과 건강에 해가 될 만큼 영향력이 큰 사건이 있었나? 감정에는 다 나름의 목적들이 있다. 두려움과 불안의 경우 내게 닥칠 수도 있는 위험을 감지하기 위해 존재하고, 슬픔의 경우 소중한 무언가를 잃어가고 있음을 알리기 위해 존재한다. 그런데 내게 지금 그런 감정을 느낄 만한 진짜 이유가 존재하나?

　내 삶이 이렇게나 힘든 이유에 대해 몇 가지 질문을 던져봤더니, 금세 사실 그럴 이유가 없다는 결론이 나왔다. 물론 기분 나쁘고 스트레스 받을 만한 일들은 크고 작게 계속 생긴다. 예컨대 누군가에게 한 소

337

옮긴이의 말

리 들거나, 일은 잔뜩 쌓여 있고 시간은 없는데 그 와중에 열심히 준비해온 중요한 회의를 망친다거나. 하지만 차가운 머리로 따져보니 나의 불안과 걱정에 부합할 만큼 중대한 일은 별로 떠오르지 않았다.

어째선지 나는 필요 이상으로 호들갑을 떨고 있었다. 한 명에게 안 좋은 소리를 들었을 뿐인데, 또 그게 내 탓이 아닐 수도 있는데 마치 온 세상 사람들이 나를 미워하는 것처럼 슬퍼한다. 친구나 동료가 성과가 좋지 않았다고 해서 '네 인생은 이제 끝이구나'라고 반응하지 않으면서, 나아가 누구나 할 수 있는 실수니까 다음에 더 잘하면 된다고 격려까지 하면서, 정작 나에게는 크게 실망한다. 적당히 1절까지만 하면 될 것을 이유 없이 지나친 감정 소모를 하고 있었던 것이다.

실제로 상황이 나쁘다고 해도, 상황을 정확히 인식하고 이에 대비하면 그만이다. 예컨대 다람쥐가 수중의 도토리가 부족하다고 느끼면 그저 깜짝 놀라고는 도토리를 더 주우러 갈 것이다. '도토리가 부족해서 너무 우울해… 다람쥐의 삶은 왜 이렇게 고달프지?' 하고 시름시름 앓아눕는 다람쥐는 없을 것이다. 즐거운 하루를 보내다가 갑자기 '혹시 내일 산불이 나서 도토리가 전부 사라지면 어떡하지?' 걱정하며 바들바들 떠느라 도통 도토리 줍는 일이 손에 안 잡히는 다람쥐도 없을 것이다. 이미 지나간 과거, 예컨대 수년 전에 도토리 목표량을 채우지 못했던 일을 떠올리며 스스로에게 실망하는 다람쥐도 없을 것이다. 끙끙 앓는 데 모든 에너지를 다 쓸 필요 없이 문제 상황을 인식한 후 문제를 해결하기 위한 행동에 나서면 되기 때문이다. 이때 필요한 적응적인 반응은 문제 해결에 도움이 되도록 정신이 바짝 들게 해주는 정도의 감정

나는 왜 내가 힘들까

이지, 과장된 좌절감은 아니다. 그렇다면 대체 왜 우리는 실제보다 더 삶을 힘들게 느끼는 걸까?

이 책은 위 질문에 대해 내가 지금까지 접해본 어떤 답보다도 가장 명료하고 과학적인 해답을 내려주었다. 끊임없이 '나는 모든 것을 알고 있어'라는 거짓말을 하고 비현실적인 기준과 기대를 갖게 만들며 이것을 바탕으로 나의 일거수일투족을 평가해서 나 자신을 한없이 비참하게 만드는 존재가 내 안에 살고 있다는 것이었다. 그것이 바로 내 자아이며, 무엇보다 내 자아가 내 삶을 지옥처럼 만들고 있었다.

이것은 심리학을 공부하면서 얻은 그 어떤 가르침보다도 내 삶에 가장 큰 변화를 가져왔다. 저자 마크 리어리에 의하면, 만약 우리 삶의 가장 큰 고통들이 자아로부터 온다면 스스로에게 이 사실을 가르치는 것만으로도 저주의 상당 부분을 해결할 수 있다. 하지만 안타깝게도 많은 이들이 자아를 건강하게 활용하는 법에 대해 배운 적도 없고 잘 알지도 못한다.

이 책에서는 수십 년간 심리학자들이 밝혀온 자아와 감정의 관계, 우리가 살면서 겪는 굵직한 문제들에 대한 사실들을 통해 내 자아와 감정을 본연의 목적대로 유익하게 사용하는 법을 알려준다. 이제 책을 덮을 때쯤, 자아의 저주는 수그러들고 유익함만이 남았길 바란다.

박진영

━━ 주

1장

1. E. Larson, *Summer for the Gods: The Scopes Trial and America's Continuing Debate over Science and Religion* (Cambridge: Harvard University Press, 1998).

2. 위의 책.

3. R. W. Mitchell, "Subjectivity and Self-Recognition in Animals," in *Handbook of Self and Identity*, ed. M. R. Leary and J. P. Tangney (New York: Guilford, 2003).

4. M. R. Leary and J. P. Tangney, "The Self as an Organizing Construct in the Behavioral Sciences," in *Handbook of Self and Identity*, ed. M. R. Leary and J. P. Tangney, 3–14 (New York: Guilford, 2003).

5. J. Jaynes, *The Origin of Consciousness in the Breakdown of the Bicameral Mind* (Boston: Houghton-Mifflin, 1976).

6. S. Epstein, "Integration of the Cognitive and the Psychodynamic Unconscious," *American Psychologist* 49 (1994): 709–24.

7. J. A. Bargh and T. L. Chartrand, "The Unbearable Automaticity of Being," *American Psychologist* 54 (1999): 462–79.

8. J. A. Bargh, "The Automaticity of Everyday Life," in *Advances in Social Cognition*, ed. R. S. Wyer, 10: 1–61 (Mahwah, NJ: Lawrence Erlbaum, 1997); Bargh and Chartrand, "The Unbearable Automaticity."

9. R. F. Baumeister, T. F. Heatherton, and D. M. Tice, *Losing Control: How and Why People Fail at Self-Regulation* (San Diego: Academic Press, 1994).

10. S. Epstein, "The Self-Concept Revisited: Or a Theory of a Theory," *American Psychologist* 28 (1973): 404–16; H. Markus and E. Wurf, "The Dynamic Self-Concept: A Social Psychological Perspective," *Annual Review of Psychology* 38 (1987): 299–337.

11. R. F. Baumeister, "The Self," in *The Handbook of Social Psychology*, ed. D. Gilbert, S. T. Fiske, and G. Lindzey, 680–740 (New York: Oxford University Press, 1999).

12. T. D. Wilson and K. J. Klaaren, "'Expectation Whirls Me Round': The Role of Affective Expectations in Affective Experience," in *Emotion and Social Behavior*, ed. M. S. Clark, 1–31 (Newbury Park, CA: Sage, 1992); T. D. Wilson, D. J. Lisle, K. Kraft, and C. G. Wetzel, "Preferences as Expectation-Driven Influences: Effects of Affective Expectations on Affective Experience," *Journal of Personality and Social Psychology* 56 (1989): 519–30.

13. N. Humphrey, "Nature's Psychologists," in *Consciousness and the Physical World*, ed. B. D. Josephson and V. S. Ramachandran, 57–75 (New York: Pergamon Press, 1980); N. Humphrey, "Consciousness: A Just-so Story," *New Scientist*, August 19, 1982, 474–77; N. Humphrey, *The Inner Eye* (London: Faber & Faber, 1986).

14. G. G. Gallup, Jr., "Self-Awareness and the Emergence of Mind in Primates," *American Journal of Primatology* 2 (1982): 237–48; Mitchell, "Subjectivity and Self-Recognition"; 그러나 다음의 자료도 참고하라. D. J. Povinelli and C. G. Prince, "When Self Met Other," in *Self-Awareness: Its Nature and Development*, ed. M. Ferrari and R. J. Sternberg, 37–107 (New York: Guilford, 1998).

15. F. B. M. de Waal, *Chimpanzee Politics: Power and Sex Among Apes* (New York: Harper and Row, 1982).

16. J. Goodall, *The Chimpanzees of Gombe: Patterns of Behavior* (Cambridge, MA: Harvard University Press); F. B. M. de Waal, "Deception in the Natural Communication of Chimpanzees," in *Deception: Perspectives on Human and Nonhuman Deceit*, ed. R. W. Mitchell and N. S. Thompson, 221–44 (Albany: State University of New York Press, 1986).

17. M. Lewis and J. Brooks-Gunn, *Social Cognition and the Acquisition of Self* (New York: Plenum, 1979); J. Kagan, "Is There a Self in Infancy?" in *Self-Awareness: Its Nature and Development*, ed. M Ferrari and R. J. Sternberg, 137–47 (New York: Guilford, 1998).

18. G. Strawson, "The Self," in *Model of the Self*, ed. S. Gallagher and J. Shear, 1–24 (Thorverton, UK: Imprint Academic, 1999).

19. R. Barbeito and H. Ono, "Four Methods of Locating the Egocenter: A Comparison of Their Predictive Validities and Reliabilities," *Behavior Research Methods and Instrumentation* 11 (1979): 31–36; L. Mitson, H. Ono, and R. Barbeito, "Three Methods of Measuring the Location of the Egocentre: Their Reliability, Comparative Locations, and Intercorrelations," *Canadian Journal of Psychology* 30 (1976): 108.

20. Strawson, "The Self."

21. T. E. Feinberg, *Altered Egos: How the Brain Creates the Self* (London: Oxford University Press, 2001); W. M. Kelley, C. N. Macrae, C. L. Wyland, S. Caglar, S. Inati, and T. F. Heatherton, "Finding the Self? An Event-Related fMRI Study," *Journal of Cognitive Neuroscience* 14 (2002): 785–94.

22. M. F. Robinson and W. Freeman, *Psychosurgery and the Self* (New York: Grune & Stratton, 1954), 18.

23. D. T. Stuss, "Self, Awareness, and the Frontal Lobes: A Neuropsychological Perspective," in *The Self: Interdisciplinary Approaches*, ed. J. Strauss and G. R. Goethals, 255–78 (New York: Springer-Verlag, 1991).

24. J. A. Mangels, R. B. Ivry, and N. Shimizu, "Dissociable Contributions of the Prefontal and Neocerebellar Cortex to Time Perception," *Cognitive Brain Research* 7 (1998): 15–39; Stuss, "Self, Awareness, and the Frontal Lobes."

25. U. Neisser, "Five Kinds of Self-Knowledge," *Philosophical Psychology* 1 (1988): 35–59.

26. G. G. Gallup, Jr., "Chimpanzees: Self-Recognition," *Science* 167 (1970): 86–87.

27. G. G. Gallup, Jr., "Self-Recognition in Primates," *American Psychologist* 32 (1977): 329–38; Gallup, "Self-Awareness and the Emergence of Mind"; G. G. Gallup, Jr., and S. D. Suarez, "Self-Awareness and the Emergence of Mind in Humans and Other Primates," in *Psychological Perspectives on the Self*, ed. J. Suls and A. G. Greenwald, 3: 3–26 (Hillsdale, NJ: Lawrence Erlbaum, 1986).

28. J. Lethmate and G. Dücker, "Investigation of Self-Recognition in the Mirror by Orangutans and Some Other Types of Ape," *Zeitschrift für Tierpsychologie* 33 (1973): 248–69; H. L. Miles, "ME CHANTEK: The Development of Self-Awareness in a Signing Orangutan," in *Self-Awareness in Animals and Humans*, ed. S. T. Parker, R. W. Mitchell, and M. L. Boccia, 254–72 (New York: Cambridge University Press, 1994); Mitchell, "Subjectivity and Self Recognition."

29. Mitchell, "Subjectivity and Self-Recognition."

30. Povinelli and Prince, "When Self Met Other."

나는 왜 내가 힘들까

31. M. R. Leary and N. Buttermore, "The Evolution of the Human Self: Tracing the Natural History of Self-Awareness," *Journal for the Theory of Social Behavior* 33 (2003): 365–404.

32. C. Sedikides and J. J. Skowronski, "The Symbolic Self in Evolutionary Context," *Personality and Social Psychology Review* 1 (1997): 80–102; C. Sedikides and J. J. Skowronski, "On the Evolutionary Foundations of the Symbolic Self: The Emergence of Self-Evaluation Motives," in *Psychological Perspectives on Self and Identity*, ed. A. Terrer, R. B. Felson, and J. Suls, 91–117 (Washington, DC: American Psychological Association, 2000); C. Sedikides and J. J. Skowronski, "Evolution of the Symbolic Self: Issues and Prospects," in *Handbook of Self and Identity*, ed. M. R. Leary and J. P. Tangney, 91–117 (New York: Guilford, 2003).

33. Leary and Buttermore, "The Evolution of the Human Self."

34. R. G. Klein, *The Human Career: Human Biological and Cultural Origins*, 2nd ed. (Chicago: University of Chicago Press, 1999); R. G. Klein and B. Edgar, *The Dawn of Human Culture* (New York: John Wiley, 2002).

35. D. B. Dickson, *The Dawn of Belief* (Tucson: University of Arizona Press, 1990); Klein and Edgar, *The Dawn of Human Culture*.

36. Leary and Buttermore, "The Evolution of the Human Self."

37. S. Mithen, *The Prehistory of the Mind* (London: Thames and Hudson, 1996). 이 기간은 또한 이렇게도 불린다. "human revolution" [T. W. Deacon, "The Neural Circuitry Underlying Primate Calls and Human Language," *Human Evolution* 4 (1989): 367–401]; "cultural explosion" [P. Boyer, "Evolution of the Modern Mind and the Origins of Culture: Religious Concepts as a Limiting-Case," in *Evolution and the Human Mind: Modularity, Language, and Meta-Cognition*, ed. P. Carruthers and A. Chamberlin, 93–112 (Cambridge: Cambridge University Press, 2000)]; and "dawn of human culture" [Klein and Edgar, *The Dawn of Human Culture*].

38. R. K. White, "On the Evolution of Human Socio-Cultural Patterns," in *Handbook of Human Symbolic Evolution*, ed. A. Lock and C. R. Peters, 239–62 (Oxford: Oxford University Press, 1996), 242.

39. Bargh and Chartrand, "The Unbearable Automaticity."

40. L. Martin, "I-D Compensation Theory: Some Implications of Trying to Satisfy Immediate-Return Needs in a Delayed-Return Culture," *Psychological Inquiry* 10 (1999): 195–208.

2장

1. S. Duval and R. A. Wicklund, *A Theory of Objective Self-Awareness* (New York: Academic Press, 1972).

2. J. Blachowicz, "The Dialogue of the Soul with Itself," in *Models of the Self*, ed. S. Gallagher and J. Shear, 177–200 (Thorverton, UK: Imprint Academic, 1999).

3. Plato, *Collected Dialogues*, ed. E. Hamilton and H. Cairns (New York: Pantheon, 1961).

4. Blachowicz, "The Dialogue of the Soul."

5. J. Jaynes, *The Origin of Consciousness in the Breakdown of the Bicameral Mind* (Boston: Houghton-Mifflin, 1976).

6. 위의 책.

7. 위의 책.

8. K. Jaspers, *Origin and Goal of History* (New Haven, CT: Yale University Press, 1953).

9. H. Pashler, "Attentional Limitations in Doing Two Tasks at the Same Time," *Current Directions in Psychological Science* 1 (1992): 44–48.

10. C. F. Bond, "The Next-in-Line Effect: Encoding or Retrieval Deficit?" *Journal of Personality and Social Psychology* 48 (1985): 853–62.

11. J. D. Wine, "Test Anxiety and Direction of Attention," *Psychological Bulletin* 76 (1971): 92–104.

12. R. F. Baumeister, "Choking Under Pressure: Self-Consciousness and Paradoxical Effects of Incentives on Performance," *Journal of Personality and Social Psychology* 46 (1984): 610–20.

13. R. F. Baumeister an C. J. Showers, "A Review of Paradoxical Performance Effects: Choking Under Pressure in Sports and Mental Tests," *European Journal of Social Psychology* 16 (1986): 361–83.

14. Baumeister, "Choking Under Pressure"; J. L. Butler and R. F. Baumeister, "The Trouble with Friendly Faces: Skilled Performance with a Supportive Audience," *Journal of Personality and Social Psychology* 75 (1998): 1213–30; B. P. Lewis and D. E. Linder, "Thinking About Choking? Attentional Processes and Paradoxical Performance," *Personality and Social Psychology Bulletin* 23 (1997): 937–44.

15. R. F. Baumeister, T. F. Heatherton, and D. M. Tice, "When Ego Threats Lead to Self-Regulation Failure: Negative Consequences of High Self-Esteem," *Journal of Personality and Social Psychology* 64 (1993): 141–56.

16. Baumeister, "Choking Under Pressure."

17. K. S. Courneya and A. V. Carron, "The Home Field Advantage in Sport Competitions: A Literature Review," *Journal of Sport and Exercise Psychology* 14 (1992): 13–27.

18. R. F. Baumeister and A. Steinhilber, "Paradoxical Effects of Supportive Audiences on Performance Under Pressure: The Home Field Disadvantage in Sports Championships," *Journal of Personality and Social Psychology* 47 (1984): 85–93; 그러나 다음도 참고하라. B. R. Schlenker, S. T. Phillips, K. A. Boniecki, and D. R. Schlenker, "Championship Pressures: Choking or Triumphing in One's Own Territory?" *Journal of Personality and Social Psychology* 68 (1995): 632–43.

19. E. F. Wright, W. Jackson, S. D. Christie, G. R. McGuire, and R. D. Wright, "The Home-Course Disadvantage in Golf Championships: Further Evidence for the Undermining Effect of Supportive Audiences on Performance Under Pressure," *Journal of Sport Behavior* 14 (1991): 51–60; S. L. Beilcock and T. H. Carr, "On the Fragility of Skilled Performance: What Governs Choking Under Pressure?" *Journal of Experimental Psychology: General* 130 (2001): 701–25.

20. S. Epstein, "Integration of the Cognitive and the Psychodynamic Unconscious," *American Psychologist* 49 (1994): 709–24; S. Franquemont, You Already Know What to Do (New York: Tarcher/Putnam, 1999).

21. Franquemont, *You Already Know.*

22. R. D. Wilson and J. W. Schooler, "Thinking Too Much: Introspection Can Reduce the Quality of Preferences and Decisions," *Journal of Personality and Social Psychology* 60 (1991): 181–92, Exp.1.

23. Wilson and Schooler, "Thinking Too Much," Exp. 2.

24. T. D. Wilson and D. Kraft, "Why Do I Love Thee? Effect of Repeated Introspections About a Dating Relationship on Attitudes Toward the Relationship," *Personality and Social Psychology Bulletin* 19 (1993): 409–18.

25. R. E. Nisbett and T. D. Wilson, "Telling More Than We Can Know: Verbal Reports on Mental Processes," *Psychological Review* 84 (1977): 231–59.

26. 위의 책.

27. L. G. Lundh and J. E. Broman, "Insomnia as an Interaction Between Sleep-Interfering and Sleep-Interrupting Processes," *Journal of Psychosomatic Research* 49 (2000): 299–310; H. Hall, D. J. Buysse, P. D. Nowell, E. A. Nofzinger, P. Houck, C. F. Reynolds, and D. J. Kupfer, "Symptoms of Stress and Depression as Correlates of Sleep in Primary Insomnia," *Psychosomatic Medicine* 62 (2000): 227–30.

28. M. D. Storms and McCaul, "Attribution Processes and Emotional Exacerbation of

Dysfunctional Behavior," in *New Directions in Attribution Research*, ed. J. H. Harvey, W. J. Ickes, and R. F. Kidd, I: 143–46 (Hillsdale, NJ: Lawrence Erlbaum, 1976).

29. W. H. Masters and V. E. Johnson, *Human Sexual Inadequacy* (Boston: Little, Brown, 1970); D. J. Abrahamson, D. H. Barlow, J. G. Beck, D. K. Sakheim, and J. P. Kelly, "The Effects of Attentional Focus and Partner Responsiveness on Sexual Responding: Replication and Extension," *Archives of Sexual Behavior* 14 (1985): 361–71.

30. C. R. Snyder and S. J. Lopez, eds., *Handbook of Positive Psychology* (New York: Oxford University Press, 2002).

31. M. Csikszentmihalyi, *Flow: The Psychology of Optimal Experience* (New York: HarperCollins, 1990).

32. P. Jackson, *Sacred Hoops* (New York: Hyperion, 1995), 4.

33. E. Tolle, *The Power of Now* (Novato, CA: New World Library, 1999).

34. S. L. Shapiro, G. E. R. Schwartz, and G. Santerre, "Meditation and Positive Psychology," in *Handbook of Positive Psychology*, ed. C. R. Snyder and S. J. Lopez, 632–45 (New York: Guilford, 2002).

35. R. Ellwood, *Finding the Quiet Mind* (Wheaton, IL: Quest, 1983); J. Kabat-Zinn, *Wherever You Go, There You Are* (New York: Hyperion, 1994); H. Gunaratana, *Mindfulness in Plain English* (Boston: Wisdom Publications, 1991).

36. M. C. Dillbeck and D. W. Orme-Johnson, "Physiological Differences Between Transcendental Meditation and Rest," *American Psychologist* 42 (1987): 879–81; J. Miller, K. Fletcher, and J. Kabit-Zinn, "Three-Year Follow-up and Clinical Implications of a Mindfulness-Based Intervention in the Treatment of Anxiety Disorders," *General Hospital Psychiatry* 17 (1995): 192–200.

37. T. Hirai, *Zen Meditation and Psychotherapy* (Tokyo: Japan Publications, 1989).

3장

1. C. Castaneda, *Tales of Power* (New York: Touchstone, 1974).

2. A. G. Greenwald, "The Totalitarian Ego: Fabrication and Revision of Personal History," *American Psychologist* 35 (1980): 603–13; S. E. Taylor and J. D. Brown, "Illusion and Well-Being: A Social Psychological Perspective on Mental Health," *Psychological Bulletin* 103 (1988): 193–210.

3. Greenwald, "The Totalitarian Ego."

4. M. D. Alicke, M. L. Klotz, D. L. Breitenbecher, T. J. Yura and D. S. Vredenburg, "Personal Contact, Individuation, and the Better-than-Average Effect," *Journal of Personality and Social Psychology* 68 (1995): 804–25.

5. 리뷰는 다음을 참고하라. V. Hoorens, "Self-Enhancement and Superiority Biases in Social Comparison," in *European Review of Social Psychology*, ed. W. Strobe and M. Hewstone, 4:113–39 (Chichester, UK: John Wiley, 1993).

6. J. M. Fields and H. Schuman, "Public Beliefs About the Beliefs of the Public," *Public Opinion Quarterly* 40 (1976); 427–48.

7. N. D. Weinstein, "Unrealistic Optimism About Future Life Events," *Journal of Personality and Social Psychology* 39 (1980): 806–20; N. D. Weinstein and E. Lachendro, "Egocentrism as a Source of Unrealistic Optimism," *Personality and Social Psychology Bulletin* 8 (1982): 195–220.

8. J. L. Sheler, "New Science Suggests a 'Grand Design' and Ways to Imagine Eternity," *U. S. News and World Report*, March 31, 1997, 65–66.

9. M. D. Alicke, F. M. LoSchiavo, J. Zerbst, and S. Zhang, "The Person Who Outperforms Me Is a Genius: Maintaining Perceived Competence in Upward Social Comparison," *Journal of Personality and Social Psychology* 72 (1997): 781–89.

10. O. P. John and R. W. Robins, "Accuracy and Bias in Self-Perception: Individual Differences in Self-Enhancement and the Role of Narcissism," *Journal of Personality and Social Psychology* 66 (1994): 206–19; Heine and Renshaw showed cultural differences in the effect. 다음을 참고하라. S. J. Heine and K. Renshaw, "Interjudge Agreement, Self-Enhancement, and Liking: Cross-Cultural Divergences," *Personality and Social Psychology Bulletin* 28 (2002): 578–87.

11. B. Blaine and J. Crocker, "Self-Esteem and Self-Serving Biases in Reactions to Positive and Negative Events: An Integrative Review," in *Self-Esteem: The Puzzle of Low Self-Regard*, ed. R. F. Baumeister, 55–85 (New York: Plenum, 1993); G. W. Bradley, "Self-Serving Biases in the Attribution Process: A Reexamination of the Fact or Fiction Question," *Journal of Personality and Social Psychology* 36 (1978): 56–71.

12. D. R. Forsyth and B. R. Schlenker, "Attributing the Causes of Group Performance: Effects of Performance Quality, Task Importance, and Future Testing," *Journal of Personality* 45 (1977): 220–36.

13. D. R. Forsyth, W. R. Pope, and J. H. McMillan, "Students' Reactions to Cheating: An Attributional Analysis," *Contemporary Educational Psychology* 10 (1985): 72–82.

14. B. R. Schlenker and R. S. Miller, "Egotism in Groups: Self-Serving Bias or Logical

Information Processing," *Journal of Personality and Social Psychology* 35 (1977): 755–64.

15. M. R. Leary and D. R. Forsyth, "Attributions of Responsibility for Collective Endeavors," in *Group Processes*, ed. C. Hendrick, 167–88 (Newbury Park, CA: Sage, 1987).

16. J. K. Beggan, "On the Social Nature of Nonsocial Perception: The Mere Ownership Effect," *Journal of Personality and Social Psychology* 62 1992): 229–37.

17. B. W. Pelham, M. C. Mirenberg, and J. T. Jones, "Why Susie Sells Seashells by the Seashore: Implicit Egoism and Major Life Decisions," *Journal of Personality and Social Psychology* 82 (2002): 469–87.

18. 위의 책.

19. 위의 책.

20. J. F. Fitch and R. B. Cialdini, "Another Indirect Tactic of (Self-) Image Management: Boosting," *Personality and Social Psychology Bulletin* 15 (1989): 222–32.

21. L. Ross, D. Greene, and P. House, "The False Consensus Effect: An Egocentric Bias in Social Perception and Attribution Processes," *Journal of Experimental Social Psychology* 13 (1977): 279–301; G. Marks and N. Miller, "Ten Years of Research on the False-Consensus Effect: An Empirical and Theoretical Review," *Psychological Bulletin* 102 (1987): 72–90.

22. J. Krueger and R. W. Clement, "The True False Consensus Effect: An Ineradicable and Egocentric Bias in Social Perception," *Journal of Personality and Social Psychology* 67 (1994): 596–610.

23. S. J. Sherman, C. C. Presson, and L. Chassin, "Mechanisms Underlying the False Consensus Effect: The Special Role of Threats to the Self," *Personality and Social Psychology Bulletin* 10 (1984): 127–38.

24. B. Mullen and G. R. Goethals, "Social Projection, Actual Consensus and Valence," *British Journal of Social Psychology* 29 (1990): 279–82.

25. G. Marks and N. Miller, "Target Attractiveness as a Mediator of Assumed Attitude Similarity," *Personality and Social Psychology Bulletin* 8 (1982): 728–35.

26. S. L. Murray and J. G. Holmes, "A Leap of Faith? Positive Illusions in Romantic Relationships," *Personality and Social Psychology Bulletin* 23 (1997): 586–602.

27. C. Sedikides, W. K. Campbell, G. D. Reeder, and J. J. Elliot, "The Self-Serving Bias in Relational Context," *Journal of Personality and Social Psychology* 74 (1998): 378–86.

28. M. Diehl, "The Minimal Group Paradigm: Theoretical Explanations and Empirical

Findings," *European Review of Social Psychology* 1 (1990): 263–92.

29. 다음의 자료를 참고하라. D. Dunning, "The Relation of Self to Social Perception," in *Handbook of Self and Identity*, ed. M. R. Leary and J. P. Tangney, 421–44 (New York: Guilford, 2003).

30. Dunning, "The Relation of Self to Social Perception," 422.

31. M. D. Alicke, M. L. Klotze, D. L. Breitenbacher, T. J. Yurak, and D. S. Vredenburg, "Personal Contact, Individuation and the Better than Average Effect," *Journal of Personality and Social Psychology* 68 (1995): 804–25.

32. E. Pronin, D. Y. Lin, and L. Ross, "The Bias Blind Spot: Perceptions of Bias in Self versus Others," *Personality and Social Psychology Bulletin* 28 (2002): 369–81.

33. 위의 책.

34. J. Ehrlinger, L. Ross, and T. Gilovich, *When Do People Acknowledge and When Do They Deny Their Own Biases?* (미출간 원고, Cornell University, New York).

35. G. Ichheiser, "Misunderstandings in Human Relations: A Study in False Social Perception," *American Journal of Sociology* 55 (1949) suppl.: 39.

36. J. Horai, "Attributional Conflict," *Journal of Social Issues* 33 (1977): 88–100.

37. Taylor and Brown, "Illusion and Well-Being."

38. 위의 책.

39. S. L. Murray, "The Quest for Conviction: Motivated Cognition in Romantic Relationships," *Psychological Inquiry* 10 (1999): 23–24; S. L. Murray, J. G. Holmes, and D. W. Griffin, "Self-Esteem and the Quest for Felt Security: How Perceived Regard Regulates Attachment Processes," *Journal of Personality and Social Psychology* 78 (2000): 478–98.

40. C. R. Colvin, J. Block, and D. C. Funder, "Overly Positive Evaluations and Personality: Negative Implications for Mental Health," *Journal of Personality and Social Psychology* 68 (1995): 1152–62.

41. C. Rogers, "A Theory of Therapy, Personality, and Interpersonal Relationships, as Developed in the Client-Centered Framework," in *Psychology: A Study of a Science*, ed. S. Koch, 3: 184–256 (New York: McGraw-Hill, 1959).

42. A. H. Maslow, *Motivation and Behavior* (New York: Harper and Row, 1954), 207.

43. S. H. Heine, D. R. Lehman, H. R. Markus, and S. Kitayama, "Is There a Universal Need for Positive Self-Regard?" *Psychological Review* 106 (1999): 766–94.

44. L. Festinger, "A Theory of Social Comparison Processes," *Human Relations* 7 (1954): 121.

45. N. Frijda, The Emotions (Cambridge, UK: Cambridge University Press, 1986); H. A. Simon, "Motivational and Emotional Controls of Cognition," *Psychological Review* 74 (1967): 29−39.

46. M. R. Leary and R. F. Baumeister, "The Nature and Function of Self-Esteem: Sociometer Theory," in *Advances in Experimental Social Psychology*, ed. M. P. Zanna, 32: 1−62 (San Diego: Academic Press, 2000).

47. Frijda, The Emotions; R. M. Neese, "What Good Is Feeling Bad?" *The Sciences* (November/December 1991): 30−37.

48. R. M. Neese, "The Smoke Detector Principle: Natural Selection and the Regulation of Defensive Responses," in *Unity of Knowledge: The Convergence of Natural and Human Science*, ed. A. R. Damasio, A. Harrington, J. Kagan, B. S. H. Moss, and R. Shaikh, 935: 75−85 (New York: New York Academy of Sciences, 2001); P. Rozin and E. B. Royzman, "Negativity Bias, Negativity Dominance, and Contagion," *Personality and Social Psychology Review* 5 (2001): 296−320.

49. C. Casteneda, *Journey to Ixtlan* (New York: Pocket, 1972).

4장

1. C. Darwin, *The Expression of the Emotions in Man and Animals* (New York: Oxford University Press, 1892/1998); J. M. Masson and S. McCarthy, *When Elephants Weep: The Emotional Lives of Animals* (London: Cape, 1994).

2. J. B. Watson and P. Rayner, "Conditioned Emotional Reactions," *Journal of Experimental Psychology* 3 (1920): 1−4.

3. Darwin, *The Expression of the Emotions*.

4. N. Frijda, The Emotions (Cambridge: Cambridge University Press, 1986); A. T. Beck and G. Emery, *Anxiety Disorders and Phobias: A Cognitive Perspective* (New York: Basic Books, 1985).

5. J. K. Norem, "Defensive Pessimism, Optimism and Pessimism," in *Optimism and Pessimism: Implications for Theory, Research and Practice*, ed. E. C. Chang (Washington, DC: APA Press, 2000); J. K. Norem and K. S. S. Illingsworth, "Strategy Dependent Effects of Reflecting on Self and Tasks: Some Implications of Optimism and Defensive Pessimism, *Journal of Personality and Social Personality* 65 (1993): 822−35.

6. L. Martin, *Linking and the Neolithic Neuroses: Why Thinking You Can Live Happily Ever*

After Can Make You Unhappy (다음의 회의에서 제공된 자료. The Society for Southeastern Social Psychologists, Research Triangle Park, NC, 1997).

7. Beck and Emery, *Anxiety Disorder and Phobias*.

8. G. Strawson, "The Self," in *Models of the Self*, ed. S. Gallagher and J. Shear, 1–24 (Thorverton, UK: Imprint Academic, 1999).

9. W. James, *The Principles of Psychology* (New York: Holt, 1890); R. F. Baumeister, L. Smart, and J. M. Boden, "Relation of Threatened Egotism to Violence and Aggression: The Dark Side of High Self-Esteem," *Psychological Review* 103 (1996): 5–33.

10. H. Markus and P. Nurius, "Possible Selves," *American Psychologist* 41 (1986): 954–69.

11. 위의 책.

12. K. D. Markman, I. Gavanski, S. J. Sherman, and M. N. McMullen, "The Mental Simulation of Better and Worse Possible Worlds," *Journal of Experimental Social Psychology* 29 (1993): 87–109; K. D. Markman and P. E. Tetlock, "Accountability and Close-Call Counterfactuals: The Loser Who Nearly Won and the Winner Who Nearly Lost," *Personality and Social Psychology Bulletin* 26 (2000): 1213–24; N. J. Roese, "Counterfactual Thinking, " *Psychological Bulletin* 121 (1997): 133–48.

13. V. H. Medvec, S. E. Madey, and T. Gilovich, "When Less Is More: Counterfactual Thinking and Satisfaction Among Olympic Medalists," *Journal of Personality and Social Psychology* 69 (1995): 603–10.

14. James, *Principles of Psychology*.

15. D. J. Sharpsteen and L. A. Kirkpatrick, "Romantic Jealousy and Adult Romantic Attachment," *Journal of Personality and Social Psychology* 72 (1997): 627–40.

16. R. B. Cialdini, R. J. Borden, A. Thorne, M. R. Walker, S. Freeman, and L. R. Sloan, "Basking in Reflected Glory: Three (Football) Field Studies," *Journal of Personality and Social Psychology* 34 (1976): 366–75.

17. J. W. Pennebaker, *Opening Up: The Healing Power of Confiding in Others* (New York: William Morrow, 1990).

18. A. Tesser, "Toward a Self-Evaluation Maintenance Model of Social Behavior," *Advances in Experimental Social Psychology* 21 (1988): 181–227; A. Tesser, "Self Evaluation," in *Handbook of Self and Identity*, ed. M. R. Leary and J. P. Tangney, 275–90 (New York: Guilford, 2003).

19. Tesser, "Toward A Self-Evaluation"; A. Tesser, M. Millar, and J. Moore, "Some Affective Consequences of Social Comparison and Reflective Processes: The Pain

and Pleasure of Being Close," *Journal of Personality and Social Psychology* 54 (1988):
49-61.

20. S. R. Beach and A. Tesser, "Self Esteem and the Extended Self-Evaluation Main-
tenance Model," in *Efficacy, Agency, and Self-Esteem*, ed. M. Kernis, 145-70 (New
York: Plenum, 1995); A. Tesser and J. Smith, "Some Effects of Friendship and Task
Relevance on Helping: You Don't Always Help the One You Like," *Journal of Experi-
mental Social Psychology* 16 (1980): 582-90.

21. M. Lewis and J. Brooks-Gunn, *Social Cognition and the Acquisition of Self* (New York:
Plenum, 1979).

22. M. R. Leary and R. M. Kowalski, *Social Anxiety* (New York: Guilford Press, 1995).

23. B. R. Schlenker and M. R. Leary, "Social Anxiety and Self-Presentation: A Con-
ceptualization and Model," *Psychological Bulletin* 92 (1982): 641-69.

24. R. S. Miller, *Embarrassment: Poise and Peril in Everyday Life* (New York: Guilford, 1996).

25. R. S. Miller and M. R. Leary, "Social Sources and Interactive Functions of Emo-
tion: The Case of Embarrassment," in *Emotion and Social Behavior*, ed. M. S. Clark,
202-21 (Beverly Hills: Sage, 1992).

26. Leary and Kowalski, *Social Anxiety*.

27. S. Valins and R. E. Nisbett, "Attribution Processes in the Development and Treat-
ment of Emotional Disorders," in *Attribution: Perceiving the Causes of Behavior*, ed. E.
E. Jones, D. E. Kanouse, H. H. Kelley, R. E. Nisbett, S. Valins, and B. Weiner,
137-50 Morristown, NJ: General Learning Press, 1972).

28. M. E. P. Seligman, L. Y. Abramson, A. Semmel, and C. von Baeyer, "Depressive
Attributional Style," *Journal of Abnormal Psychology* 88 (1979): 242-47.

29. G. I. Metalsky, L. Y. Abramson, M. E. P. Seligman, A. Semmel, and C. Peterson,
"Attributional Style and Life Events in the Classroom: Vulnerability and Invulner-
ability to Depressive Mood Reactions," *Journal of Personality and Social Psychology* 38
(1982): 704-18.

30. L. Y. Abramson, G. I. Metalsky, and L. B. Alloy, "Hopelessness Depression: A The-
ory-Based Subtype of Depression," *Psychological Review* 96 (1989): 358-72.

31. R. Janoff-Bulman, "Characterological versus Behavioral Self-Blame: Inquiries into
Depression and Rape," *Journal of Personality and Social Psychology* 31 (1979): 1798-
1809; F. W. Winkel and A. Vrij, "Crime Victims' Attributional Activities and Dif-
ferential Psychological Responding to Victimizations: The Influence of Behaviour,
Character, and External Explanations," *Issues in Criminology and Legal Psychology* 20

(1993): 58 – 69.

32. C. B. Meyer, and S. E. Taylor, "Adjustment to Rape," *Journal of Personality and Social Psychology* 50 (1986): 1226 – 34.

33. J. P. Tangney, "Situational Determinants of Shame and Guilt in Young Adulthood," *Personality and Social Psychology Bulletin* 18 (1992): 199 – 206; J. P. Tangney, R. S. Miller, L. Flicker, and D. H. Barlow, "Are Shame, Guilt, and Embarrassment Distinct Emotions?" *Journal of Personality and Social Psychology* 70 (1996): 1256 – 69.

34. J. P. Tangney, P. Wagner, and R. Gramzow, "Proneness to Shame, Proneness to Guilt, and Psychopathology," *Journal of Abnormal Psychology* 101 (1992): 469 – 78; J. P. Tangney, P. E. Wagner, D. H. Barlow, D. E. Marschall, and R. Gramzow, "The Relation of Shame and Guilt to Constructive vs. Destructive Responses to Anger Across the Lifespan," *Journal of Personality and Social Psychology* 70 (1996): 797 – 809.

35. M. D. Storms and K. D. McCaul, "Attribution Processes and Emotional Exacerbation of Dysfunctonal Behavior," in *New Directions in Attribution Research*, ed. J. H. Harvey, W. J. Ickes, and R. F. Kidd, I: 143 – 64 (Hillsdale, NJ: Lawrence Erlbaum, 1976).

36. M. D. Storms and R. E. Nisbett, "Insomnia and the Attribution Process," *Journal of Personality and Social Psychology* 16 (1970): 319 – 28.

37. Storms and McCaul, "Attribution Processes."

38. 위의 책.

39. R. Grigg, *The Tao of Zen* (Boston: Charles E. Tuttle, 1994).

40. N. L. Murdock, and E. M. Altmaier, "Attribution-Based Treatments," in *Handbook of Social and Clinical Psychology*, ed. C. R. Snyder and D. R. Forsyth, 563–78 (New York: Pergamon, 1991).

5장

1. C. Graham, *Deconstructing Ireland: Identity, Theory, Culture* (Edinburgh: Edinburgh University Press, 2001); M. Tanner, *Ireland's Holy Wars: The Struggle for a Nation's Soul, 1500 – 2000* (New Haven, CT: Yale University Press, 2001).

2. U. Neisser, "Five Kinds of Self-Knowledge," *Philosophical Psychology* 1 (1988): 35–59; M. Sheets-Johnstone, "Consciousness: A Natural History," *Journal of Consciousness Studies* 5 (1990): 260 – 94.

3. M. Lewis and J. Brooks-Gunn, *Social Cognition and the Acquisition of Self* (New York: Plenum, 1979).

4. L. A. Sass, "Schizophrenia, Self-Consciousness, and the Modern Mind," in *Models of the Self*, ed. S. Gallagher and J. Shear, 317–41 (Thorerton, UK: Imprint Academic, 1999).

5. A. Bandura, "The Self System in Reciprocal Determinism," *American Psychologist* 33 (1978): 344–58; S. Harter, *The Construction of the Self* (New York: Guilford, 1999).

6. H. Tajfel and J. C. Turner, "An Integrative Theory of Intergroup Conflict," in *The Social Psychology of Intergroup Relations*, ed. W. G. Austin and S. Worchel, 33–47 (Monterey, CA: Brooks/Cole, 1979); H. Tajfel and J. C. Turner, "The Social Identity Theory of Intergroup Behavior," in *Psychology of Intergroup Relations*, ed. S. Worchel and W. G. Austin, 7–24 (Chicago: Nelson-Hall, 1986).

7. H. Tajfel, *Humans and Social Categories: Studies in Social Psychology* (London: Cambridge University Press, 1981); H. Tajfel and M. Billig, "Familiarity and Categorization in Intergroup Behavior," *Journal of Experimental Social Psychology* 10 (1974): 159–70.

8. M. Diehl, "The Minimal Group Paradigm: Theoretical Explanations and Empirical Findings," *European Review of Social Psychology* 1 (1990): 263–92.

9. 위의 책.

10. D. Abrams and M. A. Hogg, *Social Identity and Social Cognition* (Oxford, UK: Blackwell, 1999); M. A. Hogg, "Social Identity," in *Handbook of Self and Identity*, ed. M. R. Leary and J. P. Tangney, 462–79 (New York: Guilford, 2003).

11. M. B. Brewer, "In-Group Bias in the Minimal Intergroup Situation: A Cognitive-Motivational Analysis," *Psychological Bulletin* 86 (1979): 307–24.

12. A. Hastorf and H. Cantril, "They Saw a Game: A Case Study" *Journal of Abnormal and Social Psychology* 49 (1954): 129–34.

13. R. P. Vallone, L. Ross, and M. R. Lepper, "The Hostile Media Phenomenon: Biased Perception and Perceptions of Media Bias in Coverage of the Beirut Massacre," *Journal of Personality and Social Psychology* 49 (1985): 577–85.

14. 위의 책.

15. J. C. Turner and R. Onorato, "Social Identity, Personality and the Self-Concept: A Self-Categorization Perspective," in *The Psychology of the Social Self*, ed. T. R. Tyler, R. Kramer, and O. Johns, 11–46 (Hillsdale, NJ: Lawrence Erlbaum, 1999).

16. H. Tajfel, "Cognitive Aspects of Prejudice," *Journal of Social Issues* 25 (1969): 79–97; Tajfel and Turner, "An Integrative Theory."

17. M. Sherif, O. J. Harvey, B. J. White, W. E. Hood, and C. W. Sherif, *Intergroup*

Conflict and Cooperation: The Robber's Cave Experiment (Norman, OK: Institute of Group Relations, 1961).

18. M. Schaller and J. Park, "Prehistoric Dangers and Contemporary Prejudices," *European Review of Social Psychology* 14 (출간 준비 중).

19. Sherif, Harvey, White, Hood, and Sherif, *Intergroup Conflict*.

20. S. L. Gaertner and J. F. Dovidio, *Reducing Intergroup Bias: The Common Intergroup Identity Model* (New York: Psychology Press, 2000).

21. J. A. Nier, S. L. Gaertner, J. F. Dovidio, B. S. Banker, C. M. Ward, and M. C. Rust, "Changing Interracial Evaluations and Behavior: The Effects of a Common Group Identity," *Group Processes and Intergroup Relations* 4 (2001): 299 – 316; S. L. Gaertner, J. Mann, A. Murrell, and J. F. Dovidio, "Reducing Intergroup Bias: The Benefits of Recategorization," *Journal of Personality and Social Psychology* 57 (1989): 239 – 49.

22. W. James, *The Principles of Psychology* (New York, Holt, 1890).

23. A. Aron, "Self and Close Relationships," in *Handbook of Self and Identity*, ed. M. R. Leary and J. P. Tangney, 442 – 61 (New York: Guilford, 2003); A. Aron, E. N. Aron, and C. Norman, "Self-Expansion Model of Motivation and Cognition in Close Relationships and Beyond," in *Blackwell Handbook of Social Psychology: Interpersonal Processes*, ed. G.J.O. Fletcher and M. S. Clark, 478 – 501 (Malden, MA: Blackwell, 2001).

24. A. Aron, E. Aron, and D. Smollan, "Inclusion of Other in the Self Scale and the Structure of Interpersonal Closeness," *Journal of Personality and Social Psychology* 83 (1992): 596 – 612.

25. A. Aron and B. Fraley, "Relationship Closeness as Including Other in the Self: Cognitive Underpinnings and Measures," *Social Cognition* 17 (1999): 140 – 60.

26. C. R. Agnew, P. A. M. Van Lange, C. E. Rusbult, and C. A. Langston, "Cognitive Interdependence: Commitment and the Mental Representation of Close Relationships," *Journal of Personality and Social Psychology* 74 (1998): 939 – 54.

27. Aron, Aron, and Smollan, "Inclusion of Other in the Self Scale."

28. J. Tipsord and M. R. Leary, *Correlates of the Hyperegoic and Hypoegoic Self* (미출간 원고, Wake Forest University, Winston-Salem, NC).

29. W. R. Cupach and B. H. Spitzberg, "Obsessional Relational Intrusion and Stalking," in *The Dark Side of Close Relationships*, ed. B. H. Spitzberg and W. R. Cupach, 233 – 63 (Mahwah, NJ: Lawrence Erlbaum, 1998).

30. Aron, Aron, and Norman, "Self-Expansion Model."

31. A. Tesser, "Toward a Self-Evaluation Maintenance Model of Social Behavior," *Advances in Experimental Social Psychology* 21 (1988): 181–227.

32. A. Tesser, J. Campbell, and M. Smith, "Friendship Choice and Performance: Self-Evaluation Maintenance in Children," *Journal of Personality and Social Psychology* 46 (1984): 561–74.

33. M. S. Clark and M. E. Bennett, "Research on Relationships: Implications for Mental Health," in *The Social Psychology of Mental Health: Basic Mechanisms and Applications*, ed. D. N. Ruble, P. R. Costanzo, and M. E. Oliveri, 166–98 (New York: Guilford, 1992).

34. A. Tesser and J. Smith, "Some Effects of Friendship and Task Relevance on Helping: You Don't Always Help the One You Like," *Journal of Experimental Social Psychology* 16 (1980): 582–90.

35. R. Pleban and A. Tesser, "The Effects of Relevance and Quality of Another's Performance on Interpersonal Closeness," *Social Psychology Quarterly* 44 (1981): 278–85.

36. J. Horai, "Attributional Conflict," *Journal of Social Issues* 33 (1977): 88–100.

37. M. Ross and F. Sicoly, "Egocentric Biases in Availability and Attribution," *Journal of Personality and Social Psychology* 37 (1979): 322–36.

38. B. R. Schlenker and R. S. Miller, "Egotism in Groups: Self-Serving Bias or Logical Information Processing," *Journal of Personality and Social Psychology* 35 (1977): 755–64.

39. M. R. Leary and D. R. Forsyth, "Attributions of Responsibility for Collective Endeavors," in *Group Processes*, ed. C. Hendrick, 167–88 (Newbury Park, CA: Sage, 1987).

40. M. R. Leary, R. Bednarski, D. Hammon, and T. Duncan, "Blowhards, Snobs, and Narcissists: Interpersonal Reactions to Excessive Egotism," in *Aversive Interpersonal Behaviors*, ed. R. M. Kowalski (New York: Plenum, 1997), 111–31.

41. B. R. Schlenker and M. R. Leary, "Audiences' Reactions to Self-Enhancing, Self-Denigrating, Accurate, and Modest Self-Presentation," *Journal of Experimental Social Psychology* 18 (1982): 89–104.

42. Leary, Bednarski, Hammon, and Duncan, "Blowhards, Snobs."

43. R. F. Baumeister, L. Smart, and J. M. Boden, "Relation of Threatened Egotism to Violence and Aggression: The Dark Side of High Self-Esteem," *Psychological Review* 103 (1996): 5–33.

44. 위의 책.

45. R. E. Nisbett, "Violence and U.S. Regional Culture," *American Psychologist* 48 (1993):

441-49; D. Cohen, R. E. Nisbett, B. F. Bowdle, and N. Schwarz, "Insult, Aggression, and the Southern Culture of Honor: An 'Experimental Ethnography'," *Journal of Personality and Social Psychology* 70 (1996): 945-60.

6장

1. T. R. Fehrenbach, *Lone Star: A History of Texas and the Texans* (New York: Collier, 1968).
2. R. E. Nisbett, "Violence and U.S. Regional Culture," *American Psychologist* 48 (1993): 441-49; D. Cohen, R. E. Nisbett, B. F. Bowdle, and N. Schwarz, "Insult, Aggression, and the Southern Culture of Honor: An 'Experimental Ethnography'," *Journal of Personality and Social Psychology* 70 (1996): 945-60.
3. W. James, *The Principles of Psychology* (New York: Holt, 1890); C. H. Cooley, *Human Nature and the Social Order* (New York: Scribner's, 1902); G. H. Mead, Mind, Self, and Society (Chicago: University of Chicago Press, 1934); N. Humphrey, "Consciousness: A Just-So Story," *New Scientist* (August 19, 1982): 474-77.
4. M. R. Leary, L. R. Tchividjian, and B. E. Kraxberger, "Self-Presentation Can Be Hazardous to Your Health: Impression Management and Health Risk," *Health Psychology* 13 (1994): 461-70.
5. Centers for Disease Control and Prevention, 2000 Statistics, www.cdc.gov/nchs/fastats/acc-inj.htm.
6. K. A. Martin and M. R. Leary, "Self-Presentational Determinants of Health Risk Behavior Among College Freshmen," *Psychology and Health* 16 (2000): 17-27; Martin, M. R. Leary, and J. O'Brien, "The Role of Self-Presentation in the Health Practices of a Sample of Irish Adolescents," *Journal of Adolescent Health* 28 (2001): 259-62.
7. L. H. Chen, S. P. Baker, E. R. Braver, and G. Li, "Carrying Passengers as a Risk Factor for Crashes Fatal to 16- and 17-Year-Old Drivers," *Journal of the American Medical Association* 283 (2000): 578-82.
8. Martin and Leary, "Self-Presentational Determinants."
9. 위의 책.
10. H. Nuwer, "Greek Letters Don't Justify Cult-Like Hazing of Pledges," *Chronicle of Higher Education*, November 26, 1999.
11. G. F. Linderman, *Embattled Courage* (New York: Free Press, 1987).

12. R. E. Lee, *Blackbeard the Pirate: A Reappraisal of His Life and Times* (Winston-Salem, NC: John F. Blair, 1974).

13. 다윈 상에 대한 정보는 다음을 참고하라. www.darwinawards.com.

14. K. A. Martin, M. R. Leary, and W. J. Rejeski, "Self-Presentational Concerns in Older Adults: Implications for Health and Well-Being," *Basic and Applied Social Psychology* 22 (2000): 169-79.

15. M. J. Parks and M. R. Leary, *Self-Presentational Motives, Risk Taking, and Accidental Injury* (다음의 회의에서 제시된 자료. The Southeastern Psychological Association, Savannah, GA).

16. Martin and Leary, "Self-Presentational Determinants."

17. K. A. Martin and M. R. Leary, "Would You Drink After a Stranger? The Influence of Self-Presentational Motives on Willingness to Take a Health Risk," *Personality and Social Psychology Bulletin* 25 (1999): 1092-1100.

18. Martin and Leary, "Self-Presentational Determinants."

19. R. C. Klesges and L. M. Klesges, "Cigarette Smoking as a Dietary Strategy in a University Population," *International Journal of Eating Disorders* 7 (1988): 413-17.

20. R. C. Klesges, A. W. Meyers, L. M. Klesges, and M. E. LaVasque, "Smoking, Body Weight, and Their Effects on Smoking Behavior: A Comprehensive Review of the Literature," *Psychological Bulletin* 106 (1989): 204-30.

21. Leary, Tchividjian, and Kraxberger, "Self-Presentation Can Be Hazardous."

22. J. M. Ellwood, S. M. Whitehead, and R. P. Gallagher, "Epidemiology of Human Malignant Skin Tumors with Special Reference to Natural and Artificial Ultraviolet Radiation Exposures," in *Skin Tumors: Experimental and Clinical Aspects*, ed. C. J. Conti, T. J. Slaga, and A. J. P. Klein-Szanto, 55-84 (New York: Raven Press, 1989).

23. B. Keesling and H. S. Friedman, "Psychosocial Factors in Sunbathing and Sunscreen Use," *Health Psychology* 6 (1987): 477-93.

24. J. L. Jones and M. R. Leary, "Effects of Appearance-Based Admonitions Against Sun Exposure on Tanning Intentions in Young Adults," *Health Psychology* 13 (1994): 86-90.

25. M. R. Seary, J. L. Saltzman, and J. C. Georgeson, "Appearance Motivation, Obsessive-Compulsive Tendencies, and Excessive Suntanning in a Community Sample," *Journal of Health Psychology* 2 (1997): 493-99.

26. D. Hayes and C. E. Ross, "Concern with Appearance, Health Beliefs, and Eating Habits," *Journal of Health and Social Behavior* 28 (1987): 120-30.

27. L. Lissner, P. M. Odell, R. B. D'Agostino, J. Stokes, B. E. Kreger, A. J. Belancer,

and K. D. Brownell, "Variability in Body Weight and Health Outcomes in the Framington Population," *New England Journal of Medicine* 324 (1991): 1839–44.

28. P. L. Hewitt, G. L. Flett, and E. Ediger, "Perfectionism Traits and Perfectionistic Self-Presentation in Eating Disorder Attitudes, Characteristics, and Symptoms," *International Journal of Eating Disorders* 18 (1995): 317–26; M. A. Katzman and S. A. Wolchilk, "Bulimia and Binge Eating in College Women: A Comparison of Personality and Behavioral Characteristics," *Journal of Consulting and Clinical Psychology* 52 (1984): 423–28.

29. Martin and Leary, "Self-Presentational Determinants."

30. C. J. Worringham and D. M. Messick, "Social Facilitation of Running: An Unobtrusive Study," *Journal of Social Psychology* 121 (1983): 23–29.

31. Martin and Leary, "Self-Presentational Determinants."

32. C. D. Lantz, C. J. Hardy, and B. E. Ainsworth, "Social Physique Anxiety and Perceived Exercise Behavior," *Journal of Sport Behavior* 20 (1997): 83–93; D. C. Treasure, C. L. Lox, and B. R. Lawton, "Determinants of Physical Activity in a Sedentary, Obese Female Population," *Journal of Sport and Exercise Psychology* 20 (1998): 218–24.

33. R. F. Baumeister, *Escaping the Self* (New York: Basic Books, 1991).

34. J. G. Hull and R. D. Young, "Self-Consciousness, Self-Esteem, and Success-Failure as Determinants of Alcohol Consumption in Male Social Drinkers," *Journal of Personality and Social Psychology* 44 (1983): 1097–1109.

35. J. G. Hull, R. W. Levenson, R. D. Young, and K. J. Scher, "Self-Awareness-Reducing Effects of Alcohol Consumption," *Journal of Personality and Social Psychology* 44 (1983): 461–73.

36. J. G. Hull, R. D. Young, and E. Jouriles, "Applications of the Self-Awareness Model of Alcohol Consumption: Predicting Patterns of Use and Abuse," *Journal of Personality and Social Psychology* 51 (1986): 790–96.

37. C. M. Steele and R. A. Josephs, "Alcohol Myopia: Its Prized and Dangerous Effects," *American Psychologist* 45 (1990): 921–33.

38. R. F. Baumeister, *Masochism and the Self* (Hillsdale, NJ: Lawr nce Erlbaum, 1989); Baumeister, *Escaping the Self.*

39. Baumeister, *Masochism and the Self.*

40. R. F. Baumeister, "Suicide as Escape from Self," *Psychological Review* 97 (1990): 90–113.

41. Baumeister, *Escaping the Self*, 87.

42. 위의 책.

43. M. R. Leary and N. Buttermore, "The Evolution of the Human Self: Tracing the Natural History of Self-Awareness," *Journal for the Theory of Social Behavior* (2003).

44. L. Martin, *Linking and the Neolitic Neuroses: Why Thinking You Can Live Happily Ever After Can Make You Unhappy* (다음의 회의에서 제시된 자료. The Society for Southeastern Social Psychologists, Research Triangle Park, NC); L. Martin, "I-D Compensation Theory: Some Implications of Trying to Satisfy Immediate-Return Needs in a Delayed-Return Culture," *Psychological Inquiry* 10 (1999): 195-208.

7장

1. J. Boisselier, *The Wisdom of the Buddha* (New York: Abrams, 1993).

2. 다음의 자료도 참고하라. D. Shulman and G. G. Stroumsa, *Self and Self-Transformation in the History of Religions* (New York: Oxford University Press, 2002).

3. B. Walker, *Hua Hu Ching: The Unknown Teachings of Lao Tzu* (New York: HarperCollins, 1992), no.32.

4. K. Kavanaugh and O. Rodriguez, trans., *The Collected Works of St. John of the Cross* (Washington, DC: ICS Publications, 1979).

5. M. Gupta, *The Gospel of Sri Ramakrishna*, trans. S. Nikhilananda (New York: Ramakrishna-Viveananda Center, 1958), 226.

6. *Ezekial* 36: 26-27.

7. *John* 3:3.

8. J. E. Brown, "The Question of 'Mysticism' Within Native American Traditions," in Understanding Mysticism, ed. R. Woods, 203-11 (Garden City, NY: Image, 1980).

9. W. B. Swann, Jr., "The Trouble with Change: Self-Verification and Allegiance to the Self," *Psychological Science* 8 (1997): 177-80.

10. E. Fox, *The Sermon on the Mount* (San Francisco: HarperSan Francisco, 1934).

11. *Mundada Upanishads* 3:1-3.

12. S. Rinpoche, *The Tibetan Book of Living and Dying* (New York: HarperCollins, 1993), 120.

13. *Genesis* 5:22.

14. J. Jaynes, *The Origin of Consciousness in the Breakdown of the Bicameral Mind* (Boston: Houghton-Mifflin, 1976).

15. H. Fairlie, *The Seven Deadly Sins Today* (South Bend, IN: University of Notre Dame Press, 1983).

16. *Proverbs* 3:34.

17. Catechism of the Catholic Church, #2094.

18. S. Noffke, trans., *Catherine of Siena: The Dialogue* (Mahwah, NJ: Paulist Press, 1980), 35.

19. C. Hamilton, "The Enemy Within: An Interview with Archimandrite Dionysios," *What Is Enlightenment?* 17 (Spring/Summer 2000): 39–49.

20. *Matthew* 23:12.

21. *Tao te Ching*, #30.

22. *The Essential Rumi*, 141–42.

23. G. Robinson, *Essential Judaism: A Complete Guide to Beliefs, Customs, and Rituals* (New York: Pocket Books, 2001).

24. K. S. Leong, *The Zen Teachings of Jesus* (New York: Crossroad, 1995); N. Douglas-Klotz, *The Hidden Gospel* (Wheaton, IL: Quest, 1999).

25. *Ephesians* 4:22–24.

26. K. Armstrong, *Islam: A Short History* (New York: Modern Library, 2000).

27. M. Levine, *The Positive Psychology of Buddhism and Yoga* (Mahwah, NJ: Lawrence Erlbaum, 2000).

28. J. Kabat-Zinn, *Wherever You Go, There You Are* (New York: Hyperion, 1994).

29. H. Gunaratana, *Mindfulness in Plain English* (Boston: Wisdom Publications, 1991).

30. I. Shah, *The Way of the Sufi* (London: Octogon Press, 1980).

31. A. B. Pinn, *Varieties of African American Religious Experience* (Minneapolis: Fortress Press, 1998).

32. R. A. Bucko, *The Lakota Ritual of the Sweat Lodge: History and Contemporary Practice* (Lincoln: University of Nebraska Press, 1998); R. L. Hall, *An Archeology of the Soul: North American Indian Belief and Ritual* (Urbana: University of Illinois Press, 1997).

33. Douglas-Klotz, *The Hidden Gospel;* H. Waddell, *The Desert Fathers* (New York: Vintage, 1998).

34. Shah, *The Way of the Sufi.*

35. D. V. Steere and E. Vining, *Quaker Spirituality: Selected Writings* (Mahwah, NJ: Paulist Press, 1984).

36. L. Freeman, ed., *John Main: Selected Writings* (New York: Orbis, 2002).

37. A. Watts, *The Way of Zen* (New York: Vintage, 1957); C. Humphreys, A Western Approach to Zen (Wheaton, IL: Theosophical Publishing, 1971).

38. Watts, *The Way of Zen.*

39. 이 간화선은 여러 버전이 있지만 다음의 자료에 있는 버전이 대표적일 것이다. T. Cleary and J. C. Cleary, trans., *The Blue Cliff Record* (Boston: Shambala, 1992).

40. S. Heine and D. S. Wright, eds., *The Koan* (New York: Oxford University Press, 2000).

41. J. Berendt, *The Third Ear: On Listening to the World*, trans. T. Nevill (New York: Holt, 1992).

42. D. L. Carmoody and J. T. Carmoody, *Mysticism: Holiness East and West* (New York: Oxford University Press, 1996).

43. Ibid; R. Woods, ed., *Understanding Mysticism* (Garden City, NY: Image, 1980).

44. C. Castaneda, *Tales of Power* (New York: Touchstone, 1974), 231.

45. A. Glucklich, *Sacred Pain: Hurting the Body for the Sake of the Soul* (New York: Oxford University Press, 2001).

46. W. H. Clark, "The Psychedelics and Religion," in *Psychedelics*, ed. B. Aaronson and H. Osmond (New York: Doubleday, 1970).

47. R. K. C. Forman, "Mystical Consciousness, the Innate Capacity, and the Perennial Psychology," in *The Innate Capacity: Mysticism, Psychology and Philosophy*, ed. R. K. C. Forman, 33–41 (New York: Oxford University Press, 1998).

48. A. H. Maslow, *Religions, Values, and Peak Experiences* (Columbus, OH: Ohio State University Press, 1964).

49. Forman, "Mystical Consciousness."

50. E. G. Aquili and A. B. Newberg, "Neuropsychological Basis of Religion, or Why God Won't Go Away,"

51. J. B. Ashbrook, "Neuorotheology: The Working Brain and the Work of Theology," *Zygon: Journal of Religion and Science* 19 (1984): 331–50.

52. K. D. Noble, "Psychological Health and the Experience of Transcendence," *The Counseling Psychologist* 15 (1987): 601–14; R. Wuthnow, "Peak Experiences: Some Empirical Tests," *Journal of Humanistic Psychology* 18 (1978): 59–75.

8장

1. R. F. Baumeister, "The Self," in *The Handbook of Social Psychology*, ed. D. Gilbert, S. T. Fiske, and G. Lindzey (New York: Oxford University Press, 1999).

2. R. F. Baumeister, T. F. Heatherton, and D. M. Tice, *Losing Control: How and Why*

People Fail at Self-Regulation (San Diego: Academic Press, 1994).

3. G. Zivin, ed., *The Development of Self-Regulation Through Private Speech* (New York: John Wiley, 1979).

4. K. C. Fuson, "The Development of Self-Regulating Aspects of Speech: A Review," in *The Development of Self-Regulation Though Private Speech*, ed. G. Zivin (New York: John Wiley, 1979).

5. 다음 자료도 참고하라. Baumeister, Heatherton, and Tice, *Losing Control*; R. F. Baumeister and K. D. Vohs, "Self-Regulation and the Executive Function of the Self," in *Handbook of Self and Identity*, ed. M. R. Leary and J. P. Tangney, 197–217 (New York: Guilford, 2003); W. Mischel, N. Cantor, and S. Feldman, "Principles of Self-Regulation: The Nature of Willpower and Self-Control," in *Handbook of Basic Principles*, ed. E. T. Higgins and A. W. Kruglanski, 329–60 (New York: Guilford, 1996).

6. Baumeister, Heatherton, and Tice, *Losing Control*.

7. S. Duval and R. A. Wicklund, *A Theory of Objective Self-Awareness* (New York: Academic Press, 1972).

8. 다음 자료도 참고하라. C. S. Carver and M. F. Scheier, *Attention and Self-Regulation: A Control-Theory Approach to Human Behavior* (New York: Springer-Verlag, 1981).

9. C. S. Carver, "Physical Aggression as a Function of Objective Self-Awareness and Attitudes Toward Punishment," *Journal of Experimental Social Psychology* 11 (1975): 510–19.

10. E. Diener, "Deindividuation, Self-Awareness, and Disinhibition," *Journal of Personality and Social Psychology* 37 (1979): 1160–1171.

11. S. Prentice-Dunn and R. W. Rogers, "Deindividuation and Aggression," in *Aggression: Theoretical and Empirical Reviews*, ed. R. G. Geen and E. I. Donnerstein, 2: 155–72 (New York: Academic Press, 1983).

12. R. D. Johnson and L. L. Downing, "Deindividuation an Valence of Cues: Effects on Prosocial and Antisocial Behavior," *Journal of Personality and Social Psychology* 37 (1979): 1532–38.

13. E. Diener, "Deindividuation: Causes and Consequences," *Social Behavior and Personality* 5 (1977): 143–55; Diener, "Deindividuation, Self-Awareness, and Disinhibition."

14. P. G. Zimbardo, "The Human Choice: Individuation, Reason, and Order versus Deindividuation, Impulse, and Chaos," *Nebraska Symposium on Motivation* 17

(1969): 237–307; S. Prentice-Dunn and R. W. Rogers, "Deindividuation and the Self-Regulation of Behavior," in *Psychology of Group Influence*, 2nd ed., ed. Paul B. Paulhus, 87–109 (Hillsdale, NJ: Lawrence Erlbaum, 1989).

15. B. Mullen, "Atrocity as a Function of Lynch Mob Composition: A Self-Attention Perspective," *Personality and Social Psychology Bulletin* 12 (1986): 187–97.

16. 위의 책.

17. R. F. Baumeister, "Choking Under Pressure: Self-Consciousness and Paradoxical Effects of Incentives on Performance," *Journal of Personality and Social Psychology* 46 (1984): 610–20.

18. Baumeister, Heather, and Tice, *Losing Control*.

19. 위의 책.

20. A. R. Mele, "Is Akratic Action Unfree?" *Philosophy and Phenomenological Research* 46 (1986): 673–79.

21. Baumeister, Heatherton, and Tice, *Losing Control*.

22. M. Bjoerkman, "Decision Making, Risk Taking, and Psychological Time: Review of Empirical Findings and Psychological Theory," *Scandinavian Journal of Psychology* 25 (1984): 31–49.

23. Mischel, Cantor, and Feldman, "Principles of Self-Regulation."

24. W. Mischel and B. Moore, "The Role of Ideation in Voluntary Delay for Symbolically Presented Rewards," *Cognitive Therapy and Research* 4 (1980): 211–21.

25. J. Metcalfe and W. Mischel, "AHot/Cool-System Analysis of Delay of Gratification: Dynamics of Willpower," *Psychological Review* 106 (1999): 3–19.

26. W. Mischel, "From Good Intentions to Willpower," in *The Psychology of Action: Linking Cognition and Motivation to Behavior*, ed. P. M. Gollwitzer and J. A. Bargh, 197–218 (New York: Guilford, 1996).

27. R. F. Baumeister and T. F. Heatherton, "Self-Regulation Failure: An Overview," *Psychological Inquiry* 7 (1996): 1–15.

28. Mischel and Moore, "The Role of Ideation."

29. Baumeister and Heatherton, "Self-Regulation Failure."

30. K. D. Vohs and T. F. Heatherton, "Self-Regulatory Failure: A Resource-Depletion Approach," *Psychological Science* 11 (2000): 249–54.

31. Baumeister, Heatherton, and Tice, Losing Control; R. F. Baumeister, "Ego Depletion and Self-Control Failure: An Energy Model of the Self's Executive Function," *Self and Identity* 1 (2002): 129–36.

32. R. F. Baumeister, K. L. Dale, and D. M. Tice, "Replenishing the Self: Effects of Positive Affect on Performance and Persistence Following Ego Depletion," *Social Cognition* (출간 준비 중).

33. M. R. Muraven and R. F. Baumeister, "Self-Regulation and Depletion of Limited Resources; Does Self-Control Resemble a Muscle?" *Psychological Bulletin* 126 (2000): 247–59.

34. M. R. Muraven, D. M. Tice, and R. F. Baumeister, "Self-Control as a Limited Resource: Regulatory Depletion Patterns," *Journal of Personality and Social Psychology* 74 (1998): 774–89; R. F. Baumeister, E. Blatslavsky, M. Muraven, and D. M. Tice, "Ego Depletion: Is the Active Self a Limited Resource?" *Journal of Personality and Social Psychology* 74 (1998): 1252–65.

35. Muraven, Tice, and Baumeister, "Self-Control as a Limited Resource."

36. 위의 책.

37. Baumeister, Bratslavsky, Muraven, and Tice, "Ego Depletion."

38. R. F. Baumeister, M. Muraven, and D. M. Tice, "Ego Depletion: A Resource Model of Volition, Self-Regulation, and Controlled Processing," *Social Cognition* 18 (2000): 130–50.

39. Muraven and Baumeister, "Self-Regulation and Depletion."

40. W. Mischel, Y. Shoda, and M. L. Rodriguez, "Delay of Gratification in Children," *Science* 244 (1989): 933–38.

41. J. P. Tangney, R. F. Baumeister, and A. L. Boone, "High Self-Control Predicts Good Adjustment, Better Grades, and Interpersonal Success," *Journal of Personality* (출간 준비 중).

42. Baumeister and Heatherton, "Self-Regulation Failure."

43. D. M. Wegner, D. J. Schneider, S. Carter, and L. White, "Paradoxical Effects of Thought Suppression," *Journal of Personality and Social Psychology* 53 (1987): 5–13.

44. D. M. Wegner, R. Erber, and S. Zanakos, "Ironic Processes in the Mental Control of Mood and Mood-Related Thought," *Journal of Personality and Social Psychology* 65 (1993): 1093–1104.

45. D. M. Wegner, *White Bears and Other Unwanted Thoughts* (New York: Viking, 1989).

46. D. M. Wegner, J. W. Shortt, A. W. Blake, and M. S. Page, "The Suppression of Exciting Thoughts," *Journal of Personality and Social Psychology* 58 (1990): 409–18.

47. M. Muraven and E. Slessareva, "Mechanisms of Self-Control Failure: Motivation and Limited Resources," *Personality and Social Psychology Bulletin* 29 (2003): 894–

906.

48. H. Tennen and G. Afflect, "Paradox-Based Treatments," in *Handbook of Social and Clinical Psychology*, ed. C. R. Snyder and D. R. Forsyth, 624 – 43 (New York: Pergamon, 1991).

나는 왜 내가 힘들까

2021년 6월 22일 초판 1쇄 발행
2021년 8월 23일 초판 3쇄 발행

지은이 | 마크 R. 리어리
옮긴이 | 박진영
발행인 | 윤호권, 박헌용
본부장 | 김경섭
책임편집 | 최안나

발행처 | (주)시공사
출판등록 | 1989년 5월 10일(제3-248호)

주소 | 서울시 성동구 상원1길 22 7층(우편번호 04779)
전화 | 편집(02)2046-2861·마케팅(02)2046-2800
팩스 | 편집·마케팅(02)585-1755
홈페이지 | www.sigongsa.com

ISBN 979-11-6579-614-3 03180

The Curse of the Self